भारत एक बाज़ार है

भारत एक बाज़ार है

विष्णु नागर

राजकमल प्रकाशन

ISBN : 978-81-267-1867-2

मूल्य : ₹395

पहला संस्करण : 2011
दूसरा संस्करण : 2021

प्रकाशक : राजकमल प्रकाशन प्रा. लि.
1-बी, नेताजी सुभाष मार्ग, दरियागंज
नई दिल्ली-110 002

शाखाएँ : अशोक राजपथ, साइंस कॉलेज के सामने, पटना-800 006
पहली मंजिल, दरबारी बिल्डिंग, महात्मा गांधी मार्ग, प्रयागराज-211 001
36-ए, शेक्सपियर सरणी, कोलकाता-700 017

वेबसाइट : www.rajkamalprakashan.com
ई-मेल : info@rajkamalprakashan.com

मुद्रक : बी.के. ऑफसेट
नवीन शाहदरा, दिल्ली-110 032

BHARAT EK BAZAR HAI
by Vishnu Nagar

दो लुटेरे

दो लुटेरे थे। सारी दुनिया जानती थी कि वे लुटेरे हैं। सिर्फ उन्हें नहीं मालूम था कि वे लुटेरे हैं। वे अपने को धर्मात्मा मानते थे। वे प्रातःकाल नहाते, पूजा-पाठ, नेम-ध्यान करते, माथे पर तिलक लगाते, दान-पुण्य और वगैरह-वगैरह करते।

अब समस्या यह थी कि जो लुटेरे हैं, उन्हें कैसे पता चले कि वे लुटेरे हैं। उन्हें तो पता भी शायद तभी चल सकता था, जब कोई उन्हें बताए कि श्रीमान्, आप लुटेरे हैं। यह बिल्ली के गले में घंटी बाँधने जितनी विकट समस्या थी क्योंकि उनमें से एक राजा था और दूसरा था उसका साला।

किसी ने हिम्मत करके किसी तरह राजा के एक मंत्री से कहा—"बन्धु, यह हमारे-आपके राजा और उनके माननीय साले साहब हैं न, असल में वे लुटेरे हैं। उन तक आप तो हमारी यह बात अपनी ओर से स्वयं नहीं पहुँचा पाएँगे लेकिन बताएँ कि यह बात उन तक आखिर पहुँचाई किस तरह जाए!" जिसने यह कहा था, हालाँकि वह मंत्री का रिश्तेदार था और मंत्री उसे अपना रिश्तेदार मानने को तैयार भी था मगर मंत्री ने अपने रिश्तेदार को बुरी तरह लताड़ दिया। इसकी एक वजह यह थी कि वह रिश्तेदार के सामने भी मंत्रिपद के कर्तव्यों को नहीं भूल पाता था, जिसमें राजा के तमाम कर्मों-कुकर्मों का बचाव करना शामिल है। दूसरे, लूटने के पवित्र कार्य में स्वभावतः वह राजा का निकट सहयोगी था, तो मंत्री ने जवाब दिया—"हमारे महान राजा साहब को तुम लुटेरा कहते हो? ऐसी नीच प्रजा से तो बिना प्रजा के ही राजा भला! राजा के धरम-करम, दान-पुण्य को तो तुम देखते नहीं और उनका नकारात्मक पक्ष लेकर सामने आ जाते हो! शर्म आनी चाहिए तुम्हें! कितना तो करते हैं बेचारे प्रजा के लिए! फिर तुम्हारे पास उनके लुटेरे होने के क्या प्रमाण हैं और अगर मान लो, हैं भी तो तुम राजा का क्या बिगाड़ लोगे ? अपनी औकात मालूम है तुम्हें? न मालूम हो तो बाहर जाकर मालूम कर लेना और फिर

आकर मुझसे बातें करना, समझे? और सुनो, भविष्य में कभी ऐसा खयाल भी अपने दिल-दिमाग में मत लाना वरना कल तुम कहोगे कि देखिए साहब, ऐसे होते हैं रिश्तेदार, जिन्होंने मंत्री होकर भी हमारी जान नहीं बचाई। वैसे भी राजा साहब लुटेरे नहीं हैं, वे तो इस प्रकार राज्य के प्रति सिर्फ अपने कर्तव्यों का निर्वहन कर रहे हैं और राजा को यह करना ही पड़ता है वरना प्रजा उन्हें राजा कैसे मानेग़ी?''

मंत्री के इस वक्तव्य ने स्पष्ट कर दिया कि उसे अच्छी तरह पता है कि राजा और उनके साले साहब लुटेरे हैं लेकिन वह कुछ नहीं करेगा। वजह यह थी कि वह स्वयं भी इस बहती गंगा में प्रेम से हाथ धो रहा था मगर सिर्फ हाथ ही धो रहा था, नहा नहीं रहा था, इसलिए उसे इसका पापबोध ज़्यादा नहीं था और होता भी क्यों, गंगा आपकी आँखों के सामने बह रही हो, बहती जा रही हो, तो पानी ठंडा हो, प्रदूषित हो, मौसम भी कितना ही ठंडा हो, तब भी कोई उसमें हाथ-मुँह धोने से अपने आपको ज़्यादा देर तक रोक भी कैसे सकता है!

वह आदमी चूँकि मंत्री का रिश्तेदार था इसलिए वह मंत्री के साथ इस किस्म की 'बदतमीजी' करने की हिम्मत भी कर सका और बच गया वरना दूसरा कोई होता तो पता नहीं उसका क्या हाल हुआ होता, वह बेहाल तो कर ही दिया जाता और तब कोई उसका हाल पूछने भी नहीं आता। बहरहाल, इस बहाने जब मंत्री के समक्ष वह विषय विचारार्थ आ ही गया, तो उसने इसके सभी पहलुओं पर गहन विचार-विमर्श करना भी आवश्यक समझा। मंत्री ने जिज्ञासापूर्ण शैली में अपने रिश्तेदार से पूछा–''आप यह बताएँ कि क्या प्रजा सामान्य तौर पर राजा और उसके साले को लुटेरा मानती है या यह केवल आप जैसे चंद बुद्धिजीवियों का यह कुविचार है?'' उसने आगे व्यंग्य से कहा–''वैसे आप लोग तो हमेशा से मानते आए हैं कि राजा लुटेरे होते हैं। यह अलग बात है कि सार्वजनिक रूप से आप लोग ठीक इसके विपरीत राय प्रकट करते हैं। आप लोगों की यह दृढ़ मान्यता होती है कि आपके इस दोहरे व्यवहार में ही राज्य की उन्नति और उसका हित निहित होता है और जिसमें राज्य का हित हो, उसमें स्वभावतः आपका भी हित होता है क्योंकि आप भी तो राजा की प्रजा ही हैं, क्यों?''

रिश्तेदार ने फिर भी सोचा कि मंत्री अपना रिश्तेदार है और इसने व्यंग्य में ही सही, फिर भी मुझे बुद्धिजीवी मान लेने की कृपा की है तो आज थोड़ा 'बोल्ड' होने का प्रयोग कुछ और क्यों न कर लिया जाए ताकि जीवन के अन्तिम

क्षणों में यह पछतावा न रहे कि हाय, जीवन क्या जिया! एक बार बोल्ड तक न हुआ ! तो उन्होंने इस अवसर का लाभ उठाते हुए कहा–''नहीं, मैं आपको जनभावनाओं से ही परिचित करवा रहा हूँ।'' मंत्री ने इस बात को खास महत्त्व न देते हुए कहा–''वैसे जनभावनाएँ भी हमेशा से राजा के खिलाफ रहती हैं मगर इसे कोई राजा ज़्यादा गम्भीरता से नहीं लेता क्योंकि असली खतरा उसे अकसर जनता से नहीं होता, अपने द्वारा नियुक्त और आगे बढ़ाए गए लोगों से या अपने रिश्तेदारों से होता है।''

तो इसके बाद मंत्री के रिश्तेदार ने दुबारा यह बात कभी मुँह से नहीं निकाली और उसके दिमाग की ताज़ा रिपोर्ट बताती है कि उसने यह बात फिर कभी सोची भी नहीं लेकिन प्रजा के दिमाग में तो खलबली मची हुई थी। वह चाहती थी कि कम-से-कम राजा को यह पता तो चलना ही चाहिए कि उसे और उसके साले, दोनों को हम लुटेरा मानते हैं।

मगर समस्या यह थी कि तब जनतंत्र था नहीं, हालाँकि बाद में जनतंत्र आया तो भी वह धनतंत्र के आगे पानी भरता रहा। इस प्रकार मूल समस्या अपनी जगह कायम रही कि लुटेरों को कैसे और कौन बताए कि वे लुटेरे हैं! उनके खिलाफ पोस्टर लग नहीं सकते थे, नारे लग नहीं सकते थे, सार्वजनिक सभाएँ-रैलियाँ हो नहीं सकती थीं, संसद थी नहीं, अखबार और टीवी चैनल भी तब थे नहीं। जब इन सबके होते हुए भी आज सबकुछ आसानी से संपन्न हो रहा है तो सोचिए कि तब समस्या कितनी विकट रही होगी! राजा लूटता रहता होगा और उसे एहसास भी नहीं होता होगा कि वह और उसका अमला लुटेरा है। उसे प्रजा की दयनीय हालत को देखकर भी पता नहीं चलता होगा कि वह लुटेरा है क्योंकि वह तो मानकर ही चलता होगा कि प्रजा की हालत तो ऐसे ही रहनी चाहिए क्योंकि प्रजा होने का अर्थ ही यह है कि वह लुटी-पिटी रहे।

तो अन्ततः राजा और उसके साले को जीवनभर कोई नहीं बता पाया कि वे लुटेरे हैं और इसी स्थिति में उन बेचारों को अन्ततः स्वर्ग सिधारना पड़ गया।

वे ऊपर गए तो धर्मराजजी ने पूछा–''भई, तुम लोग कौन हो?''

जो राजा था, उसने कहा–''सर, आपको पता होना चाहिए कि मैं एक राजा हूँ।''

तो धर्मराज ने पूछा–''अच्छा-अच्छा, तो फिर ये सज्जन कौन हैं?''

राजा ने बताया–''सर, ये मेरा साला है।''

धर्मराज ने कहा—"तो साथ-साथ आए हो तुम लोग?"

राजा ने कहा—"सर, हम जो भी कार्य करते हैं, साथ-साथ ही करते हैं।"

धर्मराज ने व्यंग्य से मुस्कुराते हुए कहा—"बहुत अच्छी बात है। इतना प्रेम जीजा-साले में होना भी चाहिए। हाँ, तो तुमने क्या बताया था कि तुम वहाँ क्या करते थे?..."

राजा ने कहा—"आप भूल गए सर, मैंने अभी-अभी बताया था कि मैं वहाँ राजा था और यह मेरा साला था और जहाँ तक कुछ करने का सवाल है तो राजा क्या करता है सर, वह तो सिर्फ राज ही करता है और भाग्य से उसका साला अच्छा होता है तो इसमें वह राजा की मदद करता है, तो यह मेरी सहायता करता था।"

"भाई, माफ करना।" धर्मराज ने कहा—"हमारे यहाँ तो तुम्हारा जो हिसाब-किताब है, उसमें तुम्हें राजा नहीं, लुटेरा बताया गया है।"

राजा ने कहा—"सर, किसी ने षड्यंत्र किया होगा, मैं बाकायदा वहाँ राजा था, इसके लिए तो किसी प्रमाणपत्र की भी ज़रूरत नहीं है।"

धर्मराज ने कहा—"मगर यहाँ तो यह लिखा हुआ है कि तुम दोनों लुटेरे थे। यह अलग बात है कि तुम अपने आपको राजा मानते थे।"

राजा ने कहा—"संशोधन कीजिए सर, मैं अपने आपको राजा मानता नहीं था, बल्कि राजा था और वंश परम्परा से राजा था। मेरे बाप-दादा भी राजा थे और शायद उनके बाप-दादा भी राजा रहे होंगे।"

धर्मराज ने कहा—"उनके बारे में भी यहाँ यही लिखा हुआ है कि वे लुटेरे थे और तुम्हारे बारे में भी ठीक यही लिखा हुआ है।"

"यह तो सरासर अन्याय है सर, हमारे साथ और सर, हम अन्याय कर तो सकते हैं, मगर अन्याय सहने की आदत हमें बिलकुल नहीं है। इस हालत में हमें वापस धरती पर जाने को मजबूर होना पड़ेगा। चलो साले साहब, अपन चलते हैं।"

धर्मराज जी ने हँसकर कहा—"कोई यहाँ आकर कभी जा सका है जो तुम लोग वापस जाओगे!"

"लेकिन नरक में न तो मैं और न ही मेरा साला रह सकता है, बल्कि मैं तो घंटे-दो घंटे फिर भी रह सकता हूँ, मेरा साला तो एक मिनट क्या, एक सेकेंड भी नहीं रह सकता। उसे इसकी बिलकुल आदत नहीं है सर।"

"पड़ जाएगी।" धर्मराज मुस्कुराए—"तुम्हारे बाप-दादाओं को जब पड़ चुकी है तो तुम्हें और तुम्हारे साले को भी पड़ जाएगी। वैसे भी तुम्हारे लिए इससे

बढ़कर आनन्ददायक बात क्या हो सकती है कि यहाँ भी तुम्हें अपने रिश्तेदारों के बीच रहने का सौभाग्य प्राप्त होगा। यहाँ तक कि तुम्हारा प्रिय साला भी तुम्हारे साथ रहेगा। सुनो दरबान, इन्हें ले जाओ।''

इसके बाद का किस्सा हमें मालूम नहीं और मालूम करेंगे तो उपन्यास बन जाएगा, अतः इतिश्री विष्णुपुराणे, रेवा खंडे, यह कथा अब यहीं समाप्त होती है।

ज्योतिषियों का भविष्यफल

एक दिन मुझे खयाल आया कि बेचारे ज्योतिषी सबका भविष्यफल बताते रहते हैं लेकिन आज तक किसी ने ज्योतिषियों का भविष्यफल बताने का कष्ट नहीं किया। ये उनके साथ सरासर अन्याय है। आखिर उनके मन में भी तो अपना भविष्य जानने की भोली-सी इच्छा होती होगी! तो कोई उन्हें उनका भविष्य क्यों नहीं बताता? मैंने सोचा कि किसी को अपने महत कन्धों पर यह ज़िम्मेदारी उठानी चाहिए। मैंने अपने कन्धे देखे तो पाया, वे महत नहीं हैं लेकिन जब मैंने चारों तरफ देखा तो पाया कि कई लोगों के कन्धे महत हैं। आश्वस्ति हुई। मैंने उनसे यह ज़िम्मेदारी उठाने का निवेदन किया। उन्होंने टका-सा जवाब दिया कि हमारे महत कन्धे इस समय कहीं और बिजी हैं। खाली नहीं हैं। तुम ऐसा करो, अपने लघु कन्धों से ही फिलहाल काम चला लो। हमारे कन्धे जैसे ही खाली होंगे, हो सकता है हम भी तुम्हारा कुछ सहयोग करें। तुम श्रीगणेश तो करो। बाकी हम हैं न, देख लेंगे।

वैसे ज्योतिषियों के हिसाब से राशियाँ बारह होती हैं—मेष, वृषभ, मिथुन, आदि-आदि। हालाँकि वे सारी राशियों में घुमा-फिराकर लगभग एक जैसी बातें कहते हैं। इसलिए मुझे लगता है कि हो न हो, सारे ज्योतिषियों की राशि भी एक ही होनी चाहिए। उसे मेष मान लो तो ठीक और वृषभ मान लो तो भी ठीक और तुला मान लो तो और भी ठीक। यानी कुछ भी मान लो, उनका राशिफल एक ही होता है।

तो मेरे द्वारा लिखा गया ज्योतिषियों का राशिफल इस प्रकार है—मेरे ज्योतिष के अनुसार भारत के ज्योतिषियों का भविष्य अत्यन्त सुरक्षित है। जब तक देश में कांग्रेस और भाजपा है, एकता कपूर और अमिताभ बच्चन हैं और इनकी बम्बइया फिल्में तथा सीरियल हैं; जब तक देश में भयानक बेरोज़गारी है, अर्थव्यवस्था उदार है, आगे बढ़ने की चूहा दौड़ है; जब तक इस लोकतंत्र में अविवेक और अज्ञान का अटल-अविचल साम्राज्य है, ज्योतिषियों का कोई बाल

भी बाँका नहीं कर सकता। वे कितनी ही फर्जी, बेतुकी, बेमतलब, गलत-सलत, भविष्यवाणियाँ कर लें, वे टॉप पर हैं और टॉप पर रहेंगे। जो लखपति हैं, वे करोड़पति हो जाएँगे और जो करोड़पति हैं, वे अरबपति हो जाएँगे। जो सड़क पर हैं, वे ऑफिस खोल लेंगे और जिनका मकान और ऑफिस है, वे कारपोरेट ऑफिस खोल लेंगे। एक ही ज्योतिषी एक अखबार में अटल जी को, दूसरे में आडवाणी जी को, तीसरे में सोनिया जी को, चौथे में राहुल जी को, पाँचवें में मायावती जी को, छठे में जयललिता जी को, सातवें में लालू जी को और आठवें में देवेगौड़ा जी को भावी प्रधानमंत्री बताते रहेंगे तो भी मस्त रहेंगे। फिर भी उनकी पूछ बढ़ती ही जाएगी। उनकी पूँजी बढ़ती ही जाएगी। उनके ठाठ निराले से निराले होते जाएँगे। बहुमत चाहे कांग्रेस की श्रीमती प्रतिभा पाटिल के पक्ष में हो मगर वे अपनी भविष्यवाणियों में भैरों सिंह शेखावत को भी भावी राष्ट्रपति बनाते रहेंगे तो भी सुखी रहेंगे। सी॰पी॰एम॰ मध्यावधि चुनाव कराना चाहे या न चाहे, मगर ज्योतिषी अपनी भविष्यवाणियों में मध्यावधि चुनाव कराते रहेंगे और कांग्रेस या भाजपा को जिताते रहेंगे तो प्रसन्न रहेंगे और खुदा न खास्ता चुनाव हो ही गए तो उनकी और भी बल्ले-बल्ले। फिर तो हर प्रत्याशी उनके कदमों में होगा। वह मंदिर में बाद में जाएगा, ज्योतिषियों के चरणों में पहले साष्टांग दंडवत् करेगा। वह पूछेगा—"पंडितजी, कांग्रेस से टिकट ले लूँ या भाजपा से, बसपा से टिकट लूँ या सपा से? किसका टिकट फायदेमन्द रहेगा? और इनमें से कौन आसानी से टिकट दे देगा?" फिर वह पूछेगा—"पंडितजी, आपको कितनी दक्षिणा दूँ तो मेरे रास्ते के सारे काँटे हट जाएँगे, मेरे दुश्मन परास्त हो जाएँगे? उनके षड्यंत्र नाकाम हो जाएँगे?" टिकट मिल जाएगा तो फिर वह ज्योतिषी जी के पास आएगा और पूछेगा—"बताइए, मैं पर्चा कब, किस समय दाखिल करूँ?" पर्चा दाखिल करने के बाद यह पूछने आएगा—"पहली चुनाव सभा कहाँ करूँ? किस दिशा में करूँ? उसमें किस नेता को बुलाऊँ तो चुनाव ज़रूर जीत जाऊँगा? उनका नाम 'स' से शुरू हो या 'र' से, 'अ' से शुरू हो या 'ल' से।"

ज्योतिषियो, तुम्हारा काम तो यह है कि तुम्हारी शरण में जो भी आए, जो भी दक्षिणा दे, उसे जिताना है। फिर अन्ततः वह भले ही जीते या हारे, तुम्हारे मम्मी-पापा का, यानी तुम्हारे माताजी-पिताजी का या ठेठ भाषा में कहेंगे तो तुम्हारे बाप का क्या जाता है? हारेगा तो वह हारेगा। भुगतेगा तो वह भुगतेगा और जीत ही गया तो तुम्हें धन्धा मिलेगा और दक्षिणा मिलेगी। वह तुम्हारा भक्त हो जाएगा और हार गया तो भी तुम कहना कि भैया, तुम्हारी पत्रिका में

राजयोग तो प्रबल था लेकिन फिर भी तुम हार कैसे गए, इसका मुझे आश्चर्य है। मेरी भविष्यवाणी कभी गलत नहीं हो सकती। या तो तुम्हारी जन्मपत्री गलत है या तुम्हारे खिलाफ ज़बर्दस्त षड्यंत्र हुआ है। वोटों की गिनती में गड़बड़ हुई है। तुम्हारे विरोधी ने तुम्हारे खिलाफ फर्जी वोट डलवाए हैं और तुम ठहरे भोले भंडारी, तुम्हें इसका पता नहीं चला। तुम अब चुनाव याचिका दायर करो, ईश्वर तुम्हें विजय ज़रूर दिलाएगा।

मान लो संयोग से वह चुनाव जीत गया तो जाहिर है कि हर विधायक या सांसद मंत्री तो बनना चाहता ही है। फिर से वह तुम्हारी परिक्रमा करने लगेगा। तुम्हारे कहे में रहेगा। जो-जो उपाय बताओगे, वह करेगा। जितनी कहोगे, उतनी दक्षिणा देगा। तो राजनीति में ज्योतिषियो, तुम्हारा धन्धा इस तरह अभी तक भी चोखा चलता रहा है और आगे भी चलता रहेगा। तुम्हारा क्या, तुम्हारी भावी सन्तानों का भी इस प्रकार भविष्य अत्यन्त सुरक्षित है।

लेकिन देश में सिर्फ राजनीति ही तो नहीं होती है न! फिल्में भी बनती हैं। सीरियल भी बनते हैं। उनके मुहूर्त भी निकलते हैं। फिर सीरियलों और फिल्मों में बहुत-सी एकता कपूरें हैं और बहुत से अमिताभ बच्चन भी हैं, जिन्हें हर दिन, हर पल ज्योतिषियों की सलाह चाहिए। जो सफल हैं, वे असफल होने के डर से ज्योतिषियों के पास जाते हैं और जो असफल हैं, वे किसी दिन सफल होने के लिए ज्योतिषियों के पास जाते हैं। वे पूछते हैं कि पंडित जी, मुझे सफलता कब मिलेगी? कौन-सी पूजा करने से मिलेगी? हाथ में कितनी अंगूठियाँ पहनने से मिलेगी? किस मंत्र के कितने जाप करने से मिलेगी? कौन सा काला जादू किस पर करने से मिलेगी? किसके खिलाफ उड़द फिंकवाने से मिलेगी? कहाँ और कब आटे का पुतला रखवाने से मिलेगी? और फिर तमाम ठेकेदार हैं, दलाल हैं, काला बाजारिये हैं, भ्रष्ट अधिकारी हैं, सब प्रॉब्लम में रहते हैं। किसी की क्या प्रॉब्लम है, किसी की क्या! लेकिन प्रॉब्लम है जहाँ, ज्योतिषी हैं वहाँ। प्रॉब्लम नहीं है तो भी प्रॉब्लम पैदा करने और उसे दूर करने के लिए भी ज्योतिषी हैं। फिर हमारे ये मार तमाम मॉडर्न एम॰बी॰ए॰ हैं। ये आपके सच्चे भगत हैं। कुछ तो इनमें से भी ज्योतिष के धन्धे को फलता-फूलता देख स्वयं भी ज्योतिषी बन गए हैं। इन्हें चाहिए आपकी त्वरित सेवाएँ। ये पूछने आते हैं कि कितने महीने किस कम्पनी में रहूँ, नहीं रहूँ? नई नौकरी ढूँढ़ना अभी शुरू करूँ या अगले महीने करूँ और नौकरी ढूँढ़ूँ तो किस दिशा में ढूँढ़ूँ? देश में रहूँ या विदेश जाऊँ? फिर देश में बेरोज़गारों की भी बड़ी फौज है। चकाचक मामला है। इतने ग्राहक किस धन्धे में मिलते हैं जो चूहे की तरह रोटी के लालच में

खुद ही पिंजरे में फँसने चले आते हैं। आपका भविष्य देश के भविष्य से ज़्यादा सुरक्षित है। देश व देश के लोगों के जीवन में बस सूनामियाँ आती रहें, आपका धन्धा चमकता रहेगा और क्या चाहिए आपको! प्रभु ने क्या चोखा धन्धा दिया है आपको! इसमें न हींग लगती है, न फिटकरी। बस, थोड़ा-सा मानव मनोविज्ञान आना चाहिए। मूर्ख बनाने, भावनाओं में बहाने की चोखी कला आनी चाहिए। भाषा के लच्छे पे लच्छे बनाना आना चाहिए। ज्ञान का थोड़ा ढोंग करना आना चाहिए। माथे पर तिलक हो, सिर पर चोटी हो तो और बढ़िया! वैसे आजकल तो सूट-बूट-टाई वाले ज्योतिषी भी खूब चल रहे हैं इसलिए ज्योतिषियो, आप मस्त रहो। खूब खाओ और खूब खेलो। इसी तरह आपका यह धन्धा फलता-फूलता रहा तो क्या पता एक दिन रिटायर होने पर हम भी ज्योतिषी बन जाएँ!

हमें भी बुला लेते अमिताभ जी!

शादी तो कभी न कभी हमारे बेटे की भी होगी। अमिताभ बच्चन जी, तब हम भी देख लेंगे आपको। हम भी अपने बेटे की शादी में आपको नहीं बुलाएँगे। भई, हमने न तो आपका कुछ बिगाड़ा था, न अभिषेक बच्चन का, न जया बच्चन का और न ऐश्वर्या राय का। हमने तो कभी इशारे में भी अमर सिंह के खिलाफ कोई वक्तव्य नहीं दिया था, फिर अमिताभ जी, आपने हमें क्यों नहीं बुलाया—अपने बेटे की शादी में? वह तो खुशकिस्मती है हमारी कि अखबारवालों और टी॰वी॰ वालों ने हमें इतना महत्वपूर्ण नहीं समझा और हमारा नाम उनमें शामिल नहीं किया, जिन्हें इस शादी में नहीं बुलाया गया था वरना हमारी इज़्ज़त क्या रह जाती! हम भी दिलीप कुमार, आमिर खान, शाहरुख खान, मुकेश अम्बानी होकर रह जाते!

ठीक है अमिताभ जी, आप हमें व्यक्तिगत रूप से नहीं जानते लेकिन इससे क्या, हम तो सारे देश के नागरिकों की तरह आपको व्यक्तिगत रूप से जानते हैं और आज से नहीं, तीस-पैंतीस साल से जानते हैं। आपकी हर फिल्म हमने देखी है, कई तो कई-कई बार देखी हैं। आपके बारे में तमाम लेख और तमाम गासिप्स हमने पढ़े हैं। हम आपके बारे में वह हर 'डिटेल' ज़ानते हैं जो कि आपको भी अपने बारे में नहीं मालूम। इतना ही नहीं, जब आप 'कुली' की शूटिंग के दौरान मरणासन्न हालत में थे तो हमने भी आपके लिए दुआएँ माँगी थीं। जया बच्चन जब जया भादुड़ी थीं तब से उनकी भी तमाम फिल्में हमने देखी हैं और उनकी अभिनय कला की तारीफ की है। हमने अभिषेक और ऐश्वर्या की फिल्में भी देखी हैं और उनके बारे में हम इतना जानते हैं कि अगर वे कुछ भूल जाएँ तो हमारी मदद ले सकते हैं। हमने आपके पिता स्वर्गीय हरिवंशराय बच्चन की जीवनी समेत उनकी तमाम किताबें पढ़ी हैं। मतलब हम आपकी तीन पीढ़ियों के प्रशंसक हैं। इसलिए हम अभिषेक की शादी में शामिल होने की पूरी पात्रता रखते थे। ठीक है कि हमारा यह सम्बन्ध आपसे एकतरफा

है, मगर है तो! फिर भी आपने हमें नहीं बुलाया, जबकि हम एक जमाने में मुम्बई में आपके पड़ोसी रहे चुके हैं। आपके घर से कोई एक किलोमीटर दूर एसिक नगर में हम रहते थे। यह सही है तब भी आपके पास जुहू में एक कोठी होती थी और हमारे पास तब किराए का एक कमरा ही होता था, लेकिन थे तो फिर भी आपके पड़ोसी ही! पड़ोसी धर्म के नाते तो हमें बुलाना चाहिए था और यह भी बता दें कि जब आपकी 'आनन्द' फिल्म रिलीज हुई थी और आप अपने पिता हरिवंशराय बच्चन से मिलने एक बार दिल्ली आए थे, तब संयोग से हम भी बच्चन जी से मिलने आए थे और बच्चन जी ने तब आपसे हमारा परिचय भी कराया था जो हमें याद है तो आपको भी याद रखना चाहिए था और हमें शादी में बुलाना चाहिएं था।

इस सबके बावजूद यह सत्य है कि हम ही आज तक आपके 'फैन' हैं और आपको इतनी फुरसत कहाँ कि आप हमारे फैन हो सकें लेकिन इसे भी तो हमारी महानता मानिए कि हमने इसके लिए आप पर कभी दबाव नहीं डाला। कम-से-कम हमारे एहसान का बदला चुकाने के लिए ही आप हमें बुला लेते! ठीक है कि आप हमें बुलाते तो आपकी प्रेस्टीज नहीं बढ़ती लेकिन हमारी तो बढ़ ही जाती! आजकल तो वैसे भी लेखकों की प्रेस्टीज लिखने से नहीं, इन सब चीज़ों से बढ़ती है तो हमारी भी बढ़ जाती तो अमिताभ जी और अमर सिंह जी, आपका क्या बिगड़ जाता! हम अपनी किताबों के फ्लैप पर शान से लिखते कि 2007 में अभिषेक-ऐश्वर्या की शादी में निमंत्रण प्राप्त करने का सम्मान प्राप्त।

अमिताभ जी, शायद आपने सोचा होगा कि हम आपके घर के सामने के पेड़ पर चढ़कर युवकों की तरह अभिषेक-ऐश्वर्या की शादी का मज़ा ले लेंगे मगर हमारी वह उम्र कहाँ! या शायद आपने सोचा होगा कि हम तो पेशे से पत्रकार भी हैं, आपके घर के बाहर धूप में घंटों खड़े रहकर, लोगों के धक्के खाकर और सिक्योरिटीवालों के डंडे खाकर आपकी मेहमाननवाजी का मज़ा पूरा ले लेंगे मगर धक्के और डंडे खाने की भी तो एक उम्र होती है अमिताभ जी!

कृपया अमिताभ जी, हमें स्पष्ट बताएँ कि आपने हमें उस अवसर पर याद क्यों नहीं किया? हमने तो आपके घर जादबी नामक उस मुसीबत को नहीं भिजवाया था। हमने तो सलमान खान के साथ ऐश्वर्या की वह बेतुकी तसवीर भी जारी नहीं की थी जिसे कि एक टी॰वी॰ चैनल दिखा रहा था! हमने तो कभी ऐसा कुछ भी नहीं किया था जिससे आपकी शान में बट्टा लगता। खैर,

अमिताभ जी, हमने आपको अब अच्छी तरह समझ लिया है। आपने तो कानपुर से चलकर आए प्रसिद्ध ठग्गू लड्डूवाले तक से उसके लड्डू लेने से मना कर दिया! आप बड़े कठोर दिल हैं भाई! कैसे कलाकार हैं आप! जब आप बनारस के तमाम पंडितों को बुला सकते थे तो दिल्ली के इस एक लेखक को नहीं बुला सकते थे? जब आपने नहीं बुलाया तो सुन लीजिए, हम भी डंके की चोट पर कह रहे हैं कि हम भी आपको अपने बेटे की शादी में नहीं बुलानेवाले हैं! तब आप बुरा मत मानना। यह मत कहते फिरना दुनियाभर में कि हिन्दी-लेखक की यह औकात कब से हो गई कि वह हमें न बुलाने का डंका पीटे और कोई इसे सीरियसली ले!

साहित्य के अमिताभ बच्चन

वे सुबह-सुबह लगभग सात बजे, बल्कि उससे भी पहले मेरे घर आ धमके। मैं तब उठा ही था, बल्कि उठा भी क्या था, उठने की सोच रहा था, बल्कि सोच भी कहाँ रहा था, सिर्फ कल्पना ही कर रहा था कि वे आ गए। वे आ गए तो मुझे उठना ही पड़ा। इतनी सुबह-सुबह मुझे साहित्य चर्चा तो क्या, परनिन्दा में भी रस नहीं आता।

आते ही उन्होंने कहा—"यह अमिताभ ने ठीक नहीं किया।" मैं पूछने ही वाला था कि किस अमिताभ ने क्योंकि मेरे दो-तीन दोस्तों के नाम अमिताभ हैं मगर मुझे तत्काल याद आ गया कि अभी ही तो अभिषेक और ऐश्वर्या की शादी हुई है, ज़रूर वे अमिताभ बच्चन की ही बात कर रहे होंगे। उन्होंने फिर कहा—"यह उसने ठीक नहीं किया। सोनिया गाँधी-राहुल गाँधी को अपने बेटे की शादी में नहीं बुलाया! दिलीप कुमार-सायरा बानो को नहीं बुलाया! शाहरुख खान और आमिर खान को नहीं बुलाया! मुकेश अम्बानी को नहीं बुलाया! क्या समझता है वह अपने आपको! इन्हें ज़रूर बुलाना चाहिए था। लगता है, अमिताभ आजकल अमर सिंह के चक्कर में कुछ ज़्यादा आ गया है।"

इसके बाद वे घंटे भर तक उन तमाम लोगों के नाम गिनाते रहे जिन्हें अमिताभ बच्चन के बेटे की शादी में अवश्य बुलाया जाना चाहिए था लेकिन उन्होंने न तो यह कहा कि अमिताभ ने उन्हें क्यों नहीं बुलाया और न यह कहा कि अमिताभ ने मुझे क्यों नहीं बुलाया। खैर, उन्हें नहीं बुलाया, इसका ग़म तो मुझे भी नहीं था लेकिन मुझे नहीं बुलाया, इसका सदमा मुझे ज़रूर लगा था। मगर ऐसी स्थिति में आत्मसम्मान की रक्षा के लिए सन्तई की मुद्रा अपनाना श्रेयस्कर होता है इसलिए मैंने वही मुद्रा अपनाते हुए कहा—"डॉक्टर साहब, शादी में किसे बुलाना है, किसे नहीं बुलाना है, यह किसी का पर्सनल मामला है। यह तय करना बुलानेवाले का काम है, हमारा नहीं। हमें कोई हक नहीं बनता कि हम कहें कि किसे बुलाना चाहिए था और किसे नहीं।" इस पर वे

बोले—"नहीं जी, यह अमिताभ का पर्सनल मामला कैसे हो सकता है? जब अखबार में लिस्ट छप रही है कि किसे बुलाया है और किसे नहीं बुलाया है तो यह मामला सार्वजनिक हो जाता है। यह कोई हमारे-आपके बेटे-बेटी की शादी तो थी नहीं जो मामला पर्सनल था।"

उनके इस कथन के बाद न जाने क्या हुआ कि मैं अपनी पीड़ा भूल गया और परपीड़ा के मूड में आ गया। मैंने उनसे कहा—"डॉक्टर साहब, आप इतनी देर से इतने लोगों को बुलाने की बात कह रहे हैं लेकिन आपने विनम्रतावश यह नहीं कहा कि उसने आपको क्यों नहीं बुलाया। उसे निश्चित रूप से आपको बुलाना चाहिए था।"

वे अचानक विनम्र हो उठे और बोले—"खैर, हम हैं ही क्या जो अमिताभ हमें बुलाता! न हम पिद्दी हैं, न पिद्दी का शोरबा हैं। वह तो हमारा नाम भी नहीं जानता होगा। आजकल के फिल्म अभिनेताओं को साहित्य से क्या लेना-देना, भले ही कोई हरिवंशराय बच्चन का बेटा हो।"

मैंने मज़ा लेते हुए कहा—"देखिए, सोनिया गाँधी, राहुल गाँधी, दिलीप कुमार-सायरा बानो को नहीं बुलाया, शाहरुख, आमिर, मुकेश को नहीं बुलाया तो उनसे अमिताभ को कोई समस्या ज़रूर रही होगी मगर आपसे उसे क्या समस्या थी? आपने तो कभी उसका बुरा नहीं चाहा। फिर आप भी तो साहित्य के क्षेत्र के अमिताभ बच्चन हैं।"

वे तत्काल गर्व से फूल उठे मगर ऊपर से शरमाते हुए लग रहे थे। कहने लगे—"आप भले ही कह लीजिए कि हम साहित्य के अमिताभ बच्चन हैं मगर सच तो यह है न कि फिल्मवाले अमिताभ के सामने हमारी क्या बिसात!"

अब मैं और मौज लेने के मूड में आ गया। मैंने कहा—"यह आपका नहीं, अमिताभ का दुर्भाग्य है कि वह साहित्य के अमिताभ बच्चन को नहीं जानता, जबकि उसके पिता खुद भी कभी साहित्य के अमिताभ बच्चन रह चुके हैं।"

उन्होंने मुझे सुधारने की कोशिश की कि आज अमिताभ जो भी है, हरिवंशराय बच्चन की वजह से ही है मगर मैंने उनकी बात पर गौर करना मुनासिब नहीं समझा और अपनी रौ में बोलता चला गया। मैंने कहा—"इससे पता चलता है कि अमिताभ कितना गहरा आदमी है! खैर, हम तो साहित्य के शाहरुख खान भी नहीं और होते भी तो अमिताभ बच्चन हमें नहीं बुलाता क्योंकि उसने तो शाहरुख को भी नहीं बुलाया मगर उसने आपको नहीं बुलाया, यह बेहद अशोभनीय है। मैं इसका समर्थन नहीं कर सकता और इससे मेरे मन

में अमिताभ के प्रति जो थोड़ा-बहुत सम्मान था, वह भी जाता रहा—भले ही उसे बम्बइया फिल्मों का महानायक क्यों न कहा जाता हो।''

अब तक शायद उन्हें समझ आ गया था कि मैं उनकी खिंचाई कर रहा हूँ, शायद इसीलिए उन्होंने कहा—''हम कहाँ हैं साहित्य के अमिताभ बच्चन, साहित्य के अमिताभ बच्चन तो...हैं।''

मैंने मैदान नहीं छोड़ा। मैंने कहा—''नहीं, आप स्वयं अपना अवमूल्यन कर रहे हैं। इसमें तो अब कोई संदेह ही नहीं है कि आप ही साहित्य के अमिताभ बच्चन हैं और जिनका नाम आप ले रहे हैं वह तो साहित्य का विनोद खन्ना भी कभी नहीं रहा।''

मेरी इस तारीफ से वे फिर गच्चा खा गए। सुबह-सुबह यह सुनकर कि वे साहित्य के अमिताभ बच्चन हैं, उनका चेहरा गेंदे के फूल की तरह खिल उठा।

खैर, मुझे सुबह-सुबह नींद से उठाने का उन्हें इतना खामियाजा तो भुगतना ही था। अब वे जब भी, जहाँ कहीं भी मिलते हैं, मैं कहता हूँ—''ये हैं साहित्य के अमिताभ बच्चन।'' वे अलग ले जाकर मुझसे हाथ जोड़कर कई बार कह चुके हैं कि यार, सार्वजनिक रूप से इस तरह मेरा अपमान मत किया करो मगर मैं कहता हूँ और ज़रूर कहता हूँ। इस पर जब दूसरे हँसने लगते हैं तो वे भी खिसियानी हँसी हँस देते हैं। वैसे क्या आपको ऐसा नहीं लगता कि कई बार अमिताभ बच्चनों को भी खिसियानी हँसी हँसनी पड़ती है?

नेता-उत्पादन

अन्ततः इक्कीसवीं सदी में एक दिन ऐसा आया कि भारत देश में नेता ज़्यादा हो गए, जनता कम रह गई। स्थिति यहाँ तक विकट हो चुकी थी कि किसी-किसी मोहल्ले में तो दस में से नौ नेता हो गए और सिर्फ एक जनता रह गई।

इस स्थिति से एक तरफ नेता परेशान थे, दूसरी तरफ जनता। नेताओं को नेतृत्व देने के लिए जनता नहीं मिल रही थी और जनता को इतना अधिक नेतृत्व मिल रहा था कि उसे समझ में नहीं आ रहा था कि वह किधर जाए, कहाँ जाए। सड़क पर जनता को आवारा कुत्तों से उतनी परेशानी नहीं थी, जितनी कि नेताओं से थी।

हुआ यह था कि बीसवीं सदी के एक बड़े नेता थे। उनकी बेटी भी बड़ी नेता हो गई। बेटी के बेटे राजनीति में आए तो रातोंरात वे भी बड़े नेता हो गए। यही उन बेटों की पत्नियों के साथ भी हुआ। वह भी एकाएक बड़ी नेता हो गईं। उनके बेटे जब राजनीति में आए तो ज़ाहिर है कि उन्हें भी बड़ा नेता ही होना था। तो उस समय की तमाम पार्टियों के नेताओं ने सोचा कि हम भी अपनी राजनीतिक विरासत क्यों न अपनी पत्नियों, बेटों, बेटियों, बहुओं, भाइयों-बहनों, साले-सालियों को सौंपें? इस प्रकार हर नेता के घर कई-कई नेता पैदा होने लगे। फिर उन नेताओं के घर भी न जाने कितने-कितने नेता पैदा होने लगे। गली-गली, मोहल्ले-मोहल्ले, कॉलोनी-कॉलोनी नेता उत्पादन का कुटीर उद्योग खुल गया। उस समय नई आर्थिक नीति और वैश्वीकरण के चलते बाकी कुटीर उद्योग बर्बाद हो चुके थे, केवल यही एक चल रहा था।

इस प्रकार नेताओं का उत्पादन दिन दूनी, रात चौगुनी गति से बढ़ने लगा। पहले तो जनता ने इसे 'सीरियसली' नहीं लिया। उसने समझा कि चलो क्या है, खा-कमा रहे हैं, खाने-कमाने दो। इनके भी बाल-बच्चे होंगे। ठेके ले रहे हैं, दलाली खा रहे हैं तो खाने दो। कोई-न-कोई तो यह करेगा ही, नेताओं को करने दो।

जनता को कतई अंदाज़ा नहीं था कि स्थिति इतनी बिगड़ जाएगी कि जनता सिमट जाएगी और नेता फैलते जाएँगे। नेता नौ हो जाएँगे और जनता एक रह जाएगी! चूँकि नेताओं का विकास जनता के दम पर होता है इसलिए जब जनता नहीं रही तो नेताओं को विकास भी रुक गया। बड़े नेताओं ने छोटे नेताओं को और छोटे नेताओं ने अपने से भी छोटे नेताओं को और इन्होंने भी अत्यन्त छोटे नेताओं को 'जनता' समझकर बड़े समय तक काम चलाया। लेकिन इस तरह कब तक चलता! अन्ततः सरकार को मजबूर होकर 'खुला लाइसेंस' नीति के तहत विदेशों से जनता का आयात करना पड़ा। तब नेता-जनता सन्तुलन कुछ सँभला और नेताओं का धन्धा फिर से चमक उठा।

बोलो सियावर रामचन्द्र की जय!

देश का नेता

जनता सर्किट हाउस के प्रांगण में नारे लगा रही थी–

देश का नेता कैसा हो

बाबुल सिंह जैसा हो।

अन्दर बाबुल सिंह अकेले-अकेले समोसे, कचौरी, गुलाब जामुन, रसमलाई इत्यादि ठूँस रहा था और चमचागण उसका मुँह ताक रहे थे। बाबुल सिंह अपने इन सेवकों से कह रहे थे–"ई माल तो बढ़ियाँ नहीं है, मंत्री खा सके, ऐसा तो कतई नहीं है मगर भूखे भी तो नहीं रहा जाता, यह सोचकर खा रहा हूँ। आज़ादी के साठ साल हो गए मगर दुर्भाग्य से अभी देश का इतना विकास भी नहीं हुआ है कि सर्किट हाउसों में मंत्री के योग्य नाश्ता मिल सके।" फिर वह लस्सी के बाद चाय और चाय के बाद कॉफी का सेवन करने लगे और कहने लगे–"कमाल है अभी तक जूस नहीं आया, बुलाओ तो मनेजर को और पूछो उससे कि उसकी एफीशिएंसी का क्या यही हाल है कि एक ठो जूस लाने में उसे दो घंटा लगता है? उधर बाहर जनता नारे लगा रही है कि देश को हमारे जैसे नेता की ज़रूरत है और इधर ये ससुर हमें प्रदेश की राजनीति में फँसाए रखने की नीच हरकत करते हुए जूस लाने में देर लगा रहा है।"

नेता के इस प्रकार क्रोध करने से सर्किट हाउस में अफरा-तफरी मच जाना स्वाभाविक है। बाबुल सिंह खाते-पीते हुए अपने स्थानीय प्रतिद्वन्द्वी प्रद्युम्न को कब, कैसे, कहाँ ठिकाने लगाना है, कौन सा ठेका कैसे हड़पना है, किस अफसर को कहाँ फिट और कहाँ से अनफिट करना है, हवाला से इस बार कितना पैसा कहाँ पहुँचाना है, इसकी रणनीति अपने चमचों के साथ तय करता रहा क्योंकि बाहर खड़ी जनता नारे लगा रही थी कि अब देश को उसके जैसा नेता चाहिए। जनता नारे इसलिए लगा रही थी क्योंकि जनता का काम ही है नारे लगाना, उधर नेता और सबकुछ कर सकता है मगर नारे नहीं लगा सकता। जनता, जिसे नारे लगाने के बदले कोई एक गिलास पानी तक के लिए पूछ नहीं रहा था, धूप की बजाय पेड़ की छाया में खड़े होने या बैठने तक के लिए नहीं कह रहा था, वह

गला फाड़कर नारे लगा रही थी। जनता लाचार है, मजबूर है क्योंकि वह इस समय पचास रुपये प्रति व्यक्ति के हिसाब से देश का नेता कैसा हो, इसका ताजा उदाहरण पेश करने यहाँ आई थी। वह बाबुल सिंह जैसा देश का नेता हो जैसे नारे लगाकर नारा लगाने के अपने लोकतांत्रिक अधिकार का इस्तेमाल कर रही थी और पुलिस के डंडे और गोली इसलिए नहीं खा रही थी कि जनता को बाबुल सिंह जैसा नेता चाहिए था, उस जैसा नेता नहीं होगा तो देश में भ्रष्टाचार, भाई-भतीजावाद का मार्ग चौड़ा होना अवरुद्ध हो जाएगा, दलालों की रोज़ी-रोटी खतरे में पड़ जाएगी, जातिवाद का रास्ता कंटकाकीर्ण होता जाएगा, साम्प्रदायिकता का जादू बिखर जाएगा, पेट्रोल और डीजल की बर्बादी रुक जाएगी, सर्किट हाउसों का उपयोग होना बन्द हो जाएगा और जनता को यदा-कदा नारे लगाने के जो पचास-सौ रुपए मिलते हैं, वे बन्द हो जाएँगे, इसलिए देश का नेता बाबुल सिंह जैसा नहीं, बल्कि खुद बाबुल सिंह ही होना चाहिए।

मैं भी पूरी तरह इस पक्ष में हूँ कि देश का नेता बाबुल सिंह जैसा ही होना चाहिए क्योंकि देश का नेता सुभाषचन्द्र बोस या भगत सिंह जैसा या महात्मा गाँधी या जवाहरलाल नेहरू जैसा तो हो नहीं सकता। अटलजी या मनमोहन सिंह जैसा हो तो फिर बाबुल सिंह जैसा ही हो तो क्या फर्क़ पड़ता है या कैसा भी हो तो भी इससे क्या अन्तर पड़ता है क्योंकि देश कैसा हो, यह महत्वपूर्ण नहीं है, देश का नेता कैसा हो, यह इम्पोर्टेंट है, क्योंकि नेता ऐसा नहीं तो वैसा तो ज़रूर ही होगा, इसलिए बाबुल सिंह जैसा हो तो इसमें भी क्या बुराई है? कम-से-कम बाबुल सिंह तो खुश रहेगा कि वह देश का नेता है। आजकल तो ऐसे नेता भी होने लगे हैं जिनकी वेशभूषा से लेकर आचार-व्यवहार तक देखकर यह पता नहीं चलता कि ये देश के नेता हैं या किसी कारपोरेट कम्पनी के सीईओ हैं! सफारी सूटवाले एक मुख्यमंत्री अपने को राज्य का सीईओ बताकर खुश रहता था, यह अलग बात है कि जनता ने सीईओ को नौकरी से हटाकर अपना मुख्यमंत्री चुन लिया, इसलिए बाबुल सिंह कम-से-कम अपने रंग-ढंग से नेता टाइप तो लगता है, मशहूर गुंडा होने के बावजूद उसने अपने में इतनी खूबी तो पैदा की है, यह क्या कम है? वैसे भी बाबुल सिंह को भी वही करना है जो बाकी करते रहे हैं या करते रहेंगे तो खुद बाबुल सिंह ही ऐसा क्यों न करे! उसने क्या अपराध किया है! इसलिए नेता बाबुल सिंह जैसा ही होना चाहिए। वह नहीं तो उसका कोई भाई-बन्द होना चाहिए। हर शहर, हर गली-मोहल्ले में देश का नेता बाबुल सिंह जैसों को बनाने की तैयारी काफी पहले से चल रही है। वह जारी रहनी चाहिए ताकि देश भले न रहे मगर जो भी और जैसा भी रहे, कम-से-कम रहे, नेतृत्वहीन तो न रहे!

मुख्यमंत्री का स्पष्टीकरण

अजी मैं अपने प्रदेश का मुख्यमंत्री हूँ। लोग कहते हैं कि भाई साहब अपने प्रदेश की जनता के लिए कुछ कर लिया करो। कुछ गरीबों-शरीबों, दलितों-शलितों के लिए भी कर लिया करो वरना लोग कहेंगे कि यह मुख्यमंत्री इनके लिए कुछ भी नहीं करता, सब अपने लिए करता है। विरोधियों को आपके खिलाफ अभियान छेड़ने का मौका मिल जाएगा। वैसे कुछ करो या न करो मगर यह दावा तो करो कि मैं कुछ करना चाहता हूँ!

मैं कहता हूँ कि भाई, आप ठीक कहते हो, ज़रूर कुछ करना चाहिए। हमारा समाज के इन वर्गों के प्रति भी कर्तव्य बनता है लेकिन प्रश्न यह है कि मैं करूँ तो कब करूँ? कभी कोई आ जाता है कि भाई साहब, हम आपके प्रदेश में ज़बर्दस्त निवेश करना चाहते हैं। मैं कहता हूँ, जी, अवश्य करो, इससे प्रदेश का विकास होगा और प्रदेश का होगा तो देश का भी होगा पर पहले हममें तो निवेश करो। हममें निवेश किए बिना प्रदेश में निवेश कैसे हो सकता है? तब दोनों किस्म के निवेश पर चर्चाएँ लम्बी खिंच जाती हैं और तब जाकर फैसला हो पाता है। निवेशकर्ता और हममें कुछ तय हो जाता है तो मैं अफसरों से कहता हूँ कि जी, इनका रेडकार्पेट वेलकम करो, ये हमारे यहाँ निवेश करना चाहते हैं। फिर अफसर निवेशकर्ता से कहता है कि प्रदेश में निवेश तो ठीक है, मुख्यमंत्री में भी निवेश ठीक है मगर हममें भी तो कुछ निवेश करो वरना मुख्यमंत्री में निवेश का भी क्या फ़ायदा! तो इस प्रकार हर समय सचिवालय में निवेश का वाद, विवाद और संवाद चलता रहता है तथा इस प्रकार प्रदेश में निवेश का वातावरण बनता रहता है। एक निवेशकर्ता जाता है तो दूसरा आ जाता है। दूसरा जाता है तो तीसरा आ जाता है। ये ससुरा निवेश हमारा बहुत समय खा जाता है पर हम दिल से प्रदेश का विकास करना चाहते हैं, इसलिए हम किसी भी प्रकार के निवेश से इनकार भी कैसे कर सकते हैं!

इसके अलावा कभी कोई गुंडा आ जाता है कि भाई साहब, आपके रहते जेल में हमारा आदमी सड़ रहा है, हमारा भी कभी वक़्त आएगा तो हम भी देख लेंगे! तो मैं कहता हूँ कि भाई जी, ये भी आपका ही वक़्त है और मैं भी आपका ही सेवक हूँ, कोई गलती हो गई होगी आपके आदमी से। पुलिस से पंगा ले लिया होगा वरना हमारा तो स्पष्ट निर्देश है कि प्रदेश में शान्ति और व्यवस्था के हित में जो भी आवश्यक है, किया जाए और आवश्यक यही है कि आप जैसे सज्जनों और आपके द्वारा नियुक्त सज्जनों को पकड़ा न जाए! इतने में कोई दलाल आ जाता है कि भाई साहब, हम पार्टी की सेवा करना चाहते हैं। हम कहते हैं कि बहुत अच्छा, सेवा ही हम सबका परम धर्म है। सेवा कीजिए, हमारे माध्यम से पार्टी हाईकमान तक पहुँचिए। तो हम पार्टी की सेवा उनसे करवाने लगते हैं लेकिन ठीक उसी समय पार्टी में कोई हमारी बाईं टाँग खींच रहा होता है और कोई दाईं। कोई हाथ खींच रहा होता है, तो कोई पाँव। कोई मुँह नोंच रहा होता है, तो कोई आँखें निकालने की कोशिश कर रहा होता है। कभी टी॰वी॰ वाले आ जाते हैं कि हमें बाइट दो। कभी अखबारवाले आ जाते हैं कि हमें खबर दो। साथ में अपना-अपना काम भी करा ले जाते हैं। फिर अपनी जाति के बन्धु आ जाते हैं कि आपको फलाँ जगह हमारी वजह से वोट मिला था लेकिन आप जाति के लोगों यानी हमारे काम नहीं करोगे तो अगली बार आपको और पार्टी को कौन जिताएगा? फिर पंडितजी आ जाते हैं, मौलवीजी आ जाते हैं। ज्योतिषी भाग्य बाँचने आ जाते हैं। तांत्रिक तंत्र-मंत्र करने आ जाते हैं। हम क्या बताएँ, हमें चैन ही नहीं मिलता वरना हमारे दिल में गरीबों के लिए कम दर्द नहीं है? हमारा दिल तो उनके दर्द से फटा जाता है। आपने कहा है तो हम फिर से ध्यान देंगे।

इतने में अन्दर एक पर्ची आती है। मुख्यमंत्री कहते हैं, बुलाओ, निवेशकर्ता साहब को सादर बुलाओ।

प्रधानमंत्री पद की मिठाई

इस देश की विशेषता यह है कि यह चाहे भाड़ में चला जाए मगर इसका प्रधानमंत्री बनने के लिए हर कोई, हर समय तैयार रहता है। इस ना-चीज़ से भी कहा जाए तो यह भी शायद इससे इनकार न कर पाए, जैसे कि मिठाई मेरे सामने हो तो मैं उसे खाने से किसी भी परिस्थिति में इनकार नहीं कर पाता लेकिन यह मेरी विशेषता है या मिठाई की, मुझे आज तक नहीं मालूम! तो प्रधानमंत्री का पद भी खासकर नेताओं के लिए कुल मिलाकर ऐसी मिठाई ही है जिसे खाने से कोई नेता कभी इनकार नहीं कर पाता, चाहे उसे डायबिटीज हो, चाहे वह मरणासन्न ही क्यों न हो! इसे वह तो खाना चाहता ही है जिसने अब तक नहीं खाई है। वह भी खाना चाहता है जो इसे पहले भी कई-कई बार खा चुका है। यह ऐसी मिठाई है जिसे खाकर कोई नेता कभी डकार नहीं लेता, बल्कि कई नेता तो इस मिठाई को खाने का अवसर प्राप्त करने के लिए मरने से मना कर देते हैं। यही नहीं, कई नेता तो यमदूत को पता नहीं क्या गोली देते हैं कि वह बार-बार स्वर्ग या नरक से उन्हें वापस धरती पर लौटा लाता है। कमाल यह है कि ये नेता वापस आकर भी कोई ऐसा संस्मरण नहीं सुनाते कि यमराज ने यमदूत से कहा—''तुम गलत आदमी को लेकर यहाँ आ गए हो। जाओ, इन्हें छोड़ आओ, इन्हें तो अभी भारत का प्रधानमंत्री बनना है।'' सच तो यह है कि प्रधानमंत्री बनने के लिए नेता नए राज्य की तरह इस देश के नए सिरे से टुकड़े कराकर नए-नए 'भारत' बनाने के लिए भी तैयार हो सकते हैं ताकि यहाँ के ज़्यादा-से-ज़्यादा नेताओं को ज़्यादा-से-ज़्यादा समय तक प्रधानमंत्री बनने का मौका हासिल हो सके!

यह ऐसा पद है जिस पर बैठने की किसी नेता की आकांक्षा कभी नहीं मरती। आप उसे राष्ट्रपति भी बनाना चाहें तो वह कहेगा कि मेरी तो महत्त्वाकांक्षा एक दिन देश का प्रधानमंत्री बनने की है। मैं राष्ट्रपति नहीं बनूँगा। वह इसके लिए स्वर्ग और उसकी अप्सराओं को भी छोड़ देगा मगर अपनी यह अमूल्य देह प्रधानमंत्री बनने के लिए नहीं छोड़ेगा। इस पद को सामने आया देखकर

मार्क्सवादी नेता ज्योति बसु तक का मन डोल गया था। मिठाई है न, अस्सी के हो गए हैं तो क्या ज़्यादा उम्र हो जाने के कारण ही इसे खाने से इनकार कर दें!

आडवाणीजी से भी प्राइवेटली पूछा जाए कि अस्सी की उम्र तक अपने स्वास्थ्य को इतना अच्छा बनाकर रखने का असली रहस्य क्या है तो वे भी स्पष्ट कहेंगे कि सिर्फ इतना है भाई जी कि मुझे एक दिन इस देश के प्रधानमंत्री-रूपी मिठाई ज़रूर खानी है। बहुत सालों से उन्हें यह दर्द साल रहा है कि खूनी रामरथ यात्रा उन्होंने निकाली, कानून और संविधान का मखौल उन्होंने उड़ाया, बाबरी मस्जिद गिराने में उनका योगदान अविस्मरणीय रहा, नकली ही सही लौहपुरुष भी वे ही माने गए मगर मौका आया तो मुफ़्त में प्रधानमंत्री बन गए अटल बिहारी वाजपेयी। बन भी गए और हटने के बाद फिर से बनने को तैयार भी बैठे हैं। कुछ महीने पहले तक तो अटलजी यही कहते रहे हैं कि मेरा स्वास्थ्य सुधार पर है, अगला प्रधानमंत्री बनने के लिए मैं तैयार हूँ। खैर, फिलहाल तो उन्होंने अपना दावा छोड़ दिया है लेकिन इस बीच भी वे अपना स्वास्थ्य ठीक रखना जारी रखेंगे और अब तो यह काम अवश्य ही करेंगे क्योंकि आडवाणीजी से उनकी पुरानी 'मित्रता' है और उसे निभाना ज़रूरी है। नरेंद्र मोदी को गुजरात में उलझाकर आडवाणीजी ने भाजपा की ओर से प्रधानमंत्री पद का उम्मीदवार घोषित होने का खेल चुपचाप ज़रूर खेल लिया है मगर मोदी जी को भी ज्योतिषियों ने अवश्य ही बताया होगा कि देश के अगले प्रधानमंत्री वे ही बनेंगे। ज्योतिषी मुझे बताएँ तो मैं भी इस पर हँसूँ नहीं, विश्वास कर लूँ, इसलिए उन्हें तो विश्वास करना ही होगा और वे करेंगे भी अवश्य।

मोदी जी ने गुजरात को तो 'हिन्दू राष्ट्र' अपनी तरफ से बना ही दिया है, अब पूरे देश को भी तो उन्हें बनाना है। उन्हें अच्छी तरह मालूम है कि 'हिन्दू राष्ट्र' बनाने का यह काम आडवाणीजी उतनी अच्छी तरह नहीं कर पाएँगे जितनी अच्छी तरह वे स्वयं कर सकेंगे। उधर मुरली बाबू फिलहाल मान तो गए हैं कि आडवाणीजी भाजपा की ओर से प्रधानमंत्री पद के उम्मीदवार होंगे मगर उन्हें मालूम है कि यह मिठाई इतनी करीब भी नहीं रखी है कि उस पर मक्खियाँ अभी से भिनभिनाना शुरू कर दें। वे जानते हैं कि उनकी पार्टी के नेता किसी को अपनी ओर से प्रधानमंत्री पद का उम्मीदवार घोषित कर भी दें तो देश में तत्काल चुनाव नहीं हो जाएँगे और आडवाणीजी देश के प्रधानमंत्री नहीं बन जाएँगे।

वैसे रामजी के मूड का पता नहीं, वे क्या कर बैठें! क्या पता ऐन मौके पर कहीं से देवगौड़ा जी जैसा कोई टपक पड़े और बेचारे आडवाणीजी टापते रह जाएँ!

जनतंत्र में महारानी का भी काम है!

एक समय पृथ्वी पर एक देश हुआ करता था। हुआ क्या करता था, वह तो आज भी है। वह देश क्या है जी, उसे तो पूरा उपमहाद्वीप ही समझो। उस देश में जनतंत्र था लेकिन वहाँ महारानी भी थीं। राजकुमार भी था। राजकुमारी भी थी।

आप पूछेंगे कि वहाँ जनतंत्र था तो ये महारानी कहाँ से आ गईं? यह राजकुमार कहाँ से आ गया? यह राजकुमारी कहाँ से आ गई?

वैसे उस देश में यह प्रथा थी कि बुद्धिमान लोग ऐसे कठिन सवाल पूछते नहीं थे और मूर्ख पूछते थे तो बुद्धिमान इतने ज़्यादा बुद्धिमान हो चुके थे कि उनका जवाब नहीं देते थे। वैसे आप थोड़ी देर के लिए अपने सीने पर पत्थर रखकर मुझे भी ऐसा ही एक बुद्धिमान मान सकते हैं। फिर भी यह बताने की मूर्खता मैं कर रहा हूँ कि उस देश में जनतंत्र आने से पहले विदेशी शासक काबिज थे, राजतंत्र भी था इसलिए उस देश को राजतंत्र के बगैर जीने-रहने की आदत नहीं थी। उसने जनतंत्र में भी अपने नए राजघराने बना डाले थे। उस राजघराने का वरिष्ठ सदस्य बारी-बारी से जनतंत्र की गद्दी पर बैठता था। जनतंत्र के बावजूद अपना राज चलाता था।

तो जी, यह महारानी कोई ऐसी-वैसी महारानी नहीं थीं। सचमुच की महारानी थीं। जनतंत्र की महारानी थीं। वह ब्रिटेन की महारानी की तरह राजमुकुट ज़रूर धारण नहीं करती थीं मगर राजदंड उनके पास था। प्रधानमंत्री और मंत्री आदि उनके यहाँ पानी भरते थे। कई मंत्रियों की तो यह बिसात तक नहीं थी कि वे महारानी से अलग से समय लेकर मुलाकात करने की सोच सकें, अप्वाइंटमेंट माँग सकें। प्रधानमंत्री को भी वे कभी टाइम देती थीं और कभी नहीं देती थीं। कहते हैं कि राष्ट्र के प्रमुख को भी उनसे अप्वाइंटमेंट लेना पड़ता था, मगर वे इतनी विनम्र अवश्य थीं कि उन्हें अप्वाइंटमेंट देकर भी अपने घर नहीं बुलाती थीं, खुद ही उनसे मिलने चली जाती थीं। इस कारण महारानी की सारे देश में खूब प्रशंसा भी होती थी कि देखो, कितनी विनम्र हैं!

वे महारानी थीं तो जाहिर है कि उनका दरबार भी था और दरबार था तो उसमें मंत्रणाएँ भी होती थीं लेकिन ज़रूरी नहीं था कि इन सभी मंत्रणाओं में प्रधानमंत्री को भी नियमपूर्वक बुलाया जाए। उन्हें बता दिया जाता था कि यह फैसला हुआ है और वे उसे लागू कर देते थे। वे आज्ञाकारी जो थे और आज्ञाकारी थे इसलिए प्रधानमंत्री भी थे। महारानी साहिबा स्वयं प्रधानमंत्री को यह बताने की तकलीफ भी नहीं करती थीं कि हमारा फलाँ फैसला लागू कर दीजिए। इसके लिए उनके दरबारीलाल ही काफी थे। दरबारीलालों का कहा हुआ ही प्रधानमंत्री के लिए आदेश हुआ करता था। उधर राजकुमार साहब प्रधानमंत्रीजी से कुछ कहें और वह न हो, यह हो नहीं सकता था। उधर राजकुमारी साहिबा कुछ कहती हुई लगती नहीं थीं मगर कहती वह भी थीं और यह रहस्य कम ही लोग जानते थे।

महारानी थीं तो उनके क्षत्रप भी थे। जमींदार-जागीरदार भी थे। इस प्रकार उनका राजकाज सुचारु ढंग से चल रहा था। वैसे साथ में आतंकवाद भी चल रहा था। तरह-तरह के अत्याचार-अनाचार-भ्रष्टाचार भी चल रहे थे, साम्प्रदायिकता भी उफान पर थी, गुंडे-बदमाशों का राज भी बड़े मज़े से चल रहा था। मल्टीनेशनल भी जो चाहते थे, वह करवा लेते थे। अमेरिका का डंडा सदैव चलता रहता था मगर देश तो फिर भी देश था, अड़ियल था, इसलिए वह भी चल रहा था। उस समय ऐसा माना जाता था कि जब देश चलता है तो ये सब भी चलते हैं। इसका बुरा नहीं मानना चाहिए। इसे अस्वाभाविक नहीं समझना चाहिए। वैसे उस देश में अखबार भी थे, टी॰वी॰ चैनल भी थे, अभिव्यक्ति की स्वतंत्रता भी थी, संसद भी थी, राजनीतिक पार्टियाँ भी थीं, मतलब जनतंत्र का पूरा तामझाम था और जी, तामझाम बड़ा हो तो ऐसी गड़बड़ियाँ भी हो ही जाती हैं। फिर महारानी भी हो, राजकुमार भी हो, राजकुमारी भी हो और जनतंत्र भी हो यानी इतना सारा 'मिक्सअप' हो तो कई परेशानियाँ खड़ी होना स्वाभाविक है। कोई चाहे भी तो क्या कर सकता है! इसमें महारानी जी भी क्या करें और जनतंत्र बेचारा करे भी तो क्या करे! और सबसे अन्त में प्रधानमंत्री भी आखिर प्रधानमंत्री ही है, वह भी क्या करे! और ब्यूरोक्रेसी तो जी, वही करती है न, जो उसे करना होता है। मंत्री कोई भी हो, प्रधानमंत्री कोई भी हो, राजा-रानी कोई भी हो, उसकी अपनी चाल है, अपने तौर-तरीके हैं, अपना रंग-ढंग है।

तो जी, इस प्रकार वहाँ कुल मिलाकर जनतंत्र मज़े-मज़े से चल रहा था। वैसे किसान भी रोज़-रोज़ आत्महत्या कर रहे थे। गरीब हमेशा की तरह भूखों

मर रहे थे। दुनियाभर में कुपोषण के मामले में वह देश अव्वल था। बेरोज़गारी हर दिन पहले से ज़्यादा भयानक हो रही थी। बीमारियों का इलाज कम-से-कम सरकारी अस्पतालों में तो नहीं ही होता था। पढ़ाना कम-से-कम सरकारी स्कूलों में तो गुनाह ही माना जाता था। दफ्तर, दफ्तरों की तरह चलते थे। अफसर अकसर टेढ़ी चाल चलते थे और क्लर्क उनसे भी ज़्यादा टेढ़ा चलना सीख चुके थे। पुलिस को जहाँ होना चाहिए था, वहाँ वह अकसर नहीं होती थी और उसे जहाँ नहीं होना होता था, वहाँ वह नहीं होकर भी अवश्य होती थी। तो यह सब जैसा कि हमने पहले भी कहा था—हो ही रहा था लेकिन उस देश में दस प्रतिशत लोग फिर भी बहुत सम्पन्न थे। दो प्रतिशत तो इतने ज़्यादा सम्पन्न थे कि उनके बारे में क्या कहें! वे इतना कमाते थे, इतना कमाते थे कि उनको भी पता नहीं था कि वे कितना कमा रहे हैं! वे इतना खर्च करते थे, इतना खर्च करते थे कि उन्हें पता भी नहीं चलता था कि वे कितना खर्च कर रहे हैं! यानी वे बेचारे खर्च करते-करते भी थक जाते थे और कमाते-कमाते भी! बहुत बुरी हालत थी उनकी और आश्चर्य कि किसी को उन पर दया भी नहीं आती थी! ऐसा ज़माना था पर फिर भी कुल मिलाकर कहना पड़ेगा कि सबकुछ ठीक था। इतनी गड़बड़ी को तो जी, ठीक ही कहा जाता है वरना तो जी, पूरा ठीक तो कभी भी, कहीं भी नहीं होता। आपको तो मालूम है कि जब सोवियत संघ होता था और बताते हैं कि वहाँ समाजवाद भी होता था, तब भी वहाँ सबकुछ ठीक नहीं था और आप जानते हैं कि इस कारण वहाँ एक ऐसा वक़्त भी आया कि खुद सोवियत संघ नहीं रहा। चीन की सम्पन्नता के आजकल बहुत गुण गाए जा रहे हैं मगर सब जानते हैं कि वहाँ भी सबकुछ ठीक नहीं है। खुद महाबली अमेरिका की हालत भी पतली ही है तो इतना गड़बड़ तो जी, सब जगह चलता ही रहता है। वहाँ भी इतना गड़बड़ था। तो इस प्रकार कह सकते हैं कि उस देश में राजतंत्र—सॉरी जनतंत्र—ठीक तरह से चल रहा था। कहते हैं कि उस देश का सकल घरेलू उत्पादन नौ प्रतिशत की गति से बढ़ रहा था। शेयर मार्केट उछालें पर उछालें मार रहा था। वह तो इतना ज़्यादा उछल रहा था कि वह कई बार ज़मीन पर आना ही भूल जाता था। वह सातवें आसमान पर पहुँचकर यह सोचता रहता था कि अब कहाँ जाए क्योंकि आठवाँ और नौवाँ आसमान तो होता नहीं! और क्या चाहिए था जी! इस प्रकार वहाँ सब ठीक था। नहीं होता तो हमने यह कथा लिखी ही क्यों होती? हम क्या इतने बेवकूफ या भोले हैं जो फिर भी लिखते! और आप यह मत समझना जी कि हमने यह व्यंग्य लिखा है। राम का नाम लो जी, हम ऐसा गलत काम कभी नहीं करते और कोई करता

है जी, तो हम उससे साफ-साफ कहते हैं कि भैया, आप ऐसा काम मत किया करो। महारानी, राजकुमार, राजकुमारी आदि के बारे में अगर कुछ अच्छा नहीं कह सकते तो बुरा भी मत कहा करो। तो जी, बहुत हो गया, थोड़ा लिखा है, ज़्यादा समझना और अगर ज़्यादा लिख ही दिया हो तो जी, इसे थोड़ा समझ लेना। शब्बा ख़ैर, गुडनाइट, फिर मिलेंगे। तब तक के लिए हमारी ओर से नमस्कार! जय हिन्द!

ईमानदारों की राजनीति

–सर, आप राजनीति में क्यों नहीं आते? आप जैसे ईमानदारों की राजनीति में सख़्त ज़रूरत है।

–किसने कहा कि सख़्त ज़रूरत है?

–हम कह रहे हैं न।

–बाई दॅ वे, आप हैं कौन? आप सोनिया गाँधी हैं, अटल बिहारी वाजपेयी हैं या मुलायम सिंह यादव हैं?

–हम उनसे भी बड़े हैं, हम भारत की जनता हैं।

–भारत की जनता! अरे तुम्हें पूछता ही कौन है? एक बार वोट दिया और तुम्हारा काम खत्म। फिर नेता को जनता से क्या लेना-देना! क्या नेता जनता से पूछता है कि अगर आपकी इजाज़त हो तो मैं तनिक भ्रष्टाचार कर लूँ, भाई-भतीजावाद कर लूँ, जातिवाद को बढ़ावा दे दूँ, साम्प्रदायिक राजनीति कर लूँ, लोगों को बेरोज़गार कर दूँ, झुग्गी-झोंपड़ियाँ तोड़ दूँ, शोषण को बढ़ावा दे दूँ, किसानों को आत्महत्या करने को मजबूर कर दूँ? यूँ तो जनता कुछ-न-कुछ कहती ही रहती है क्योंकि जनता का काम है कहना और नेता का काम है मल्टीनेशनलों की सुनना। नेता जानता है कि जनता का क्या है, यह तो किसी-न-किसी तरह रोते-गाते अपना गुजारा कर ही लेगी और न भी कर पाएगी, तो उनमें से कुछ लोग मर जाएँगे और कुछ को सरकार गोली से मार देगी।

–तो कहने का मतलब यह है कि राजनीति बेईमानों के हाथों में ही रहेगी?

–अच्छा, यह बताइए, आप स्वयं तो ईमानदार हैं न?

–बेशक हूँ।

–फिर भैया, हमारे कन्धे पर बन्दूक काहे रख रहे हैं? आप खुद क्यों राजनीति में नहीं जाते?

–देखिए, हम जा सकते तो ज़रूर जाते, आपसे न कहते।

–और हम भी जा सकते तो चले जाते, आपकी सलाह का इन्तज़ार न करते। आपकी और हमारी तरह हर ईमानदार सा लगनेवाला आदमी महान

बहानेबाज होता है। वह किसी संकट में फँसना नहीं चाहता। इसलिए अच्छा है कि जो राजनीति में हैं, वहीं रहें और हम उनकी ज़िन्दाबाद करते रहें। वैसे सच तो यह है कि राजनीति में आज भी कुछ ईमानदार लोग हैं। कुछ पार्टियाँ ही ऐसी हैं कि उनमें बेईमानी करके आप ज़्यादा देर बच नहीं सकते मगर बाकी में ईमानदार, बेईमानों के आगे ज़्यादा टिक नहीं पाते, उनका उपयोग खत्म होते ही उन्हें पार्टी से निबटा दिया जाता है और जो ज़्यादा देर तक टिक जाते हैं, वे बेईमानों का वरदहस्त प्राप्त कर लेते हैं। वे बेईमानों की तरफ से आँखें मूँदे रहते हैं। ऐसे ईमानदारों को बेईमान भी बहुत पसन्द करते हैं। वे ऐसे निरीह ईमानदारों की बहुत तारीफ़ करते हैं कि ये तो बहुत भले आदमी हैं, खुद खाते भी नहीं और उनका हिस्सा हम खा लें तो एतराज करते भी नहीं। वैसे सच यह है कि राजनीति में जो जितना ही बेईमान होता है, जितना ही साम्प्रदायिक होता है, जितना ही जातिवादी होता है, जितना ही भ्रष्ट होता है, जितना ही झूठा होता है, जितना ही धोखेबाज होता है, जितना ही बड़ा माफिया होता है, वह उतना ही ज़्यादा टिकाऊ होता है क्योंकि वह उतना ही ज़्यादा बिकाऊ भी होता है।

—लेकिन ईमानदार आएँगे नहीं तो यह सब तो होगा ही। फिर शिकायत कैसी?

—आप-हम जैसा ईमानदार आए भी कैसे! हम भी डरते हैं कि राजनीति में आए तो पता नहीं कब, कौन हमारी ईमानदारी की पोल खोलकर रख देगा और जो सचमुच ईमानदार हैं वे भी इसलिए डरते हैं कि कहीं बेईमानों ने हमें घेरकर, बेवकूफ बनाकर, बहला-फुसलाकर, भावुक बनाकर बेईमान बना दिया तो हम तो किसी को मुँह दिखाने के काबिल भी नहीं रहेंगे। कुछ ईमानदार इसलिए डरते हैं कि उनके बेटे-बेटी-दामाद-चाचा-ताऊ-जीजा-साले अगर बेईमान हो गए तो? होता यह है कि इस तरह ईमानदार अगर-मगर करता रह जाता है। तब तक बेईमान सरपट दौड़कर उससे इतना आगे निकल चुका होता है कि वह चाहकर भी कुछ नहीं कर पाता।

—तो अर्थ यह है कि कोई उपाय नहीं है?

—दरअसल आपकी सुई हर बार सिर्फ ईमानदारी पर आकर टिक जाती है मगर ईमानदारी ही काफी नहीं है। कोई ईमानदार हो और उसके मन में जनता के प्रति कोई दर्द न हो तो ऐसी ईमानदारी किस काम की? लानत है ऐसी ईमानदारी पर!

सिद्धान्तवादी पार्टी के नेता से साक्षात्कार

क्या आपकी पार्टी चुनाव से पहले कांग्रेस से गठबन्धन करेगी?

यह सैद्धान्तिक प्रश्न है। हम ऐसा कुछ भी नहीं करेंगे, जो हमारे सिद्धान्तों के प्रतिकूल हो।

क्या आपका मतलब यह है कि कांग्रेस के साथ गठबन्धन करना आपके सिद्धान्तों के प्रतिकूल होगा?

मैंने ऐसा कुछ नहीं कहा, यह आपका निष्कर्ष है। मैंने साफ कहा है कि हम सिद्धान्तों के प्रतिकूल कुछ नहीं करेंगे जिसका अर्थ है कि वही किया जाएगा, जो सिद्धान्तों के अनुकूल होगा।

सिद्धान्तों के अनुकूल क्या होगा—कांग्रेस से गठबन्धन करना या भाजपा से ?

यह समय आने पर सिद्धान्तों की कसौटी पर कसा जाएगा।

वैसे आपके सिद्धान्त क्या हैं?

संविधान की भावना का अक्षरशः सम्मान करना।

लेकिन वह भावना क्या है?

आप स्वयं पढ़े-लिखे हैं, आप जानते हैं और नहीं जानते हों तो संविधान पढ़ लीजिएगा, स्पष्ट हो जाएगा। मेरा काम आपको संविधान पढ़ाना नहीं है।

संविधान धर्मनिरपेक्षता की बात करता है। क्या आपकी नज़र में कांग्रेस एक धर्मनिरपेक्ष पार्टी है?

कांग्रेस 100 साल से ज़्यादा पुरानी पार्टी है। उसके सिद्धान्त क्या हैं और क्या नहीं हैं, यह सब जानते हैं। इस पर मैं अलग से टिप्पणी करना आवश्यक नहीं समझता।

लेकिन आपकी पार्टी का नज़रिया इस बारे में क्या है? इसका आप स्पष्ट जवाब क्यों नहीं देते?

मुझसे ज़्यादा स्पष्टता से जवाब देनेवाला आपको कोई दूसरा नेता नहीं मिलेगा। कांग्रेस का एक लम्बा इतिहास है, परम्परा है, जिसे देश का बच्चा-बच्चा

जानता है। इसका जवाब देकर मैं आपके पाठकों और आपका समय बर्बाद करना नहीं चाहता।

अच्छा, चलिए, यह बताइए कि क्या भाजपा एक धर्मनिरपेक्ष पार्टी है या साम्प्रदायिक?

यह भाजपा से पूछिए, मुझसे क्यों पूछते हैं! मैं भाजपा का प्रवक्ता नहीं हूँ।

मैं तो आपकी और आपकी पार्टी की राय पूछ रहा था।

मेरी पार्टी का काम दूसरों पर राय देना नहीं है बल्कि जनता की राय का सम्मान करना है।

अच्छा, यह बताइए, भाजपा के बारे में जनता की क्या राय है?

यह जनता से ही पूछिए। वह आपको स्पष्ट शब्दों में बताएगी। मेरी राय पर क्यों भरोसा करते हैं?

आप बार-बार सवालों के गोलमोल जवाब क्यों दे रहे हैं? अभी तक आपने एक भी सवाल का स्पष्ट जवाब नहीं दिया।

मैं पहले ही कह चुका हूँ कि मुझसे ज़्यादा स्पष्टवादी नेता किसी दूसरी पार्टी में आपको नहीं मिलेगा लेकिन मैं वो जवाब नहीं दे सकता, जो आप मुझसे चाहते हैं। आपसे शुरू में ही मैं कह चुका हूँ कि मैं और मेरी पार्टी वही करेगी, जो हमारे सिद्धान्तों के अनुकूल होगा। इसके बाद और स्पष्ट करने के लिए रह क्या जाता है?

अच्छा, यह छोड़िए, यह बताइए कि कांग्रेस और भाजपा में से देश के लिए कौन ज़्यादा खतरनाक है?

दोनों खतरनाक हैं और दोनों ही खतरनाक नहीं हैं।

यह तो कोई जवाब नहीं हुआ!

यही सही जवाब है और सम्पूर्ण जवाब है। इसमें सारा सत्य आ गया है। समझदार समझ जाएँगे।

आप यह मान लीजिए, मैं समझदार नहीं हूँ और हमारे पाठक भी।

पहली बात तो यह कि मैं आपको नासमझ मानने के लिए तैयार नहीं हूँ। दूसरा अगर मैं मान लूँ कि आप समझदार नहीं हैं तो मुझमें इतनी कुव्वत नहीं है कि तुरत-फुरत आपको मैं समझदार बना दूँ। तीसरी बात यह है कि मैं आपके पाठकों को तो नासमझ मानने के लिए बिलकुल भी तैयार नहीं हूँ। याद रखिए, वे हमारे वोटर भी हैं। देश का भविष्य तय करते हैं। उनके प्रति मैं असम्मान नहीं दिखा सकता।

अच्छा, चलिए, यह तो बता दीजिए कि देश पर कांग्रेस और भाजपा दोनों राज कर चुकी हैं लेकिन किसकी शासन शैली उत्तम है?

किसी को बेहतर बताकर किसी दूसरे को बदतर बताना मैं उचित नहीं समझता। सबकी अपनी-अपनी शैली है। आपकी शैली वही नहीं है जो दूसरे किसी पत्रकार की है। इसका यह अर्थ नहीं है कि आपकी या उसकी शैली खराब है या अच्छी है।

आपकी बात से तो यही लगता है कि आप और आपकी पार्टी से ज़्यादा अवसरवादी कोई नहीं। आप किसी से भी गठबन्धन कर सकते हैं–सिद्धान्तों के नाम पर।

आप अपना निष्कर्ष निकालने के लिए स्वतंत्र हैं लेकिन कृपया अपनी बात को मेरे मुँह में मत डालिए। मैं फिर कह रहा हूँ कि हम वही करेंगे जो हमारे सिद्धान्तों के अनुकूल होगा और हम वह **कतई** नहीं करेंगे–और आप इस शब्द **कतई** पर ध्यान दीजिए–हम कतई वह नहीं करेंगे, जो हमारे सिद्धान्तों के प्रतिकूल होगा।

लेकिन वे सिद्धान्त तो बता दीजिए।

लगता है कि आपके पास अब नया कुछ पूछने को नहीं रहा, आप वही सवाल दोहरा रहे हैं जिसका जवाब मैं शुरू में ही दे चुका हूँ

आपकी पार्टी को सिद्धान्तों से इतना प्रेम क्यों है?

यह अच्छा सवाल पूछा आपने, धन्यवाद। हम मानते हैं कि ऐसी कोई भी पार्टी लम्बे समय तक ज़िन्दा नहीं रह सकती, जिसके कोई सिद्धान्त न हों।

लेकिन आपकी पार्टी कभी कांग्रेस के साथ रही और कभी भाजपा के साथ। यह कैसा सिद्धान्त प्रेम है?

हमने अपने सिद्धान्तों की रक्षा के लिए जो उचित समझा, किया। हमारे लिए सिद्धान्त सर्वोपरि हैं।

यानी आपके लिए सिद्धान्त सर्वोपरि हैं और उनमें लचीलापन भी सर्वोपरि है?

सिद्धान्त नहीं बन्धु, स्थितियाँ लचीली हैं। हमारे लिए चूँकि सिद्धान्तों की रक्षा करना ही प्रमुख है इसलिए हम स्थिति का आकलन अपने सिद्धान्तों के परिप्रेक्ष्य में करते हैं और उसके बाद ही कोई निर्णय लेते हैं।

इस समय की स्थिति के बारे में आपका क्या आकलन है?

यह कि स्थिति अभी अस्पष्ट है।

यानी आपकी पार्टी के सिद्धान्त स्थितियों के अनुरूप बदलते रहते हैं?

हमारे सिद्धान्त शुरू से वही हैं जो थे लेकिन स्थितियों पर तो हमारा वश नहीं है, वे बदलती रहती हैं। फिर उन्हें सिद्धान्तों की रोशनी में देखना पड़ता है।

अच्छा, आप सिद्धान्तों की दृष्टि से वामपंथी हैं या दक्षिणपंथी?

क्या आप अब भी मानते हैं कि पंथों की कोई प्रासंगिकता रह गई है?

धन्यवाद, मैं आपसे कुछ भी कहलवा नहीं पाया।

लेकिन धन्यवाद, मैं आपसे सबकुछ कह पाया।

निर्दोषों का देश हमारा

इस देश में निर्दोषों की कोई कमी नहीं है। एक ढूँढो, हज़ार मिलते हैं। मेरी पत्नी का दावा है कि हज़ार नहीं जनाब, लाख मिलते हैं। कमी है तो सिर्फ दोषियों की! एक ढूँढो तो ससुरा आधा भी नहीं मिलता। चौथाई तक नहीं मिलकर देता। जो देखो, वही निर्दोष है। जिसके कपड़े जितने सफेद हैं, उजले हैं, भगवा हैं, वह उतना ही ज़्यादा निर्दोष है। नरसंहार किया है? कोई बात नहीं साहब, आपने तो यह काम 'हिन्दू हित' में किया है, आप तो शर्तिया तौर पर निर्दोष हैं। आप बलात्कारी हैं? अरे, गारंटी है कि आप निर्दोष हैं। यह तो सामान्य बात है। रिश्वतखोरी करना तो खैर, वैसे भी कोई अपराध नहीं है। वह तो दस्तूर है, चलन है, सामाजिक व्यवहार है। अखबार जिसे घोटाला लिखते हैं, वह भी दरअसल घोटाला नहीं होता। उसे अंजाम देनेवाला पहले भी निर्दोष थे, आज भी निर्दोष हैं और भविष्य में भी निर्दोष ही रहेंगे। आपने कमीशन खाया है, उसे पचाने का सही चूरण खा लीजिए बस, आपका पेट और चरित्र दोनों ठीक हो जाएँगे। आपकी जेब में पैसा है, आप लखपति हैं या करोड़पति हैं या अरबपति हैं तो दुनिया की कोई ताकत आपको दोषी साबित नहीं कर सकती। अदालत क्या होती है, पुलिस है जहाँ, अदालत भी क्या करे वहाँ! जेसिका लाल का मामला ही देखिए। वह मर गई और सब निर्दोष सिद्ध हो गए। जेसिका लाल भद्रलोक की सदस्या थी, इसलिए थोड़ा हल्ला मच गया वरना हत्या हो और हत्यारे की जेब में माल हो तो वह क्या, उसका बाप भी उसे दोषी सिद्ध नहीं हो सकता!

दरअसल, हमारी इस पवित्र मातृभूमि पर दोषी सिद्ध होने के लिए इनसान को ग़रीब, बेरोज़गार, भुखमरा होना पड़ता है। जब वे बहुतेरे हैं तो दूसरों को दोषी सिद्ध होने की ज़रूरत क्या है? बाकी तो बेचारे इतने ज़्यादा निर्दोष होते हैं कि वे जानते ही नहीं कि दोष होता क्या है! इस अज्ञान के कारण बेचारों से कभी कुछ हो जाता होगा, तो यह बात अलग है। यह सही है कि अज्ञान

स्वयं में एक दोष है, वेदपुराण ऐसा ही कहते हैं, मगर इतना बड़ा दोष नहीं है कि उसकी सज़ा देने के लिए किसी भले आदमी को जेल में ठूँस दिया जाए! यह तो सरासर अन्याय है, मानवाधिकार का हनन है! दरअसल, जिसे दोषी बताया जाता है, जिस पर उँगली उठाई जाती है, वास्तव में उसे उसके विरोधी फँसाना चाहते हैं, उसके उच्च चरित्रहनन का हनन करना चाहते हैं ताकि वह आगे न बढ़ सके, जनता की सेवा न कर सके, देश के विकास में अपना अमूल्य योगदान न दे सके! वह लाखों में खेल रहा है तो करोड़ों में न खेल सके और करोड़ों में खेल रहा है तो अरबपति बनने का उसका मार्ग बाधित हो जाए! वह एमएलए है तो मंत्री न बन सके और मंत्री है तो मुख्यमंत्री न बन सके! वह भूतपूर्व है तो अभूतपूर्व न हो सके! वह अफसर है तो कमाई की पोस्टिंग हासिल न कर सके और कमाई की पोस्टिंग पर है तो जल्दी हटा दिया जाए!

इस देश में इतने निर्दोष हैं कि कभी-कभी मन यह पूछने का होता है कि क्या वे ही अपनी हत्या के दोषी थे, जिन्हें मार दिया गया? क्या वे ही लुटेरे थे, जो लुट लिए गए? क्या वे बच्चियाँ, युवतियाँ और बुज़ुर्ग औरतें ही दोषी थीं, जिनके साथ बलात्कार हुआ? मन होता है यह सवाल करने का कि जो मारे गए, अगर उन्हें मारनेवाले सभी निर्दोष थे, तो वे मर कैसे गए? जेसिका लाल मर कैसे गई, जब उसे किसी ने मारा ही नहीं? दिल्ली में सिखों के और गुजरात में मुसलमानों के नरसंहार का दोषी जब कोई है ही नहीं, तो दोषी आखिर चले कहाँ गए? या लोग मरे ही नहीं थे? वैसे अच्छा हुआ कि महात्मा गाँधी की हत्या भी आज़ादी मिलने के कुछ समय बाद ही हो गई थी, वरना आज होती तो इसके लिए भी गाँधीजी दोषी ठहराए जाते क्योंकि उन्होंने गोडसे को हत्या करने के लिए उत्तेजित किया था और वह निर्दोष करार दिया जाता!

अपने देश में निर्दोषों की इतनी बड़ी फौज देखकर मेरा मन होता है कि कुछ इस तरह का बालगीत लिखूँ, जो स्कूलों में पढ़ाया जाए—

निर्दोषों का देश हमारा
कितना प्यारा, कितना न्यारा!

और हटाओ गरीबी

—सर, मैंने खूब सोचा है और मुझे लगता है कि अन्ततः अब तो हमें भारत से गरीबी हटा ही देनी चाहिए।

—गरीबी या गरीब?

—नहीं, सर, गरीबी।

—क्यों?

—इसलिए सर कि लोग कहते हैं कि एक तरफ तो भारत आर्थिक महाशक्ति बनने का दावा कर रहा है, दूसरी तरफ यहाँ इतनी गरीबी है कि किसान आत्महत्या कर रहे हैं इसलिए गरीबी को इस बार तो हटा ही देते हैं सर।

—गरीबी कोई कूड़ा है जो हटा देते हैं?...अच्छा, मान लिया, गरीबी हमने हटा दी तो क्या होगा?

—सर, सारी दुनिया में हमारे देश का नाम रौशन हो जाएगा।

—फिर उससे क्या होगा?

—फिर हमारे देश का नाम हमेशा रौशन ही रहेगा।

—फिर उससे क्या होगा?

—यही होगा सर कि अनंतकाल तक हमारे देश का नाम रौशन रहेगा।

—फिर उससे क्या होगा?

—फिर तो कुछ नहीं होगा सर।

—फिर क्यों गरीबी हटाना, जब कुछ होना ही नहीं है। क्या तुम समझते हो कि आज भारत का नाम सारी दुनिया में रौशन नहीं है?

—है सर, बहुत है, बहुत ज़्यादा है और मैं समझ गया सर कि हमें गरीबी नहीं हटाना है।

—लेकिन तुम्हारे दिमाग में यह ख़याल आया ही कैसे कि गरीबी हटाना है?

—इसलिए आया सर कि कई लोग चिल्लाते हैं कि देश में गरीबी है, गरीबी है, भुखमरी है, भुखमरी है। दिमाग ख़राब कर देते हैं सर।

—और तुम्हारा दिमाग ख़राब हो जाता है?

—नहीं सर, होता तो नहीं है सर, मगर लोग कोशिश ज़रूर करते हैं तो क्या बताऊँ सर, कभी-कभी हो भी जाता है।

—इसका मतलब कि तुम ग़लत लोगों की बातों पर ध्यान देने लगे हो?

—नहीं देता सर, मगर लोकतंत्र है न सर, तो गलत लोग कोशिश ज़रूर करते रहते हैं कि मैं उनकी बातों पर ध्यान दूँ तो कभी-कभी मुझसे भी ग़लती हो ही जाती है।

—तो ग़लती किया करो।

—नहीं, नहीं, नहीं करूँगा सर।

—नहीं-नहीं, करो, करना चाहिए। ऐसा करो, आज से ही तुम गरीबी हटाने लगो।

—नहीं हटाऊँगा सर।

—नहीं-नहीं, हटाओ। आदमी को ज़िन्दगी एक ही बार मिलती है, बार-बार तो मिलती नहीं, इसलिए गरीबी हटाओ।

—जैसी आपकी आज्ञा सर।

—तो कल से तुम यहाँ नहीं रहोगे, फिर जहाँ रहना है, जो करना है, करो। जितनी गरीबी हटाना है, हटाओ।

—नहीं सर, ऐसा मत करिए सर। मेरे बच्चे भूखों मर जाएँगे।

—भूखे क्यों मरेंगे, ईश्वर देगा न! उसके बारे में कहा जाता है कि वह चींटी को चन और हाथी को मन देता है। वह देगा।

—नहीं सर, मैं आपके पैरों पड़ता हूँ।

—मेरे पैर मत पड़ो और उस ईश्वर पर विश्वास करो। अब अपना सामान उठाओ और चलते बनो।

लगना नेता की 'प्रतिष्ठा' का दाँव पर

लोग हमारा परिचय देते हुए कभी-कभी ग़लती से यह कह देते हैं कि इनसे मिलिए, ये हमारे शहर के एक प्रतिष्ठित सज्जन हैं। वैसे अपने को आज तक सचमुच मालूम नहीं कि 'प्रतिष्ठा' किस चिड़िया का नाम है और हम 'सज्जन' कब से हो चुके हैं क्योंकि हमारी जानकारी में तो प्रतिष्ठित और सज्जन या तो वह होता है जिसका कुल ऊँचा हो या जिसके पास पद बड़ा हो या जिसके पास अकूत सम्पदा हो। अपन तो तीनों ही लिहाज से शत-प्रतिशत 'अप्रतिष्ठित' हैं। अगर सुविधा के लिए मान लें कि हम भी 'प्रतिष्ठित' हैं तो भी हम कम-से-कम इतने 'प्रतिष्ठित' तो बिलकुल ही नहीं हैं जितने कि मुख्यमंत्री, मंत्री, नेतागण आदि हुआ करते हैं क्योंकि उनकी 'प्रतिष्ठा' रोज-रोज दाँव पर लगना जानती है जबकि हमारी तो छुई-मुई है, वह यह काम बिलकुल करना नहीं जानती। वैसे ऐसी 'प्रतिष्ठा' भी किस काम की जो दाँव पर लगने के काम तक न आ सके, जबकि इन नेताओं को देखो, जब देखो तब इनकी 'प्रतिष्ठा' दाँव पर लगी रहती है। कहीं कोई चुनाव या उप-चुनाव आया नहीं और इनकी 'प्रतिष्ठा' फुर्ती से, बिना एक क्षण गँवाए दाँव पर लगने के लिए दौड़ जाती है हालाँकि यह अलग बात है कि चूँकि ये मुख्यमंत्री हैं, मंत्री हैं, नेता हैं इसलिए हर-बार दाँव पर लगने के बावजूद इनकी 'प्रतिष्ठा' कभी धूल में नहीं मिल पाती। इनकी 'प्रतिष्ठा' हमेशा उतनी ही बची रहती है जितनी कि शायद पहले कभी रही होगी। शायद ही किसी ने कभी सुना हो कि किसी मंत्री या नेता की 'प्रतिष्ठा' दाँव पर लगी हो और वह धूल में मिल गई हो। कभी नहीं मिलती। लगता है, इनकी 'प्रतिष्ठा' को धूल में मिलना आता ही नहीं। अगर 'प्रतिष्ठा' का कोई ओलम्पिक आयोजित हो तो भारत के मंत्रियों-नेताओं को उसमें स्वर्णपदक अवश्य प्राप्त होगा क्योंकि वे हर हालत में अपनी 'प्रतिष्ठा' बचा लेना जानते हैं, जो कि उनके अलावा दुनिया में कोई नहीं जानता क्योंकि सच यह है कि किसी की 'प्रतिष्ठा' इतनी होती ही नहीं!

तो मंत्रियों, नेताओं की 'प्रतिष्ठा' चूँकि इतनी ज़्यादा होती है इसलिए उन्हें इसे येन-केन-प्रकारेण बचाने के लिए हमेशा यत्न करने पड़ते हैं जिसमें वे हमेशा सफल भी हो जाते हैं। वे अपनी प्रतिष्ठा बचाने के लिए पैसे को पानी की तरह बहा देते हैं और कभी-कभी तो इतना ज़्यादा पैसा बहा देते हैं कि उसमें उनका विपक्षी भी आराम से नहा लेता है और कई बार किस्मत से वही चुनाव जीत भी जाता है, बल्कि वह हार जाए तो भी वह नहीं हारता क्योंकि इस बीच मंत्री-नेता आदि अपनी प्रतिष्ठा बचाने के लिए उसकी इतनी अधिक 'सेवा' कर चुके होते हैं कि अगले चुनाव तक तो उसका काम मज़े से चल जाता है। मंत्रिगण अपनी 'प्रतिष्ठा' बचाने के चक्कर में चुनाव के समय कभी-कभी दारू पीने और मुर्गा खाने को ही चुनाव-प्रचार करने का सबसे सटीक उपाय मान लेते हैं और इसमें तन-मन-धन से लग जाते हैं। मंत्रिगण अपनी 'प्रतिष्ठा' बचाने के लिए चुनाव में सरकारी तंत्र को भी इस कदर झोंक देते हैं कि कमं-से-कम सरकारी कर्मचारी और उनके परिवारवाले तो तंग आकर सरकारी उम्मीदवार को वोट देने से तौबा कर लेते हैं। मंत्रियों-नेताओं को अपनी 'प्रतिष्ठा' इतनी ज़्यादा प्रिय होती है कि उसे बचाने के लिए वे लोकतंत्र को भी आराम से फाँसी पर चढ़ा सकते हैं। वे 'प्रतिष्ठा' बचाने के लिए चोर, डाकू, भ्रष्टाचारी, माफिया आदि किसी का भी निःसंकोच सहारा ले सकते हैं। वे अपनी जान देने और अपना पद छोड़ने के सिवाय अपनी 'प्रतिष्ठा' बचाने के लिए सबकुछ यानी सचमुच ही 'सबकुछ' कर सकते हैं। इस मामले में उनका अनुकरण बड़े-से-बड़ा आदर्शवादी भी नहीं कर सकता। महात्मा गाँधी की तो इनके आगे बिसात ही क्या थी! वैसे मंत्रियों की 'प्रतिष्ठा' जहाँ भी दाँव पर लगी होती है, वहाँ वे इस बात का भी पक्का इन्तज़ाम रखते हैं कि दूर-दूर तक कहीं धूल न हो। यही कारण है कि उनकी प्रतिष्ठा को धूल में मिलाने की कोशिश कभी कामयाब नहीं हो पाती और उनकी 'प्रतिष्ठा' तब तक अक्षत बनी रहती है जब तक कि वे अपने पद पर बने रहते हैं।

जहाँ तक हमारा-आपका सवाल है, हमें-आपको अच्छी तरह मालूम है कि हमारी-आपकी 'प्रतिष्ठा' कुल मिलाकर है ही कितनी! बस, इतनी सी। वैसे भी व्यंग्यकारों की तो क्या 'प्रतिष्ठा' और क्या अप्रतिष्ठा! कहीं व्यंग्य छपा तो किसी ने पढ़ा और किसी ने नहीं पढ़ा। नहीं पढ़ा तो कोई बात नहीं मगर पढ़ा तो दो बातें होती हैं। कोई कहता है कि अच्छा है और कोई कहता है कि बुरा है। वैसे दिल्ली आदि में तीसरी बात भी हो जाती है कि अच्छा या बुरा कुछ भी लगे, अगर वह आदमी अपना नहीं है तो कोई उससे कुछ नहीं कहता और न

पढ़ने का ढोंग करता रहता है। अगर कोई अच्छा कहता है तो फिर दो बातें होती हैं। वह या तो दूसरों से भी कहता है या फिर नहीं कहता कि अच्छा व्यंग्य छपा है, आप भी पढ़ लेना। अगर नहीं कहता तो कोई बात नहीं, मगर कहता है तो फिर दो बातें होती हैं। दूसरा या तो उसे पढ़ता है या नहीं पढ़ता। यानी इस तरह दो बातें होती चली होती हैं और अन्त में निष्कर्ष यह निकलता है कि व्यंग्य लिखने से कोई प्रतिष्ठित नहीं हो सकता! हाँ, किसी को और कभी-कभी खुद को भी यह भ्रम ज़रूर हो जाता है कि हमारी भी समाज में एक 'प्रतिष्ठा' है लेकिन भ्रम तो जी, सिर्फ भ्रम होता है। वह आज नहीं तो कल और कल नहीं तो परसों तो ज़रूर टूट जाता है लेकिन जिनकी सचमुच में 'प्रतिष्ठा' होती है, जैसे मंत्रियों की, तो वे उसे दाँव पर या कहें सेल पर बारहों महीने, बत्तीस घड़ी लगाने से घबराते नहीं हैं। वैसे भी उनके पास अपनी 'प्रतिष्ठा' के अलावा दाँव या सेल पर लगाने के लिए और होता भी क्या है! इसके विपरीत अपने जैसे मामूली लोग अपनी तथाकथित 'प्रतिष्ठा' को दाँव पर लगाने लगे तो हो गया काम! क्या पता किसी दिन इस वजह से नौकरी चली जाए और बाल-बच्चे भूखे मर जाएँ या पुलिस दो डंडे मारकर सार्वजनिक रूप से हमारी-आपकी तथाकथित 'प्रतिष्ठा' को झाड़ दे और शरीर में इतनी ताकत भी न बचे कि धूल में से अपनी 'प्रतिष्ठा' को उठाकर, साफ करके फिर से उसे पहले जितना चमका सकें!

राष्ट्र को समर्पण

हमारे तमाम महामहिम लगभग रोज़ ही राष्ट्र को कुछ-न-कुछ 'समर्पित' करते रहते हैं। कभी पुल, कभी कारखाना, कभी स्कूल, कभी बाँध, कभी नहर, कभी क्या, कभी क्या और राष्ट्र की हालत यह है कि उसे पता ही नहीं चल पाता और दिन-प्रतिदिन उसे कुछ-न-कुछ 'समर्पित' होता चला जाता है! उसके नागरिकों को सिर्फ यही पता चलता है कि आज उसे और महँगाई और भ्रष्टाचार और हिंसा और बलात्कार और अत्याचार और लालच और लफंगई और लूट 'समर्पित' की गई है। उसे इस बात से सन्तोष रहता है कि राष्ट्र उससे कुछ ले नहीं रहा है, दे ही रहा है जबकि इस ज़माने में लेने पर ज़ोर है, देने पर नहीं!

लेकिन सज्जनो, मैं उनमें से नहीं हूँ जिन्हें राष्ट्र के नाम महामहिमों द्वारा किए गए समर्पणों का पता नहीं चलता, चलता है क्योंकि सुविधा के लिए मुझे बुद्धिजीवी माना जा सकता है। हालाँकि अधिकांश बुद्धिजीवियों की तरह मुझमें भी सिर्फ इतनी ही बुद्धि है कि जिससे कि मेरा स्वार्थ अच्छी तरह सध सके। मैंने खुद आज तक राष्ट्र को कुछ समर्पित नहीं किया क्योंकि मैंने पाया है कि आप राष्ट्र को समर्पित करने के योग्य भी तभी हो सकते हैं जब राष्ट्र खुद जनता द्वारा आपको समर्पित किया जा चुका हो। राष्ट्रपति से लेकर प्रधानमंत्री-मंत्री-मुख्यमंत्री और सोनिया गाँधी तक जितने भी लोग राष्ट्र को कुछ-न-कुछ समर्पित करते रहते हैं, राष्ट्र उनके लिए सबकुछ पहले ही समर्पित कर चुका है। गाड़ियाँ, बँगले, नौकर-चाकरों की फौज, ब्लैक कैट कमांडो वगैरह-वगैरह। जो ब्लैक कैट कमांडो साधारण नागरिक को सिर्फ एक संभावित हत्यारे के रूप में देखते हैं, वे राष्ट्र को निरन्तर कुछ-न-कुछ समर्पित करनेवालों के प्रति जिस तरह समर्पित रहते हैं, वह समर्पण देखने लायक होता है। शायद ही किसी की धर्मपत्नी का अपने पति या किसी के धर्मपति का अपनी धर्मपत्नी या किसी भक्त का अपने ईश्वर या ईश्वर का अपने किसी भक्त के प्रति ऐसा समर्पण होता होगा! जिस पुलिस को देखते ही तुरन्त उसका डंडा और अपनी

पीठ साधारण नागरिक का याद आती है, ज़रा उसका इनके प्रति समर्पण देखिए! जो आईएएस आपकी तरफ फूटी आँखों भी देखना पसन्द नहीं करता और देखता है तो आपकी बात सुनना पसन्द नहीं करता और सुनता है तो आपके लिए कुछ करना पसन्द नहीं करता, वह जब राष्ट्र को समर्पित करनेवाले इन महानुभावों की सेवा में रत होता है तो उसकी योग्यता और कार्यक्षमता का जो आलम होता है, वह देवताओं तक में ईर्ष्या पैदा करता है!

राष्ट्र हम-आप जैसों के लिए इस तरह की कोई चीज़ समर्पित करने के लिए तैयार नहीं, इसलिए हम-आप भी राष्ट्र को कुछ समर्पित नहीं कर पाते। आज़ादी के आन्दोलन का ज़माना रहा नहीं कि तन-मन और अगर धन भी आपके पास हो तो उसे देश को समर्पित कर दें। आज ऐसा करने लगें तो क्या पता आपको नक्सलवादी या ऐसा ही कुछ करार दिया जाए और जेल में ठूँस दिया जाए। इससे बेहतर है कि आप ऐसा कुछ चमत्कार करें कि राष्ट्र ही आपको समर्पित हो जाए और आप फिर राष्ट्र को प्रतिदिन कुछ-न-कुछ समर्पित करने में अपना योगदान देने लगें। वैसे राष्ट्र को ये तमाम समर्पण जिस अंदाज़ में होते हैं उससे मुझे पहले यह भ्रम हो जाता था कि ये सज्जन अपनी निजी सम्पत्ति या अपने पैसों से कुछ बनवाकर उसे राष्ट्र को समर्पित कर रहे हैं। मैं खुश हो जाता था और आत्मग्लानि में फँस जाता था कि ये राष्ट्र को इतना कुछ दे रहे हैं और एक तुम हो कि सिवाय व्यंग्यरूपी बाणों के देश को कुछ नहीं दे रहे हो! बुद्धिजीवी हो तो इसका यह मतलब तो नहीं कि तुम्हारे पास सिर्फ बुद्धि है, बल्कि बुद्धि भले ही ज़रा सी हो, धन तो उससे ज़्यादा है ही, तो दे दो उसे देश को, इन नेताओं से तुम भी तो कुछ-न-कुछ सीखो! साठ साल से ये राष्ट्र को समर्पित करना सीखा रहे हैं, खुद उदाहरण बनकर तुम्हारे सामने खड़े हैं तो तुम्हारा भी तो कुछ कर्तव्य बनता है मगर भ्रम तो भ्रम होता है, जल्दी टूटता भी है और ऐसा भ्रम तो वैसे भी जल्दी टूटना चाहिए जिसकी वजह से अपना धन आपको राष्ट्र को समर्पित करना पड़े!

खुरानाजी की घर वापसी

एक खबर का शीर्षक—खुराना घर लौटे।

मैंने सोचा—यार, मैं भी तो कहीं भी जाकर अपने घर ही लौटता हूँ लेकिन मेरे बारे में तो इतने साल में कभी नहीं छपा कि मैं घर लौटा! चलो, मैं तो फिर भी मैं हूँ, मामूली आदमी हूँ लेकिन अपने मदनलाल खुरानाजी के नेता लालकृष्ण आडवाणी तो बड़े नेता हैं, वे भी कहीं जाते होंगे, तो मेरा ख़याल है कि घर लौटते भी होंगे मगर उनके बारे में कभी नहीं छपता कि 'आडवाणीजी घर लौटे'। प्रधानमंत्री और राष्ट्रपति भी कहीं जाकर घर ही लौटते हैं मगर उनके बारे में कभी नहीं छपता कि वे घर लौटे। लेकिन खुरानाजी घर लौटे तो छप गया! इसका मतलब है कि वे बहुत जुगाड़ आदमी हैं। अपने घर लौटने तक की खबर उन्होंने अखबार में छपवा दी। घर की बजाय कहीं और लौटते और तब कहते कि अब से यही मेरा घर होगा, तब तो फिर भी खबर बनती और पहले बनी भी थी मगर खुरानाजी के घर लौटने में खबर क्या है?

खैर, पूरी खबर पढ़ी तो पता चला कि यहाँ घर लौटने का मतलब दरअसल, उनके भाजपा में लौटने से है। और यह भी पता चला कि वे 'घर' तो न जाने कब से लौटना चाहते थे मगर घरवाले ही नहीं मान रहे थे, कह रहे थे कि जाओ, नहीं लौटाते तुम्हें, रूठ गए थे न तुम हमसे, गाली दे रहे थे न हमें, चुनौती देते फिर रहे थे न, तो जाओ बच्चू और दो चुनौती और रूठे रहो! यह सब करके भी तुमने हमारा क्या बिगाड़ लिया था, जो अब बिगाड़ लोगे? तो सुना है कि बड़ी मिन्नत, बड़ी मान-मनौवल करनी पड़ी खुरानाजी को, तब जाकर घरवाले पसीजे और उन्हें आने की बेमन से इजाज़त दे दी और साथ ही चेतावनी भी दी कि मियाँ अबकी बार एक शब्द भी फालतू बोले न, तो खैर नहीं!

वैसे खुरानाजी की जो उम्र है, उसमें तो घर से एक बार निकल जाने के बाद आदमी को फिर से घर लौटने की जिद करनी ही नहीं चाहिए, बल्कि वहीं बैठकर भगवत् भजन करना चाहिए। इस उम्र में और वह भी एक हिन्दुत्ववादी की घर

आने की ऐसी तड़प और ऐसी ललक, वह भी तब, जब दिल्ली में चुनाव नज़दीक हैं, माफ करें, मुझे अच्छी नहीं लगी लेकिन मेरे अच्छे लगने या न लगने से खुरानाजी और भाजपा को क्या फर्क़ पड़ता है! वैसे फर्क़ तो वैसे मुझे भी नहीं पड़ता।

भाजपा और उसकी पूर्व अवतार जनसंघ का यह पुराना शौक रहा है कि वह लोगों को ज़बर्दस्ती उनके तथाकथित घर भिजवाती है। कोई न जाना चाहे तो भी उसे धक्के देकर, डंडे मारकर भिजवाती है। किसी जमाने में भारत को 'हिन्दू राष्ट्र' बनाने का उसे जुनून चढ़ा था, तो जनसंघी भाई देश के सारे मुसलमानों को पाकिस्तान भिजवाने पर तुले थे—मारकर, पीटकर, खदेड़कर, दंगे करवाकर, मस्जिदें तुड़वाकर, जिस तरह हो सके, उस तरह। फिर माननीय मोदीजी ने मुसलमानों से पूरे गुजरात को मुक्त कराकर, उसे 'हिन्दू राष्ट्र' बनाने का बीड़ा उठाया था। खुद खुरानाजी जब दिल्ली के मुख्यमंत्री होते थे तो उन्होंने भी बांग्लादेशियों के नाम पर हर बांग्लाभाषी मुसलमान को मार-मारकर दिल्ली से बांग्लादेश भिजवाने की मुहिम छेड़ी थी। भाजपा की सबसे विश्वस्त सहयोगी शिवसेना का भी यह पुराना और एकमात्र मिशन है। आजकल वह उत्तर भारतीयों के पीछे पड़ी है लेकिन दूसरों को ज़बर्दस्ती घर भिजवानेवाले अकसर खुद भी अपने घर से भटककर कहीं और पहुँच जाया करते हैं और जब वहाँ उन्हें कुछ नहीं हासिल होता और घरवाले उन्हें वापस बुलाने को राजी नहीं होते, तो चुनाव को नज़दीक जानकर वे स्वयं घर आने के लिए तड़पने लगते हैं, मचलते हैं, किलकते हैं, कसकते हैं, ठुनकते हैं।

चुनाव जैसे-जैसे नज़दीक आते जाते हैं, वैसे-वैसे राजनीति में घर वापसी और घर छोड़ने का दौर तेज होता जाता है। धर्मनिरपेक्ष अचानक हिन्दूवादी हो जाते हैं और हिन्दुत्ववादियों को धर्मनिरपेक्ष होते हुए उतना समय भी नहीं लगता, जितना कि एक गिरगिट को अपना रंग बदलने में लगता है। तब हरा अकस्मात् पीला हो जाता है, पीला अचानक नीला, नीला एकाएक तिरंगा और तिरंगा एकदम कई-कई रंगों में बिखरकर हर रंग की छटा बिखेरने लगता है। चुनाव के साथ घर की याद आना भी लाजिमी है और पुराना घर छोड़कर नए घर की तलाश भी, इसलिए बहुत से नेता अब घर छोड़ेंगे, घर तोड़ेंगे, घर में सेंध लगाएँगे। चुनाव के साल से पहले तक नेता गरीबों के घर तुड़वाकर अमीरों के घर बनवाते रहते हैं और उससे जो पैसा बनाते हैं, उससे चुनाव के पहले खुद अपने लिए एक सुरक्षित राजनीतिक घर की तलाश शुरू कर देते हैं। वैसे नेताओं का असली घर वह होता है जहाँ उन्हें और उनके पूरे खानदान को पद मिले, पैसा मिले, मनमानी करने को मिले, जयजयकार करनेवाले लोग मिलें, वरना उनका क्या घर, क्या दर, क्या ईमान, क्या धरम!

मोदी-जयललिता चर्चा की 'सत्यकथा'

पोंगल के शुभ अवसर पर चेन्नई में अन्नाद्रमुक नेता जयललिता द्वारा दिए गए भव्य शाही भोज का आनन्द लेने के साथ गुजरात के मुख्यमंत्री नरेन्द्र मोदी को उनसे राजनीतिक विषयों पर अलग से बातचीत करने का भार भी उठाना था। उनमें आपस में बात क्या हुई, इस बारे में मीडिया ने कई तरह के कयास लगाए हैं मगर हमारे अ-विशेष संवाददाता के अनुसार वास्तव में उनके बीच जो बातचीत हुई है, वह इस प्रकार है :

जयललिता बेन, आपने 45 व्यंजनों से परिपूर्ण सुस्वादु भोजन मुझे करवाया है। उसे करने के बाद अब एक गम्भीर समस्या पैदा हो गई है कि मैं इतना ज़्यादा खा गया हूँ कि मेरा मन तत्काल लेटने को हो रहा है। इस समय मैं बिलकुल आपसे बात करने की स्थिति में नहीं हूँ। आपकी इजाज़त हो तो, और न हो तो भी, बेन, मैं लेटूँगा ज़रूर। बेहतर है कि आप मुझे इजाज़त दे ही दें।

नरेन्द्र भाई, आप किस गलतफ़हमी में हैं? आपको मालूम है कि मेरे सामने बड़े-बड़े तीसमारखाओं को झुककर भी खड़े होने की इजाज़त नहीं है। लेकिन आपको मैंने अपने सामने बैठने की इज़ाजत दे दी है तो आप अब इतने शेर हो गए हैं कि लेटने की इज़ाजत माँग रहे हैं और साथ में धमका भी रहे हैं कि इज़ाजत नहीं भी दी तो भी आप लेटेंगे ज़रूर! आपको इतना खाने की ज़रूरत क्या थी? इतनी तरह के व्यंजन मैंने आपके लिए थोड़े ही बनवाए थे। मैंने तो ये इसलिए बनवाए थे कि सारे देश को मालूम पड़े कि जयललिता का हर काम शाही होता है। क्या आप जानते नहीं थे कि खाने के बाद आपको मुझसे बात भी करनी है? खैर, अब आपने ज़्यादा खा लिया है तो भुगतिए। यह निश्चित रूप से समझ लीजिए कि मैं आपको अपने यहाँ लेटने की इज़ाजत कतई नहीं दूँगी।

देखिए जयललिता बेन, ऐसा ज़ुल्म मत कीजिए। आप मेरे स्वास्थ्य को देखकर अच्छी तरह जान सकती हैं कि मैं बहुत खाता नहीं हूँ और दक्षिण

भारतीय व्यंजन तो मैं इतनी मात्रा में कभी खा ही नहीं सकता कि खाते ही लेटने पर मजबूर होना पड़ जाए मगर मैं भी क्या करूँ बेन, आपने इतने सारे व्यंजन बनवाए थे कि मैं लालच में पड़ गया। एक-एक को थोड़ा-थोड़ा सा खाया तो भी मेरी यह हालत हो गई है। मैं तो लेटूँगा ही जयललिता बेन, अब आप मुझे लेटने से रोक नहीं सकतीं। वैसे भी मैं गुजरात की जनता का प्रतिनिधि हूँ और इतना अधिकार मेरा बनता ही है कि ज़्यादा खा लूँ तो गाँधीनगर हो या चेन्नई, दिल्ली हो या जयललिता बेन का बँगला, भारत में कहीं भी और कभी भी मैं लेट सकता हूँ। आप मेरे गुजराती स्वाभिमान को चुनौती मत दीजिए।

देखिए नरेन्द्र भाई, बाहर मीडिया के लोग खड़े हैं और वे अनुमान लगा रहे हैं कि हम कांग्रेस के विरुद्ध तगड़ी रणनीति बनाने में लगे हुए हैं और आप हैं कि सिवाय लेटने के कोई बात ही नहीं कर रहे हैं! आपको खाने के बाद लेटने का इतना ज़्यादा शौक है तो आप यहाँ से फौरन जा सकते हैं। गार्ड, इन्हें बाहर का रास्ता दिखाओ।

जयललिता बेन, ऐसा मत कीजिए। मैं लेटे बिना रह ही नहीं सकता लेकिन मुश्किल यह है कि मैं तुरन्त आपके घर से बाहर भी नहीं जा सकता वरना बाहर खड़े मीडिया के लोग कयास लगाएँगे कि जयललिता बेन ने नरेन्द्र भाई को इतना बढ़िया शाही भोजन करवाया, फिर भी दोनों की बात फेल हो गई, इसलिए मैं लेटूँगा और यहीं लेटूँगा। मुझे मीडिया से लेकर कोर्ट तक कोई भी मेरी मनमर्जी करने से रोक नहीं पाया तो आप हैं कौन मुझे रोकनेवाली? वैसे भी मैं लेट लूँगा तो आपका घर अपवित्र नहीं हो जाएगा! मेरा खयाल है कि आप लेटने की मेरी बात का गलत अर्थ नहीं लगा रही होंगी।

ऐसा है नरेन्द्र भाई, गलत अर्थ लगाने की न मेरी उम्र है, न आपकी है, इसलिए वह डर तो मुझे है नहीं। वैसे भी मैं किसी को व्यर्थ में अर्थ लगाने नहीं देती। लेकिन आप शायद यह समझ रहे हैं कि मैं एक बार जीतकर दूसरी बार हमेशा हार जाती हूँ और आप लगातार तीसरी बार मुख्यमंत्री बने हैं तो आपको मेरे बँगले में लेटने का अधिकार अपने आप मिल गया है, तो यह सिर्फ आपकी गलतफहमी है। यह साउथ है, साउथ। समझे न आप? यहाँ नरेन्द्र मोदी-वोदी नहीं चलता।

चलिए, छोड़िए बेन, जब आप इतना ज़्यादा नाराज हो रही हैं तो मैं नहीं लेटता लेकिन सवाल ये है कि अपन बात करें भी तो क्या करें? जब तक आप मेरी तारीफ़ न करें, तब तक बात कैसे शुरू हो? जहाँ तक आपकी तारीफ़ का प्रश्न है, तो मैं आपके द्वारा दिए गए भोज की तारीफ़ पहले ही कर चुका हूँ।

आपने जो मेजेंटा कलर की सिल्क साड़ी पहनी हुई हैं, वह भी काबिले-तारीफ है और हाँ, आपने मुझे जो पीत अंगवस्त्रम् प्रदान किया है वह भी सुन्दर है और मेरी विचारधारा के एकदम अनुकूल है और फिर जहाँ तक आपके सौन्दर्य का प्रश्न है, तो माफ करना बेन, मैंने आपकी फिल्में कभी देखी नहीं लेकिन ये खंडहर बताते हैं कि यह इमारत भी कभी काफी बुलन्द रही होगी। चलिए, मैंने आपकी इतनी तारीफ़ कर दी है। अब आपको मेरी भी तारीफ़ करनी ही पड़ेगी। तारीफ़ का डोज़ मुझे लगातार मिलना चाहिए वरना 2002 में मैंने जो गुजरात में कराया था न, वह मुझ पर हावी होने लगता है और मेरी हालत बिगड़ने लगती है।

आप जिस तरह से मेरी तारीफ़ कर रहे हैं, आपने मेरे खंडहरों की जो बात की है, उसका अर्थ मैं खूब समझती हूँ लेकिन आप मेहमान हैं तो मैं सब बर्दाश्त कर रही हूँ। वैसे मैं आपकी किस बात की तारीफ़ करूँ हाँ, आपने प्रेमपूर्वक भोजन किया, इस बात की तारीफ़ ज़रूर करती हूँ लेकिन आप खा-खाकर ढेर हो गए, इसकी मैं निन्दा भी करती हूँ। जहाँ तक आपके स्वयं के खंडहरों का प्रश्न है, उनसे पता चलता है कि आपकी यह इमारत कभी बुलंद नहीं रही।...वैसे नरेन्द्र भाई, जयललिता ने आपको जीत की बधाई दे दी, भोज पर बुला लिया, फिर आपकी इतनी तारीफ़ कर दी, यह क्या कम है! जयललिता किसी के लिए इतना भी कर दे, तो वह धन्य-धन्य हो जाता है।

देखिए जयललिता बेन, मुझे आपने अपने घर बुलाया है, तो आपको मेरी खुलकर तारीफ़ करनी पड़ेगी वरना चेन्नई में मुझे इससे अच्छा और ठेठ गुजराती खाना किसी भी सेठ के यहाँ मिल जाता और मेरी तारीफ़ों के पुल पर पुल बाँधनेवाले भी बहुतेरे मिल जाते। मुझे पता होता कि आप मुझे सिर्फ खाना ही खिलाएँगी, मेरी तारीफ नहीं करेंगी तो मैं आपके यहाँ आना मंज़ूर ही क्यों करता? रही बात बीजेपी के साथ सम्बन्धों की तो प्रधानमंत्री तो आडवाणी जी बनना चाहते हैं न, वे ही करें आपसे इस बारे में बात। फिर भी अम्मा, आपको मुझसे कोई बात करना हो तो मैं जवाब ज़रूर दे सकता हूँ वरना प्लीज, बहुत हो चुका, अब मुझे लेट ही जाने दीजिए।

नरेन्द्र भाई, मुझे अम्मा मत कहना। मैं तमिलनाडु की अम्मा हूँ, तुम्हारी नहीं और अगर मैं अम्मा हूँ तो आप क्या हैं जनाब?

मैं गुजरात का शेर हूँ।

शेर होंगे आप अपने घर के और अपने घर में तो हर कोई शेर होता है। तो शेर साहब, अब आप मेरे घर से तशरीफ का टोकरा ले जाइए।

ले जाऊँगा, ले जाऊँगा बेन, लेकिन एक शर्त पर कि आप सबको यह नहीं बताएँगी कि हमारे और आपके बीच में असल में क्या बात हुई।

मैं आपकी तरह घमंडी ज़रूर हूँ नरेन्द्र भाई लेकिन बेवकूफ नहीं हूँ। अच्छा, अब नमस्कार।

नमस्कार।

आ गया है चुनाव

आ गया है चुनाव। अब तो हिन्दू-मुस्लिम दंगे होंगे ही। गाएँ कटने की खबरें आएँगी ही। मरे हुए सूअरों को मस्जिद में फेंकने के समाचार मिलेंगे ही। मन्दिर निर्माण होगा ही। रथयात्राएँ निकलेंगी ही। हिन्दुत्व और इस्लाम खतरे में पड़ेंगे ही। मन्दिरों में नेताओं की भीड़ बढ़ेगी ही। ज्योतिषी और बाबा चाँदी काटेंगे ही। अल्पसंख्यकवाद को बढ़ावा देने के नारे लगेंगे ही।

आ गया है चुनाव। अब तो नेताओं को गरीबी हटाने की याद आएगी ही। विधवा पेंशनें, छात्रवृत्तियाँ बाँटने का धन्धा चलेगा ही। दारू बँटेंगी ही। कम्बल, धोती, साड़ियाँ बँटेंगी ही। कट्टे बिकेंगे ही। समाजवाद याद आएगा ही। आश्वासन दिए और लिए जाएँगे ही। वोटर अकड़ेंगे ही। फिर से छले जाने के लिए वे तैयार हो जाएँगे ही।

आ गया है चुनाव। जाति एकता सम्मेलन होंगे ही। विकास की बातें होंगी ही। रोज़गार देने का भरोसा दिया जाएगा ही। लोगों की गालियाँ नेता सुनेंगे ही। गाँव-गाँव की धूल नेता फाँकेंगे ही।

आ गया है चुनाव। हैलीकॉप्टर उड़ेंगे ही। डीजल फुँकेगा ही। सड़कों पर धूल उड़ेगी ही। सिद्धान्त याद आएँगे ही। दल बदले जाएँगे ही। टोपियाँ पहनी और पहनाई जाएँगी ही। जो कल तक सन्तुष्ट थे, उन्हें टिकट नहीं मिला तो वे असन्तुष्ट होंगे ही। गुंडों की पूछ बढ़ेगी ही। हथियार खुलेआम मिलेंगे ही। चुनाव आयोग सख्त दिखेगा ही। नेताओं की नींद उड़ेगी ही। कार्यकर्ता जमकर कमाएँगे ही। हर तरह के दलालों का हर दल में महत्त्व बढ़ेगा ही।

आ गया है चुनाव। चुनाव को तो आना ही होता है। देश में लोकतंत्र है तो बेचारा वह आएगा ही। वोट देने के अधिकार का वोटर से इस्तेमाल कराएगा ही। बाद में जनता का जो हाल होना है, वह होगा ही। दिल्लीवाला दिल्ली, लखनऊवाला लखनऊ, चंडीगढ़वाला चंडीगढ़ जाकर जम जाएगा ही। वह एयरकंडीशनर कार में चलेगा ही। हवाई जहाज में उड़ेगा ही। मजे करनेवाले मजे

करेंगे ही। जो रोते आए हैं, वे रोते रहेंगे ही। जिनकी पहले भी कोई नहीं सुनता था, अब भी कोई नहीं सुनेगा ही। लोकतंत्र चलता है तो चलता रहेगा ही। उदारीकरण की गति बढ़ेगी ही। जहाँ देश के नेताओं के आका उनसे देश को ले जाने को कहेंगे, वहाँ देश जाएगा ही। गरीब भी क्या करेगा, अगली बार फिर से वोट देगा ही।

राजनीतिक संन्यास

संन्यासी आपने भी बहुत देखे होंगे और हमने भी। संन्यासी हैं भी बहुत हमारे देश में और होंगे तो भाई दिखेंगे भी। वे जाएँगे कहाँ? कोई बीवी के ताने-तिश्नों का मारा है और संन्यासी बन चुका है, किसी को बच्चों ने घर से भगा दिया है और वह संन्यासी बन गया है। कोई बेरोज़गारी का मारा है और उसने संन्यास में जीवन जीने का रास्ता पा लिया है। किसी ने हत्या या बलात्कार किया है और वह संन्यासी के वेश में पुलिस से बचता फिर रहा है। किसी को फटाफट करोड़पति बनना है तो कोई 'कौन बनेगा करोड़पति' कार्यक्रम में कामयाबी न मिलने के बाद संन्यासी बन गया है, किसी की किसी साधु या बाबा की सम्पत्ति पर निगाह है तो वह संन्यासी बन गया है। किसी को लगता है कि संन्यास मुफ़्त में तर माल खाने की स्थायी और अविचल व्यवस्था है, इसलिए वह संन्यासी बन गया है। किसी को राजनीति करने के लिए संन्यासी बनने से ज़्यादा फ़ायदेमन्द कुछ नहीं लगता। कोई-कोई ऐसा भी शायद होता ही होगा, जिसकी वाकई भगवान से लौ लग गई होगी। ऐसी गलती भी इनसान ही कर सकता है। आशय यह है कि जितने संन्यासी हैं, उतने ही संन्यासी बनने के कारण भी हैं।

लेकिन तमाम नेताओं की इस धमकी के बावजूद कि फलाँ भ्रष्टाचार या फलाँ बलात्कार या फलाँ डकैती या फलाँ रंगदारी का आरोप सिद्ध होने पर मैं राजनीति से हमेशा के लिए संन्यास ले लूँगा, किसी राजनीतिक संन्यासी को आपने आज तक कभी देखा है? मेरा विश्वास है कि नहीं देखा होगा क्योंकि मैंने भी आज तक नहीं देखा है!

सच्चाई यह है कि जो राजनीति में एक बार चला आता है, वह राजनीति से संन्यास लेने की गलती कभी नहीं करता, कभी कर ही नहीं सकता, भले ही राजनीति उससे संन्यास ले ले! वह राजनीति का गृहस्थाश्रम धर्म निभाते-निभाते ही अन्तिम साँस लेना पसन्द करता है। वह राजनीति के सेंट्रल हॉल में बैठकर अपनी बारी की हमेशा प्रतीक्षा करता रहता है। वह इस आशा में सेंट्रल हॉल नहीं

छोड़ता कि कभी तो कोई ऐसा कमीशन बनाया जाएगा, जिसका अध्यक्ष उसे बनाया जाएगा। कभी तो किसी संस्थान का अध्यक्ष पद खाली होगा, जहाँ उसे कैबिनेट मिनिस्टर का नहीं तो कम-से-कम राज्यमंत्री का दर्जा देकर तो ज़रूर ही बैठाया जाएगा। उसे कहीं का राजदूत, कहीं का राज्यपाल या नहीं तो उपराज्यपाल अवश्य ही बनाया जाएगा। यहाँ तक कि जो भूतपूर्व प्रधानमंत्री हैं और अपनी भूतपूर्वता में भी अभूतपूर्व हो चुके हैं, जो अपनी बारी अच्छी या बुरी तरह खेल चुके हैं, उन्हें भी उम्मीद रहती है कि उनके 'अधूरे कामों' को पूरा करने का अवसर यह देश, यह समाज और नहीं तो सोनिया गाँधी अवश्य देंगी। वे नहीं देंगी तो ईश्वर देगा और ईश्वर भी नहीं देगा तो जन्म कुंडली देगी क्योंकि उसमें ऐसा लिखा हुआ है। देश का शायद ही कोई नेता ऐसा होगा जो अपनी अन्तिम साँस तक देश की सेवा करने को तत्पर न हो! वह भी क्या करे, राजनीति में ऐसी परम्परा हमेशा से रही है। क्या गाँधी, नेहरू और इन्दिरा गाँधी या राजीव गाँधी ने ऐसा नहीं किया था? तो किस आधार पर वह देशसेवा से मुँह मोड़ ले? वैसे शायद हमारे धर्मग्रन्थों में भी शायद कहीं कहा गया होगा कि एक सच्चे राजनीतिक को कभी संन्यास नहीं लेना चाहिए।

बहरहाल, सच तो यह भी है कि राजनीतिक संन्यास लेना भी चाहे तो कैसे ले बेचारा गरीब? राजनीति में पचास साल की उम्र से पहले तो आदमी को बच्चा ही समझा जाता है और कहा भी जाता है, भले ही राहुल गाँधी से उनके मुँह पर यह कहने का साहस किसी कांग्रेसी का न होता हो! पचास की उम्र में उसे युवा मानना शुरू होता है और पैंसठ की उम्र तक वह युवा ही बना रहता है। फिर वरिष्ठ होना आरम्भ होता है और वरिष्ठ होते-होते उसे पाँच साल और लग जाते हैं। जब तक वास्तव में वरिष्ठता के नाते उसे कुछ मिलता है या मिलने की सम्भावना बनती दीखती है कि तभी उधर से बुलावा आना शुरू हो जाता है कि भाई साहब या बहनजी–आप जो भी हों–चलिए, बहुत जी लिए। आपकी उम्र के 90 प्रतिशत लोग उधर जा चुके हैं, फिर आप इधर क्या कर रहे हैं? इसलिए राजनीतिक नेता तो मजबूर है संन्यास न लेने को। अब ठीक है कि कभी-कभी मुँह से निकल जाता है कि भ्रष्टाचार या बलात्कार या ऐसा ही कोई एक भी आरोप सिद्ध हो गया तो मैं इस्तीफा ही नहीं दूँगा वरन राजनीति से संन्यास भी ले लूँगा लेकिन यह किसी भी समझदार आदमी को समझना चाहिए कि यह वक़्त की नज़ाकत को देखकर कहा गया महज़ एक वाक्य है, एक अखबारी वक्तव्य है, नेकनीयती का एक फर्जी प्रमाणपत्र है और राजनीति में ऐसा कौन है जिसने अपने लघु या सुदीर्घ राजनीतिक जीवन में ऐसा वाक्य कभी नहीं कहा या ऐसा वक्तव्य नहीं दिया!

भूतपूर्व पद की प्राप्ति

आदमी को भूतपूर्व होने में ज़रा देर नहीं लगती। अभी-अभी वह वर्तमान होता है और अभी-अभी पता चलता है कि वह भूतपूर्व हो चुका है। सुबह कुल्ला करने तक जो वर्तमान था, नहा-धोकर नाश्ते की टेबल पर आने तक वह भूतपूर्व हो चुका होता है। नहाने तक जो वर्तमान था, पूजा-पाठ करके उठने तक वह भूतपूर्व हो चुकता है। भूतपूर्व हो जाना कभी भी, कहीं भी, किसी भी काल और अवधि में, बल्कि किसी भी हालत में सम्भव है जबकि आप जानते हैं कि वर्तमान होने के लिए आदमी को न जाने कितने-कितने पापड़-बड़ियाँ और न जाने क्या-क्या बेलना पड़ता है। इसलिए भूतपूर्व हो जाने की असली पीड़ा को भी सिर्फ वही ठीक से समझ सकता है, जो कि कभी वर्तमान रहा हो। मजदूर-किसान-ठेले-रिक्शे चलानेवाले-कामवालियाँ क्या जानें, क्या होता है भूतपूर्व होना! दरअसल, भूतपूर्व हो जाना स्वर्गीय हो जाने से भी अधिक कष्टप्रद, संकटपूर्ण और खतरनाक है, क्योंकि एक बार स्वर्गीय हो जाने के बाद आदमी को पता नहीं चलता कि वह स्वर्गीय हो चुका है लेकिन भूतपूर्व होने के क्षण से ही उसे पता चल जाता है कि वह भूतपूर्व है और और अब पुनः किसी-न-किसी रूप में उसके लिए वर्तमान होना कठिन, संघर्षपूर्ण और चुनौतीपूर्ण होगा। स्वर्गीय होने के विपरीत भूतपूर्व हो जाने की पीड़ा, उसका कष्ट, उसकी यातना इसी जीवन में, इन्हीं आँखों से, दिन में पचास बार बल्कि पल-पल आदमी को झेलनी-भुगतनी पड़ती है जो कि नरक जाने से भी बदतर है। भूतपूर्व हो जाने पर हर क्षण याद आता है कि हम भी कभी वर्तमान हुआ करते थे और तब दृश्य कितना सुहावना था और अब परिदृश्य कितना विकृत हो चुका है! जब हम वर्तमान थे तो भगवान भी हमारी सुनते थे और भूतपूर्व हैं तो सरकारी दफ्तर का बाबू तो बाबू, उसका चपरासी तक कहता है कि थोड़ी देर ज़रा बाहर बैठिए न, क्या आपको यह मालूम नहीं कि यह हमारे बैठने की जगह है?

उधर आपके चमचे भी उसी तरह गायब हो जाते हैं जिस तरह गधे के सिर से किसी जमाने में सींग गायब हुए थे और आज तक नहीं मिले हैं, बल्कि उन्हें ढूँढने का कष्ट भी किसी ने नहीं किया है! भूतपूर्व होते ही हरामखोरी का प्रातःस्मरणीय दैवीय सुख हमेशा-हमेशा के लिए मनुष्य से छिन जाता है और उसके बाद आदमी सिर्फ आदमी रह जाता है जो ईश्वर की शरण में जाने के अलावा कुछ बेहतर सोच-समझ नहीं पाता। भूतपूर्व होते ही भ्रष्टाचार, भाई-भतीजावाद, अनियमितता, मनमानी आदि के तमाम अधिकार स्वतः समाप्त हो जाते हैं और आदमी के सामने ईमानदार रहने और ईमानदारी के गुण गाने के अलावा कोई विकल्प नहीं बचता! भूतपूर्वता के इतने कष्ट हैं कि 'हरि अनन्त हरि कथा अनन्ता' है। ऐसी स्थिति में लोकमान्य तिलक के नारे को आज इस नए रूप में ही याद किया जा सकता है कि हरामखोरी आदमी का जन्मसिद्ध अधिकार तभी तक है जब तक कि आदमी भूतपूर्व नहीं हो जाता!

लोकतंत्र में किसी का भी भूतपूर्व हो जाना उतना ही सहज-स्वाभाविक और सामान्य है जितना कि इस धरा पर आदमी नामक प्राणी का जन्म लेना और मर जाना। हाईकमान नाराज़ तो भूतपूर्व, सरसंघचालक नाराज़ तो भूतपूर्व। अभी-अभी आप मंत्री हैं और थोड़ी देर बाद या कल अचानक पीएम या सीएम को महसूस हुआ कि संगठन को मज़बूत करना ज़रूरी है तो पता चलता है कि इस महत दायित्व को सँभालने के लिए उन्हें समस्त मंत्रिमंडल में आप ही सबसे योग्य व्यक्ति लगे हैं और आपके पास फिलहाल भूतपूर्व होने के अलावा कोई और च्वाइस नहीं है। एक दिन 'भाई' को छींक आई थी और चूँकि उस समय आपकी कल्पनाशक्ति सक्रिय नहीं हुई और इसके फलस्वरूप आप अपना रूमाल लेकर उनके सामने तत्काल प्रस्तुत नहीं हुए, लिहाजा आप आज से भूतपूर्व हैं! आपकी पार्टी ने आपका खयाल रखे बिना सरकार से समर्थन वापस ले लिया है और आप बिना कारण भूतपूर्व हैं। मंत्रिमंडल का पुनर्गठन हुआ है और आप बिना 'कारण बताओ नोटिस' के भूतपूर्व हैं! प्रधानमंत्री या मुख्यमंत्री को किसी कारण से बदलने का फैसला पार्टी नेतृत्व ने कर लिया है और आप भी उनके साथ एक ही झटके में भूतपूर्व बना दिए गए हैं! आपके मुँह से अचानक कोई कुवचन या सुवचन निकल चुका है और पता चला है कि आप तत्काल प्रभाव से भूतपूर्व हैं! विधानसभा चुनाव में आपके लोकसभा क्षेत्र के सभी उम्मीदवार अपनी विशुद्ध बेवकूफी के कारण हार गए हैं और आप खामखाँ बलि का बकरा बनाकर भूतपूर्वता के परम पद को प्राप्त करा दिए गए हैं! कोई माफिया, कोई गुंडा, कोई उद्योगपति, किसी मल्टीनेशनल का कोई सीईओ आपसे नाराज हो

गया और आप अविलम्ब प्रभाव से भूतपूर्व हैं! बलात्कार आपने बीस साल पहले किया था, फैसला अब जाकर आया है और पता चला है कि आज से ही आप भूतपूर्व हैं। घोटाला आपने छह साल पहले किया था, भंडाफोड़ करनेवालों ने देरी कर दी और भूतपूर्वता का भार आपके कन्धों पर आ पड़ा है। हत्या के मामले में गिरफ्तार हो जाना भी आजकल भूतपूर्व हो जाने का पर्याप्त कारण माना जाने लगा है। किसी तथाकथित साधु-बाबा की उपेक्षा आपने कर दी या गलती से आपसे हो गई, तो उस बाबा का आशीर्वाद भले ही आपको कभी न मिला हो मगर उसका श्राप आपको तुरन्त मिल जाता है और अविलम्ब फल भी जाता है। वह कहता है–'भूतपूर्व भव' और आप भूतपूर्व हो जाते हैं! किसी ठेकेदार के काम में आपने सीमेंट कम और रेत ज़्यादा बता दी तो आप तत्काल प्रभाव से भूतपूर्व हैं। भैंस पानी में चली गई है और आप भूतपूर्व हैं! आपकी कमीज़ संयोग से उनकी कमीज से एक दिन ज़्यादा सफेद निकल आई और आप भूतपूर्वता को प्राप्त हो गए! ज़रा सी आपकी नैतिकता ने ज़ोर मारने की गलती की और आप भूतपूर्व हैं! वरना भूतपूर्व न होनेवालों का जहाँ तक सवाल है तो वे मस्जिद गिराकर, हत्याकांड करवाकर, रिश्वत खाकर, घोटाले करके, अदालत से सज़ा पाकर भी भूतपूर्व नहीं होते, अभूतपूर्व ही बने रहते हैं अन्यथा भूतपूर्व होने के इतने सारे रास्ते खुले हुए हैं कि भूतपूर्व होने और चिड़िया के पेड़ पर बैठने की घटना में–जो कि दरअसल, कोई घटना ही नहीं है–कोई खास फ़र्क नहीं है! आजकल भूतपूर्व होना इतना आसान बना दिया गया है कि बिना कुँजी पढ़े भी लोग भूतपूर्वता का डिप्लोमा या डिग्री हासिल कर लेते हैं। जिन फर्जी हत्याओं के कारण आप कल तक मुख्यमंत्री की आँखों के तारे थे, उन्होंने आपको वीरता पदक और 'आउट ऑफ टर्न प्रमोशन' प्रदान किए थे, उसी मुख्यमंत्री के रहते आप आज जेल में होकर भूतपूर्व हो चुकते हैं और मुख्यमंत्रीजी अभूतपूर्वता के साथ अपने पद शान से विराजमान रहते हैं।

इतिहास गवाह है कि एक बार भूतपूर्व होने के बाद दस से पन्द्रह प्रतिशत भूतपूर्व ही तमाम हाथ-पैर मारने के बाद ही वर्तमान हो पाते हैं वरना 85 प्रतिशत तो स्थायी रूप से भूतपूर्वता को प्राप्त करा दिए जाते हैं। वैसे हर भूतपूर्व अपने हर पूर्वज भूतपूर्व की तरह अभूतपूर्व सिद्ध होने की साधना में निरन्तर रत रहता है मगर सफलता मिलना या न मिलना विशुद्ध रूप से ऊपरवाले के हाथ में होता है। एक बार जो पीएम, सीएम, मंत्री, एमएलए, एमपी आदि बनकर भूतपूर्व हो चुका होता है, वह मृत्यु तक को इस आशा में स्थगित किए रहता है कि एक दिन फिर ऐसा ज़रूर आएगा कि उसकी आवश्यकता महसूस की

जाएगी और वह वर्तमान हो जाएगा लेकिन भूतपूर्व का भूत उसके पीछे अकसर इस शिद्दत से पड़ा रहता है कि वह वर्तमान नहीं हो पाता।

वैसे भूतपूर्व होने पर भी आदमी आखिर अन्ततः भूतपूर्व तो होता ही है और जब भी किसी समारोह के लिए कोई वर्तमान नहीं मिल पाता है या आखिरी समय में वह मना कर देता है तो ये बेचारे भूतपूर्व ही काम आते हैं, वे ही वर्तमान का विकल्प बनना सहर्ष स्वीकार कर लेते हैं वरना वे इससे इनकार कर दें और लगातार करते रहें तो इस देश की जनता की वर्तमान मानसिकता यह है कि वह भूतपूर्व और स्वर्गीय में फ़र्क़ नहीं कर पाती।

महत्वपूर्ण होना

समाज में महत्वपूर्ण होना थोड़ा मुश्किल तो है मगर इतना मुश्किल भी नहीं है कि दूसरे होते चले जाएँ और आप टापते रह जाएँ। बस, अपने को पहचानने की ज़रूरत है। एक बार अपने को पहचानिए कि इनमें आप कौन हैं और हो जाइए महत्वपूर्ण—मसलन बाकी अंधे हों और संयोग से आप काने हों तो समझिए आप महत्वपूर्ण हैं! आपको भाषण देना आता है और दूसरों को नहीं आता, तो आप महत्वपूर्ण हैं! आपके दादा या नाना या उनका कुल, गोत्र या जाति तथाकथित रूप से महत्वपूर्ण है तो बस आप महत्वपूर्ण हैं! आप उस परिवार के सदस्य हैं जिसमें कोई आज़ादी की लड़ाई के दौरान किसी भी कारण से जेल भेज दिया गया था तो आप महत्वपूर्ण हैं क्योंकि आप 'स्वतंत्रता सेनानी' के परिवार के सदस्य हैं! आप खूब खाते हैं और अपना ही खाते हैं और अपने लिए ही खाते हैं मगर इतना खा लिया है कि आपका वज़न हो गया है 400 पौंड तो समझ लीजिए कि आप महत्वपूर्ण हैं! मान लीजिए किसी आनुवंशिक या अन्य कारण से—जिसमें आपका कोई दोष नहीं है—आप साढ़े छह फुट के हो गए तो आप महत्वपूर्ण हैं! कुछ लोग इसलिए भी महत्वपूर्ण हो जाते हैं कि उन्होंने लॉटरी खरीदी और वह संयोग से खुल गई जो किसी-न-किसी के नाम खुलनी ही थी तो वह हो गए महत्वपूर्ण। कुछ इसलिए भी महत्वपूर्ण हो जाते हैं कि वे खुलेआम घूसखोरी करते हैं मगर पकड़े नहीं जाते, तो जब तक पकड़े नहीं जाते महत्वपूर्ण बने रहते हैं और उसके बाद और अधिक महत्वपूर्ण हो जाते हैं क्योंकि दुनिया को पता चल जाता है कि इनके पास कहाँ-कहाँ, क्या-क्या और कितना-कितना है! कुछ लोग इसलिए महत्वपूर्ण हो जाते हैं कि किसी तरह उन्होंने कुछ दे-दिवाकर कार का वीआईपी नम्बर हासिल कर लिया है या किसी विधि उन्होंने अपनी कार या स्कूटर पर प्रेस का स्टिकर लगवा लिया है। कुछ लोग इसलिए महत्वपूर्ण हो जाते हैं कि उन्होंने जीवन भर सरकारी दफ्तर में हरामखोरी की और कुछ लोग इसलिए कि खुद महत्वपूर्ण नहीं होते मगर

महत्वपूर्ण लोगों के दरवाज़े पर बिलानागा खड़े रहते हैं। कुछ इसलिए महत्वपूर्ण हो जाते हैं कि किसी महत्वपूर्ण आदमी के चपरासी या क्लर्क या नाई या लठैत हैं। कुछ लोग इसलिए महत्वपूर्ण हो जाते हैं कि वे खाने में नमक नहीं लेते और पीने में शराब के अलावा कुछ नहीं लेते। कुछ इसलिए महत्वपूर्ण हो जाते हैं कि दारू पी लेते हैं मगर चाय किसी हालत में नहीं पीते या वे अल्लम-गल्लम सबकुछ खा लेते हैं मगर पालक नहीं खाते। कुछ लोग इसलिए महत्वपूर्ण हो जाते हैं कि उनके रिश्तेदार आजकल मुम्बई या दिल्ली या इससे भी बेहतर ब्रिटेन या अमेरिका में रह रहे हैं (हालाँकि उन्हें कतई नहीं पूछते) और कुछ इसलिए कि उन्हें आज तक सिरदर्द या जुकाम नहीं हुआ। कुछ इसलिए महत्वपूर्ण हो जाते हैं कि जंगल में नित्यकर्म के लिए गए थे और संयोग से उन्हें शेर दिख गया और शेर के कारण उनका नित्यकर्म भले ही बाधित हो गया मगर शेर ने उन्हें खाया नहीं। कृपा शेर ने की और महत्वपूर्ण हो गए वे! कुछ इसलिए महत्वपूर्ण हो जाते हैं कि उनका दावा है कि उनके पास इस बात के पक्के प्रमाण हैं कि पश्चिम से भी पहले भारत ने वायुयान का आविष्कार कर लिया था। कुछ लोग इसलिए महत्वपूर्ण हो जाते हैं कि उन्होंने चार शादियाँ कीं क्योंकि संयोग से या संयोग के बगैर उनकी एक के बाद एक बीवी मरती गई और यहाँ तक कि चौथी भी मर गई और कुछ इसलिए कि वे दावा करते हैं कि शादी किए बगैर ही उनका काम चल जाता है। कुछ इसलिए महत्वपूर्ण हो जाते हैं कि वे हमेशा कलफदार कुर्ता-पाजामा पहनकर ही घर से बाहर निकलते हैं और कुछ इसलिए कि उनके पिता ने उनका नाम जवाहर लाल या अटल बिहारी या दिलीप कुमार रख दिया था। कुछ इसलिए महत्वपूर्ण हो जाते हैं कि गलती से उनकी शक्ल कुछ-कुछ राष्ट्रपिता से मिलती है (जिसका अर्थ यह है कि बहुत कुछ नहीं मिलती।) और कुछ इसलिए कि उन्होंने शंकराचार्य को शास्त्रार्थ करने की सार्वजनिक चुनौती दी थी और शंकराचार्य ने उसका कोई जवाब नहीं दिया था, जिसका अर्थ उन्होंने यह लगा लिया कि शंकराचार्य उनसे डर गए। कुछ लोग इसलिए महत्वपूर्ण हो जाते हैं कि वे चार किलो गुलाब जामुन खा लेते हैं या तीन किलो रबड़ी पी लेते हैं। कुछ इसलिए महत्वपूर्ण हो जाते हैं कि चोर हैं और पुलिस की सिक्युरिटी में चलते हैं और कुछ इसलिए कि उन्होंने कभी किसी अंग्रेज़ से हाथ मिलाया था और उसने उनसे पूछा था कि 'हाउ डू यू डू' और इन्होंने इसके जवाब में अपना नाम बता दिया था। कुछ लोग इसलिए महत्वपूर्ण हो जाते हैं कि वे फरार घोषित होकर आराम से घर में रहते हैं और कुछ इसलिए कि रोज़ सुबह चार बजे उठकर नहाते हैं और हनुमान चालीसा का

पाठ करते हैं। कुछ इसलिए कि वे रामलीला में हमेशा हनुमान बनते हैं और कुछ इसलिए कि उनकी भैंस 20 किलो दूध देती है। कुछ इसलिए कि स्वपाकी हैं और किसी दूसरे के गिलास में पानी तक नहीं पीते और कुछ इसलिए कि उनके जितनी लम्बी चोटी इस इलाके में किसी की नहीं है। कुछ इसलिए कि जहाँ भी, जब भी जाते हैं, हाथ में डंडा अवश्य रखते हैं और कुछ इसलिए कि जेब में माचिस या चाकू ज़रूर रखते हैं। कुछ इसलिए महत्वपूर्ण हो जाते हैं कि बीस बार जमानत जब्त होने के बावजूद वे चुनाव लड़ते हैं और कुछ इसलिए कि हर बार अलग-अलग पार्टी से चुनाव लड़कर भी जीत जाते हैं।

तो बताइए, आप इनमें से किस प्रजाति के हैं और किसी के नहीं हैं तो भी फौरन अपनी प्रजाति को संगठित कीजिए, ईश्वर आपकी मदद अवश्य करेगा क्योंकि उसका काम ही आप जैसों की मदद करना है।

सादा जीवन, नीच विचार

मेरा जीवन सादा है मगर पता नहीं क्यों मेरे विचार उच्च नहीं हैं। मेरा जीवन सादा है क्योंकि मेरी नौकरी सादी है। रिश्वत लेने के वहाँ कोई चांसेस नहीं हैं और कोई भी गड़बड़ कर सकूँ, इसकी भी कोई गुंजाइश नहीं है। कुल दो कमरे का किराए का मकान है और वह भी एक मामूली सी कॉलोनी में है जिसका नाम बताते हुए भी संकोच होता है, इसलिए मैं अकसर कहता हूँ कि मैं फलाँ कॉलोनी के पास रहता हूँ, समझो, वहीं रहता हूँ लेकिन लोग इतने समझदार कहाँ हैं? आजकल वह समझदारी गायब हो चुकी है जो पहले कभी रही होगी, जब हम बच्चे हुआ करते थे। इस घर की छत बरसात में टपकती रहती है। कमरे में सोफा नहीं है, कुल दो कुर्सियाँ हैं जो बहुत अच्छी हालत में नहीं हैं, जिसे दूसरे शब्दों में इस प्रकार भी कहा जा सकता है कि खराब हालत में हैं। खाने में वही दाल है, पानीवाली सब्जी वही है जो उस समय सस्ती बिकती हो, चटनी है, रोटी है और चावल है कभी-कभी। बस से दफ्तर जाता हूँ और घर आ जाता हूँ। बच्चे सरकारी अस्पताल में पैदा हुए और अब भगवान की कृपा से सरकारी स्कूल में पढ़ भी रहे हैं।

इस स्थिति में मुझे समझ में नहीं आता कि इतना सादा जीवन जीकर मैं अपने विचारों को उच्च कैसे बनाऊँ? कोशिश बहुत करता हूँ कि जीवन सादा है तो विचार भी उच्च हो जाएँ ताकि लोग मरने पर कहें कि यह आदमी ठीक मुहावरे की तरह था—'इसका सादा जीवन था और उच्च विचार थे' मगर मैं कितनी ही कोशिश करूँ, मेरे विचार उच्च हो ही नहीं पाते। हमेशा मेरे विचार नून, तेल, लकड़ी में उलझकर उच्च होने से बचना पसन्द करते हैं। मेरे घर में तनख्वाह बाद में आती है, खर्चे पहले आ जाते हैं। इस तरह दो-तीन तारीख तक सारी तनख्वाह साफ हो जाती है और तनख्वाह मिलने के उत्साह में जो विचार थोड़े-बहुत उच्च हुए थे, वे ढलान पर उतरना शुरू हो जाते हैं। उधारी में किराना लेना शुरू कर देता हूँ लेकिन बस कंडक्टर एक दिन भी उधार नहीं

करता, वह नकद ही माँगता है। उसे मेरे कैरेक्टर पर ज़रा भी विश्वास नहीं है। शायद उसे मेरे कैरेक्टर में अपना कैरेक्टर दिखना शुरू हो जाता होगा। बच्चों के स्कूलवाले भी उधार नहीं करते, वे कहते हैं कि हम पढ़ाने में उधार नहीं करते, तुम फीस में उधार मत करो। वे भी नकद माँगते हैं। दूधवाले के यहाँ मेरा रिकार्ड इतना खराब हो चुका है कि अब वह भी उधार नहीं देता। किरानेवाला भी एक सीमा के बाद उधार देने से मना कर देता है। बच्चे हाथ खर्च माँगते हैं, वह उधार नहीं किया जा सकता। मकान मालिक किराया उधार नहीं करता। मेरी पत्नी के पास केवल दो साड़ियाँ हैं और दोनों का रंग तो उड़ ही चुका है, वे फट भी चली हैं। कपड़ेवाला भी उधार नहीं करता, वह एक बार करके पछता चुका है। ट्यूशम करता हूँ तो भी पूरा नहीं पड़ता। साहब की चमचागीरी ज़रूर करता हूँ तो उसका भी लाभ कुल इतना ही है कि मेरी नौकरी बची हुई है। इसलिए कितना ही कुछ करूँ, चाहे रात-रातभर जागकर चिन्तन करूँ मगर मुझे विचार उच्च नहीं आते, नीच के नीच ही बने रहते हैं जबकि मेरी चिन्ता हमेशा से यह रहती है कि सादा जीवन है तो विचार ज़रूर उच्च होने चाहिए। तुलसी की 'रामचरितमानस' पढ़ता हूँ तो राम-सीता की जगह, धार्मिक-सात्त्विक विचार आने की बजाय, आटे-दाल का भाव याद आने लगता है या स्कूल की फीस कैसे दूँगा, क्या करूँगा, ये नीच विचार मुझ पर हावी होने लगते हैं। मैं मानवता की सेवा करने की सोचता हूँ तो समझ ही नहीं पाता कि मानवता क्या होती है जिसकी मैं सेवा करना शुरू कर सकूँ! मैं सत्य-अहिंसा के पथ पर चलना चाहता हूँ लेकिन पैदल चलते-चलते ही टाँगें इतना दर्द करने लगती हैं कि इसके बारे में सोचना तक फिजूल लगता है। मैं देशसेवा करना चाहता हूँ मगर मेरा देश, मेरे घर और दफ्तर तक सिमटकर रह जाता है।

मैं इस प्रकार सादा जीवन, नीच विचारों से घिरा रहता हूँ। कभी-कभी मुझे यह नीच विचार भी आता है कि क्या उच्च जीवन होने पर ही उच्च विचार आ सकते हैं? गाँधीजी जैसी आला दर्जे की सादगी लाने की सोचता हूँ तो पता चलता है कि वह सूखे मेवे, ताजे फल, गाय के दूध और फलों के रस का पान करने के बिना नहीं आ सकती है जो मेरे पास नहीं हैं। मैं बहुत परेशान हो चला हूँ। मैं चाहने लगा हूँ कि अगर विचार उच्च नहीं हो सकते तो जीवन ही उच्च हो जाए लेकिन वह भी नहीं हो पा रहा है। कोई रास्ता हो तो बताना जी, ताकि कुछ-न-कुछ तो उच्च हो जाए!

हम पुलिसवाले हैं, भिखारी नहीं

—हाँ भई, अभी तू क्या कर रहा था?

—जी, पेशाब कर रहा था।

—कहाँ पे कर रहा था?

—जी, वहाँ कर रहा था।

—वहाँ पेशाबघर है क्या?

—नहीं है। खुली नाली है।

—नाली से लगी दीवार है। दीवार पर कुछ लिखा भी है। उसे पढ़ा था?

—पढ़ा था।

—क्या लिखा है वहाँ?

—'यहाँ पेशाब करना मना है।'

—और तू ठीक वहीं पेशाब कर रहा था?

—मुझे सर, बहुत ज़ोर से आ रही थी।

—तो उसी जगह करना ज़रूरी था क्या, जहाँ लिखा है, 'यहाँ पेशाब करना मना है?'

—आसपास कहीं पेशाबघर है नहीं, सर। कहीं दुकान है, कहीं किसी घर की खिड़की है, कहीं दरवाज़ा है, कहीं किसी घर के आगे औरत खड़ी है, कहीं आदमी खड़ा है। मैं ढूँढ-ढूँढकर हार गया खाली जगह, नहीं मिली और जब यह जगह मुझे सूनी दिखी तो यहाँ कर लिया।

—पर भई, तू तो पढ़ा-लिखा लगता है। ऐसा काम करने से पहले तूने दीवार पर लिखा क्यों नहीं पढ़ा?

—पढ़ा था सर, पर क्या करूँ, मजबूरी थी।

—घर से पानी ज्यादा पीकर आया होगा?

—नहीं, जितना पीता हूँ, उतना ही पिया था, सर।

—जब मालूम है कि घर से बाहर भीड़ भरी जगह पर जाना है, जहाँ कोई पेशाबघर नहीं है तो पानी कम पीकर आना चाहिए था।

—कम ही पिया था, सर।

—अभी तो कह रहा था कि जितना पीता हूँ, उतना ही पिया था।

—मेरे कहने का मतलब ये है सर, कि मैं पानी कम ही पीता हूँ।

—चलो, कम पियो या ज़्यादा, कम-से-कम भई, वहाँ पेशाब तो मत किया करो, जहाँ साफ-साफ लिखा हो—'यहाँ पेशाब करना मना है।'

—मैंने आपको बताया था न सर, उस समय मेरा हाल बहुत ही बुरा था।

—बुरा हाल तो हमारा भी कभी-कभी होता है। इसका यह मतलब तो नहीं कि हम उसी जगह जाकर पेशाब करने लग जाएँ जहाँ साफ लिखा है कि 'यहाँ पेशाब करना मना है।'

—अब हो तो गया ऐसा सर। क्या करूँ?

—तू मुझसे ज़ुबान लड़ाना चाहता है?

—ज़ुबान नहीं लड़ाना चाहता सर, पर सच तो यही है न कि मैंने वहाँ पेशाब कर दिया है।

—तूने पेशाब नहीं किया है, जुर्म किया है।

—जुर्म मैंने नहीं किया सर, कारपोरेशन ने किया है जिसने इतनी भीड़ भरी जगह पर एक पेशाबघर तक नहीं बनाया। जाकर कारपोरेशन के कमिश्नर को पकड़िए न!

—अब तू बताएगा कि हमें क्या करना है और क्या नहीं करना? तेरी ये मजाल! दो पड़ेंगे साले को तो ठीक हो जाएगा।

—मैं आपको बता नहीं रहा सर, मगर आप पुलिवाले हो, इसका यह मतलब भी नहीं है कि आप ये न समझो कि इनसान कभी मजबूर हो जाता है कि उससे रहा नहीं जाता।

—तू यहाँ हमें इनसान और इनसानियत का पाठ पढ़ाने आया है?

—नहीं, मैं क्या पाठ पढ़ाऊँगा सर, आप खुद ही बहुत समझदार हैं।

—अगर हम समझदार हैं तो तू अब तक क्यों नासमझ बना हुआ है? समझदार हो जा।

—कितने दे दूँ? बीस या पचास?

—भई, सरकारी तौर पर तो जुर्माना पाँच सौ रुपए है।

—लेकिन इतने मैं दे नहीं सकता।

—नियम तो भई, नियम है। देना तो तुझे इतना ही पड़ेगा।

—सर, नियम आपका गुलाम है। आप उसमें ढील नहीं दे सकते?

—हमारा काम नियम का पालन कराना है, ढील देना नहीं।

—(वह कुछ देता है)

—क्या भीख दे रहा है? हम पुलिसवाले हैं, भिखारी नहीं हैं, समझा?

—भीख नहीं दे रहा सर, आपको भीख देने की हिम्मत मैं कैसे कर सकता हूँ?

—सौ रुपए तो भीख ही हुई।

—सर, सौ रुपए भीख में कौन देता है?

—देनेवाले सब देते हैं। हमें क्या नहीं मालूम? हम भीख नहीं लेते भई। रख अपने सौ रुपए।

—नहीं सर, आप इसे भीख मत समझिए।

—तो क्या समझूँ? अच्छा, पाँच सौ ला और झंझट खत्म कर।

—अजीब आदमी हैं आप, पेशाब करने के पाँच सौ कहाँ से दूँ?

—ये तो तुझे पेशाब करने से पहले सोचना चाहिए था।

—सोचने का वक़्त होता तो सर, ज़रूर सोचता।

—तो बिना सोचे-समझे काम किया है तो पैसे देते वक़्त इतना सोच क्यों रहा है? तभी सोच लेता!

—पाँच सौ तो बहुत होते हैं सर।

—तो कितने बहुत नहीं होते हैं?

—मेरे लिए तो सौ भी बहुत ज़्यादा हैं, सर।

—तो चल भई, थाने ही चल।

—सर, मेरा जुर्म तो बताइए?

—अब वहीं बताएँगे, तुझे जल्दी क्या पड़ी है? तू पाँच सौ नहीं दे सकता तो जुर्म पूछने की इतनी जल्दी क्यों कर रहा है?

—नहीं सर, दो सौ से ज़्यादा तो मैं किसी भी हालत में नहीं दे सकता।

—तेरी जेब में हैं कितने?

—दो सौ हैं और दसेक रुपए और पड़े हैं।

—पुलिसवाले से झूठ बोलता है?

—ढाई सौ होंगे, सर। इससे ज़्यादा बिलकुल नहीं हैं।

—चल ढाई सौ ही दे दे।

—सर, मुझे दिन का खाना भी खाना है और फिर दो-तीन जगह बस में जाना भी है।

—ये मेरी रिसपांसिबिलिटी नहीं है।

—मगर मेरी तो है, सर।

—तो तेरी तू जान। किसी से उधार ले ले।

—किससे लूँगा, सर?

—तेरे से पहले ही कहा है, तू थाने चल। कानून से रुपए पूरे पाँच सौ दे देना। न तू गलत काम कर, न मुझसे करवा।

—सर, पेशाब करने का जुर्माना तो लगता नहीं है।

—तुझे थाने जाकर ही पता लगेगा कि किसका जुर्माना लगता है और किसका नहीं लगता। चल।

—माफ कर दो सर, दो सौ रुपए ले लो।

—लेने-देने की बात खतम। तू तो अब थाने चल। चलता है या नहीं—या दूँ साले को दो...।

—अच्छा ले लीजिए सर, पूरे ढाई सौ ले लीजिए।

—नहीं, हम नहीं लेते। सौदेबाजी करता है हमसे?

—कहाँ कर रहा हूँ सर, दे तो रहा हूँ।

—अच्छा, चल, तू भी क्या याद करेगा कि कोई इनसानियतवाला पुलिसवाला भी मिला था और सुन, आगे से इस तरह की गलती मत करना।

—नहीं करूँगा सर, तो आप ही घाटे में रहेंगे।

—मज़ाक करता है साले, हमसे। चल, आगे से ऐसा मत करना, जा। मज़े कर।

हाई प्रोफाइल, लो प्रोफाइल

दिल्ली की एक नाबालिग लड़की से पाँच या शायद आठ लड़कों ने बलात्कार किया। सभी अखबारों ने दो दिन बाद सामूहिक बलात्कार की उस खबर को नियमपूर्वक अन्दर के पृष्ठों पर छापा क्योंकि मामला 'लो प्रोफाइल' था—लड़की झुग्गी-झोंपड़ीवाली थी और लड़के भी वहीं के थे। अखबार के एक संवाददाता को तो पुलिस उपायुक्त ने यह सलाह दी कि इस मामले को ज़्यादा तूल न दें क्योंकि मामला गरीबड़ों का है, लो प्रोफाइल है मगर संवाददाता ने खबर तो छाप ही दी, यह भी छाप दिया कि पुलिस उपायुक्त महोदय के मुताबिक यह मामला लो प्रोफाइल है और तवज्जो देने के काबिल नहीं है।

वैसे उपायुक्त महोदय गलत नहीं कह रहे थे। सामूहिक बलात्कार का यह मामला भी 'हाई प्रोफाइल' होता तो इसके बारे में खबर छपने में दो दिन नहीं लगते और यह खबर अन्दर के पृष्ठों में नहीं छपती, बल्कि मुखपृष्ठ पर मुख्य शीर्षक के साथ छपती, बल्कि छपती बाद में इसके छपने से पहले ही आयुक्त-उपायुक्त समेत सभी पुलिसवालों की कुर्सियाँ हिल चुकी होतीं, टीवी और अखबारों में ऐसा हाहाकार मच जाता कि जैसे इससे पहले इससे भयानक घटना इस शहर में कभी हुई ही नहीं। मामला राष्ट्रीय-अन्तरराष्ट्रीय तक हो जाता, दिल्ली की सुरक्षा व्यवस्था चरमराने की खबर वातावरण में चारों ओर छा चुकी होती लेकिन लड़की लो प्रोफाइल थी, बलात्कारी भी लो प्रोफाइल थे, इसलिए खबर ही छपी और कुछ नहीं हुआ। पत्ता तक नहीं हिला लेकिन क्या करें, दिल्ली अभी विकास की उस उच्च अवस्था को भी प्राप्त नहीं हुई है कि सामूहिक बलात्कार की घटना हो और उसे बिलकुल ही दरगुज़र कर दिया जाए, इसलिए लड़की के लो प्रोफाइल होने के बावजूद घटना हाई प्रोफाइल थी, इसलिए प्रकाश में आ गई। कहते हैं कि यह हादसा एक कॉलेज में हुआ था, इसलिए भी यह मामला थोड़ा हाई प्रोफाइल हो गया, झुग्गी-झोंपड़ी में होता तो लो प्रोफाइल ही बना रहता क्योंकि वहाँ जो भी होता है, वह लो प्रोफाइल ही

रहता है, हालाँकि पुलिस इस घटना के कॉलेज में होने से इनकार करके इस मामले को हाई प्रोफाइल होने से बचाने की भरपूर कोशिश कर रही है। शायद वह सफल हो जाए।

चूँकि लो प्रोफाइल लड़की के साथ सामूहिक बलात्कार हुआ था, इसलिए यह मामला शान्तिपूर्वक निबट जाएगा क्योंकि झुग्गी-झोंपड़ीवासिनी के साथ ऐसे हादसा होने से दिल्ली की कानून-व्यवस्था नहीं चरमराती, सभ्य नागरिकों में असुरक्षा की भावना नहीं बढ़ती, उन्हें अपनी बहू-बेटियों की इज़्ज़त खतरे में नहीं लगती क्योंकि जो झुग्गी-झोंपड़ीवालों के साथ होता है वह जाहिर है कि बाकी दिल्लीवालों के साथ नहीं होता। गर्मियों में झुग्गी-झोंपड़ियाँ ही नियमपूर्वक आग से जलती हैं, फ्लैट या बँगले नहीं जलते। झुग्गियाँ ही हर साल नियमपूर्वक तोड़ी जाती हैं, रिहाइशी इलाकों की दुकानें नहीं, इसलिए दिल्ली की राजनीति में उबाल दुकानें टूटने से आता है, झुग्गियों को तोड़ने से नहीं क्योंकि झुग्गियों को तोड़ना एक लो प्रोफाइल घटना है, जबकि दुकानों का टूटना हाई प्रोफाइल घटना है। महत्त्व घटना का नहीं होता, उसके प्रोफाइल का होता है। वैसे इस घटना में शामिल बलात्कारी भी लो प्रोफाइल थे, इसलिए आराम से पकड़े गए, हाई प्रोफाइल होते तो उनका पता नहीं चलता, जैसे धौलाकुआँ सामूहिक बलात्कार कांड में अभी तक पता नहीं चला है। हत्या-बलात्कार-दुर्घटना आदि जब हाई प्रोफाइल होते हैं तो महीनों अखबारों में छाए रहते हैं और जब लो प्रोफाइल होते हैं तो कोने में कहीं चार लाइनें छप जाती हैं जिनके अन्त में लिखा होता है कि पुलिस मामले की जाँच कर रही है। जैसे करोड़पतियों की संख्या में वृद्धि एक हाई प्रोफाइल घटना है इसलिए प्रमुखता से छपती है और बार-बार छपती है मगर कुपोषण से भारत के आधे बच्चों का पीड़ित होना एक लो प्रोफाइल घटना है, इसलिए एक दिन छपकर रह जाती है। इसलिए निश्चिन्त रहें दिल्ली के नागरिक, यह लो प्रोफाइल घटना भी एक-दो दिन बाद इतिहास के गर्त में चली जाएगी, जहाँ पहले ही इस तरह का बहुत सा कूड़ा जमा है, यह घटना भी उसी में शान्तिपूर्वक समा जाएगी।

महान बनने का शौक

ज़्यादातर समझदार लोगों के शौक बचपन में कुछ और होते हैं तथा बड़े होने पर कुछ और हो जाते हैं। बचपन में जिन्हें कंचे खेलने का शौक होता है, बड़े होने पर नहीं रहता। जो लड़कियाँ बचपन में गुड़ियों से खेलती हैं, बड़ी होकर नहीं खेलतीं। लेकिन मेरे जैसे कुछ लोग न कभी बड़े होते हैं और न बच्चे रह पाते हैं। अब जैसे मुझे महान बनने का जो शौक बचपन में था, दुर्भाग्य से अभी भी बना हुआ है। हालाँकि उम्र का तकाज़ा यह है कि मुझे महान बनने के इस शौक से—जो अब मर्ज का रूप ले चुका है--जल्दी-से-जल्दी मुक्ति पा लेनी चाहिए। यह शौक इसके बावजूद मुझे है कि महान बनने की मेरी सारी कोशिशों पर आज तक पानी फिरता रहा है। कई बार इन कोशिशों के चलते मैं हास्यास्पद तक बन चुका हूँ और कई बार बस बाल-बाल बचा हूँ। वैसे जो उम्र के इस मोड़ पर भी महान नहीं बन पाया, वह मरने के बाद भी महान बन पाएगा, इसमें शक है, लेकिन फिर भी मेरी बहादुरी देखिए कि मुझे महान बनने का शौक है और लगता है कि मरने तक तो ज़रूर रहेगा।

जब तक मैं जवान था, अपने आपको यह तसल्ली दे लेता था कि आदमी को महान बनने की उतावली नहीं करनी चाहिए क्योंकि महान बनने के बाद करियर में एक तरह से विराम लग जाता है। यह राष्ट्रपति बनने जैसा है। एक बार आप राष्ट्रपति बन गए, फिर आप कुछ और नहीं बन सकते (हालाँकि इसके विपरीत महान बनने में फ़ायदा यह है कि राष्ट्रपति तो भूतपूर्व हो जाता है, मगर महान कभी भूतपूर्व नहीं होता। आप महान हैं यानी जीते-जी तो आपके महान बने रहने की गारंटी है।)। मेरे जैसा आदमी जो अपने करियर को ब्लॉक करना नहीं चाहता था, तब महान न बनने में ही अपनी खैरियत समझता था और अब स्थिति यह है कि महानता इस बात में अपनी खैरियत समझती है कि अच्छा हुआ, जो मैं महान न बन सका।

मैं तब महान इसलिए भी नहीं बनना चाहता था क्योंकि मेरा खयाल था कि एक बार आप महान बने कि झूठ बोलने, मक्कारी करने, किसी से तू-तकार

करने, जूतम-पैजार करने पर अघोषित मगर स्थायी रूप से प्रतिबन्ध लग जाता है। यह जीते-जी चौराहे पर अपनी प्रतिमा बन जाने के समान है जो बेचारी उस कबूतर से भी अपने को नहीं बचा पाती, जो उस पर बीट कर देता है। प्रतिमा न किसी से कुछ कह सकती है, न किसी का कुछ कर सकती है। न वह धूप और लू से बच सकती है, न कबूतर-कव्वे की बीट से, न धूल-धुएँ से, न वह अपनी आँखें बन्द कर सकती है और न आँखें खोल सकती है। साल में किसी दिन अगर किसी को प्रतिमा और शहर की इज़्ज़त का खयाल आ गया तो एक बार कोई आएगा, साफ-सफाई कर जाएगा, माल्यार्पण कर जाएगा और फिर सालभर की छुट्टी! ऐसे महान बनने से ज़्यादा अच्छा है साधारण बने रहना।

लेकिन मेरा दुर्भाग्य कि एक दिन ऐसा भी आया कि मेरे ही सामने, मेरी ही उपस्थिति में मुझे ही महान कह दिया गया और मैं अवाक् हो सुनता रहा। वैसे मैं उस दिन जॉली मूड में था और कुछ हल्की-फुल्की बातें करना चाहता था मगर 'महान' बना दिए जाने के बाद ऐसा न कर पाया। जान-बूझकर मुझे मेरी हत्या करनी पड़ी और गम्भीरतापूर्वक बातें कहने का प्रयास करना पड़ा। उसके बाद हुआ यह कि कहनेवाले तो भूल गए और सुननेवाले भी भूल गए कि मैं महान हूँ मगर मुझे याद रहा कि मेरे बारे में सबके सामने कहा गया था कि मैं महान हूँ इसलिए मैं चाहे महान हूँ या नहीं हूँ, महान होने का अभिनय मुझे करते रहना पड़ता है। मैंने पहली बार अपना आत्मविश्लेषण किया कि क्या मैं वाकई महान हूँ तो मुझे स्पष्ट उत्तर मिला कि मैं नहीं हूँ। मैंने ऐसा कुछ भी नहीं किया है कि मुझे महान कहा जाए। लेकिन मैं अपने इस आत्मविश्लेषण से सन्तुष्ट नहीं था और मैंने दूसरी बार फिर से आत्मविश्लेषण किया और फिर मैंने पाया कि मैं महान नहीं हूँ। लेकिन फिर भी दिल नहीं माना और मैंने पुनः आत्मविश्लेषण किया और फिर यही निष्कर्ष निकला कि मैं महान नहीं हूँ। लेकिन मैं तब तक आत्मविश्लेषण करता रहा जब तक मैं इस निष्कर्ष पर नहीं पहुँच गया कि मैं महान हूँ और मैं खुद को इसलिए महान नहीं मानता था कि मैं वाकई विनम्र हूँ। उसके बाद कभी किसी ने नहीं कहा कि मैं महान हूँ लेकिन मैंने मान लिया कि उन्होंने मुझे इसलिए दुबारा महान नहीं कहा होगा कि मेरे मुँह पर मुझे महान कहना वे नहीं चाहते होंगे और मैं तब से कम-से-कम अपनी ओर से महान बना हुआ हूँ। कोई मुझे फिर से महान कहेगा तो मुझे प्रसन्नता होगी।

सत्य और न्याय का विजय-अभियान

यह जानकर मेरा सीना गर्व से चौड़ा हो गया है कि भारत ने दुनिया को सत्य और न्याय का जो पाठ बहुत पहले से पढ़ाया है, उस पर अमल अन्ततः पाकिस्तान जैसे देश में भी होने लगा है। भले ही वहाँ की सुप्रीम कोर्ट के मुख्य न्यायाधीश को सैनिक राष्ट्रपति के खिलाफ फैसला देने के 'अपराध' में घर में नज़रबन्द कर दिया जाता हो लेकिन उन्हीं माननीय राष्ट्रपतिजी ने जब पाकिस्तान के 'टेन परसेंट' के नाम से मशहूर जनाब आसिफ अली ज़रदारी के खिलाफ घोटालों के सारे मामलों को वापस ले लिया तो वहाँ भी यही कहा गया कि सत्य और न्याय की विजय हो गई! वैसे पाकिस्तान हमारा पड़ोसी देश है और वह कभी भारत का अभिन्न अंग भी हुआ करता था, इसलिए उसे इस बात का पूरा हक है कि वह भी हमारी तरह सत्य और न्याय के पथ पर इसी प्रकार अग्रसर होता रहे!

हमारे देश में भी जितने टेन परसेंट, ट्वेंटी परसेंट, फिफ्टी परसेंट और यहाँ तक कि जो सेंट-परसेंट हैं बल्कि जो टू हंड्रेड या थ्री हंड्रेड परसेंट तक भी हैं, वे भी जब कभी अदालत से बाहर आते हैं तो यही कहते हुए पाए जाते हैं कि अन्ततः सत्य और न्याय की विजय होकर रहेगी और उनके रिहा होते ही वह हो भी जाती है। इतनी गहरी आस्था होती है उनकी सत्य और न्याय में कि आश्चर्य भी होता है और उनसे ईर्ष्या भी होती है कि काश! हमारा भी सत्य और न्याय में ऐसा ही अटल विश्वास हुआ होता तो हम भी जेल जाकर जीवन में कुछ सार्थक कर पाते! तब पुलिस को हमारे खिलाफ कभी भी पूरे और पुख़्ता सबूत नहीं मिलते या मिलते तो फाइल ग़ायब हो जाती या रिकॉर्ड रूम ही जल जाता या सरकार को अचानक यह भान हो जाता कि अरे, इस 'भले आदमी' को तो महज़ 'राजनीतिक कारणों' से साजिश करके फँसाया गया था और वह हमें तुरत-फुरत 'ससम्मान' आरोपों से और जेल से बरी कर देती! फिर हम भी सत्य और न्याय की विजय का उद्घोष करते हुए पाए जाते! आज जो भी

सज्जन जेल भेजे हैं, उनके बयानों से यही लगता है कि वे वहाँ इसी एक पवित्र उद्देश्य को सामने रखकर जाते हैं कि किसी भी हालत में उन्हें सत्य और न्याय को विजय दिलानी है और जब यह 'विजय' हो जाती है तो वे अपने दाएँ हाथ की दो उँगलियाँ हमें दिखाते हुए विजयी मुद्रा में ऐसे बाहर आते हैं जैसे कि आस्ट्रेलिया से विश्वकप जीतकर भारत की क्रिकेट टीम आ रही हो!

वैसे सच कहें तो हमें तो अब ऐसा लगने लगा है कि हमारे देश की असली समस्या यह हो गई है कि यहाँ सत्य और न्याय को विजयी होने की जैसे लत सी पड़ चुकी है। आपने गौर किया होगा कि जहाँ देखो, इन दोनों को ही विजय हासिल होती रहती है। इन्हें पराजय का मुँह तो कभी देखना नहीं पड़ता! दूसरी तरफ असत्य और अन्याय को जहाँ देखो, सिर्फ पराजय का ही सामना करना पड़ता है! ये उनका दुर्भाग्य ज़रूर है मगर मानें तो यह हमारा सौभाग्य भी है! हम यह भी कह सकते हैं कि भई यह दरअसल स्वतंत्रता-संघर्ष के मूल्यों और लोकतंत्र की विजय है, जिसकी जड़ें हमारे यहाँ कहते हैं कि काफी गहराई तक जम चुकी हैं। यह अलग बात है कि कई बार निचली अदालत में सत्य और न्याय की एक किस्म जीतती है तो उससे ऊपरी अदालत में दूसरी किस्म और उससे भी ऊपरी अदालत में सत्य और न्याय की कोई तीसरी ही नई वेरायटी जीत जाती है लेकिन जो भी हो, खुशी की बात तो यह है कि जीतता अन्ततः सत्य और न्याय ही है, भले ही उसकी वेरायटी कोई भी क्यों न हो! इस देश में असत्य और अन्याय कभी जीत नहीं सकता, ऐसा दृढ़ विश्वास मुझे भी अब न जाने क्यों हो चला है हालाँकि कई बार लगता है कि ऐसा मुझे शायद इसलिए लगता होगा कि शायद मेरा दिमाग भी खराब हो चला है।

सत्य और न्याय की हमारे देश में विजय का एक कारण शायद यह होगा कि हमारे यहाँ जिसे देखो, वही तो चाहता है कि सत्य और न्याय की विजय हो जाए! भगवान राम के ज़माने से लेकर आज तक किसी ने कभी यह कहा है कि कम-से-कम एक बार तो असत्य और अन्याय की विजय भी हो जाने दी जाए! कभी उसे भी तो एक चांस दीजिए! नहीं कहा। हमारे देश के भ्रष्टाचारी, बलात्कारी, गुंडे, चोर, बदमाश, चालबाज, धोखेबाज तक सभी हृदय से यही चाहते हैं कि उनकी विजय हो, जो कि संयोग से सत्य और न्याय की विजय भी होगी। यहाँ तक कि हमारे देश के शरीफ लोग भी सत्य और न्याय की विजय के लिए आज भी जी-जान लड़ा देते हैं! इस तरह देश में हर कोई सत्य और न्याय की विजय को सुनिश्चित करने के पीछे पड़ा हो, वहाँ भला बेचारे असत्य और अन्याय क्या हिम्मत कि वह विजयी हो जाए! कौन होने देगा उस

ग़रीब को विजयी? क्या यह सम्भव है कि 'असत्य' और 'अन्याय' विजयी हो जाएँ और हम प्राचीन देश तथा विश्व के सबसे बड़े लोकतंत्र भारत के निवासी इस स्थिति को टुकुर-टुकुर ताकते रहें! आखिर भारत भूमि है यह! स्वर्गादपि गरीयसी है! यहाँ ऐसा कदापि नहीं हो सकता!

हमारे यहाँ सत्य और न्याय की विजय हो रही है, तभी तो देश के डेढ़ लाख किसान अभी तक आत्महत्या कर चुके हैं और आगे भी सैकड़ों इस कतार में लगे हैं! बल्कि कई तो इतने ज़्यादा उतावले हैं कि ऋण माफी के बावजूद क्यू तोड़कर भी आत्महत्या करना चाहते हैं और संयोगवश या प्रयासवश इसमें सफलता भी प्राप्त करते चले जा रहे हैं! हमारे राष्ट्र में सत्य और न्याय की पताका चहुँओर फहरा रही है, तभी तो लोग पूरी ज़िन्दगी अदालतों के चक्कर काटते रहते हैं, वकीलों को लाखों रुपए की फीस थमाते रहते हैं और एक दिन कंगाली की हालत में अदालत के बाहर किसी पेड़ के नीचे फाँसी लगाकर चुपचाप आत्महत्या कर लेते हैं! सत्य और न्याय का विजय अभियान अविराम चलता रहे इसीलिए तो पुलिस, अदालत में फर्जी गवाहों का सहारा लेती है और वकील तारीखों पर तारीखें बढ़वाते रहते हैं! सत्य और न्याय की सेवा के महान उद्देश्य से संचालित होकर ही तो पुलिसवाले ऑफ ड्यूटी में भी खाकी वर्दी में रहते हैं और नींद तक में खाकी वर्दी पहनना नहीं छोड़ते! सत्य और न्याय की विजय के लिए ही वे अपराधियों के हित में सबूत मिटाते हैं और प्रमाण नष्ट करते हैं! सत्य और न्याय के हित में ही गवाहों पर बयान बदलने के लिए पुलिस और अपराधी तत्त्व लगातार दबाव डालते रहते हैं और सफलताओं पर सफलताएँ प्राप्त करते चले जाते हैं। सत्य और न्याय की विजय के उद्देश्य को ध्यान में रखकर ही राज ठाकरे, उद्धव ठाकरे, बाल ठाकरे इत्यादि जितने भी किस्म के ठाकरे-आदि हैं, वे 'अभिव्यक्ति की स्वतंत्रता' का पूरा-पूरा 'सदुपयोग' करते हैं और परिणामस्वरूप गरीब बिहारी और उत्तर प्रदेशी सरेआम मार खाते हुए मुम्बई तथा नासिक से भागने को मजबूर होते हैं! सत्य और न्याय की विजय के प्रति गहन आस्था के कारण ही बच्चों के निर्मम हत्यारे पंढेर के खिलाफ सी०बी०आई० को सबूत नहीं मिल पाते! सत्य और न्याय का विजय अभियान चल रहा है इसलिए तो जिन्हें अन्दर होना चाहिए, वे अकसर बाहर रहते हैं और जिन्हें जीवनभर बाहर रहना चाहिए, वे अकसर अन्दर भेज दिए जाते हैं। जिन्हें ऊपर की सीढ़ी पर होना चाहिए, वे अकसर नीचे बने रहते हैं और जिनके पास रोज़गार होना चाहिए, वे अकसर बेरोज़गार बने रहते हैं और जिन्हें सड़क पर होना चाहिए, वे रोज़गार के फैवीकोल से इस कदर चिपके

हुए मिलते हैं कि उनकी मृत्यु भी कुर्सी पर होती है! वे रिटायर होना सीख ही नहीं पाते!

मित्रो, इस प्रकार सत्य और न्याय की एकपक्षीय विजय का अभियान इस भयानक गति से जारी है कि मुझे तो अब असत्य और अन्याय की सहनशक्ति पर विस्मय होने लगा है कि हमेशा हारने के बावजूद ये अभी तक, किस आशा में, अपने पैर आज तक जमाए हुए हैं! यह कैसे संभव है कि बार-बार ये हारकर भी हार नहीं मान रहे हैं! कभी-कभी तो मुझे लगता है कि ऐसे संकल्पवान, धैर्यवान असत्य और अन्याय को पुरस्कृत करना चाहिए, उनका सार्वजनिक अभिनन्दन करना चाहिए, भारत रत्न अगर न दे सकें तो पद्मभूषण, पद्मविभूषण में से कुछ-न-कुछ तो उन्हें ज़रूर देना चाहिए। लेकिन फिर लगता है कि नहीं सत्य और न्याय की विजय चूँकि हमारे यहाँ प्राचीनकाल से होती आई है इसलिए आज भी होनी चाहिए। आज भी कहा जाता है 'सत्यमेव जयते', हालाँकि इसका ग़लत अर्थ कुछ लोग यह भी लगाते हैं कि जिसकी विजय होती है वही सत्य हो जाता है और वही न्याय भी। लेकिन कुछ लोग तो जी, हमेशा से ही गड़बड़ रहे हैं! उनकी क्या परवाह करना! हमारा कर्तव्य है कि अगर हम उन्हें ठीक नहीं कर पाते तो कम-से-कम हम खुद तो ठीक हो जाया करें!

सड़क के कुत्ते

सड़क के कुत्ते ज़ाहिर है कि पालतू कुत्ते नहीं हुआ करते। सड़क ही उनकी माँ-बाप होती है। सड़क ही उनकी भाई-बन्धु-सखा होती है, इसलिए ज़ाहिर है कि कुत्ते को इतना ज़्यादा प्यार करने लग जाते हैं कि वे सड़क पर कभी भी और कहीं भी सो जाते हैं। वे समझते हैं कि सड़क उनके बाप की है और यह उनकी सज्जनता है कि वे मनुष्य नामक प्राणी की कारों-बसों इत्यादि को गुजरने के लिए जगह दे दिया करते हैं!

उन्हें इस सच का कभी पता नहीं चल पाता कि सड़क उनके नहीं, हमारे बाप की है और वह दरअसल हम हैं जो उन्हें बर्दाश्त कर रहे हैं। हम ही रहम करके उन्हें सड़क पर सोने-हगने देते हैं। लेकिन वे कुत्ते हैं—उन्हें कौन समझाए और समझाकर फ़ायदा भी क्या क्योंकि वे अन्ततः हैं तो सड़क के कुत्ते ही और अपनी इसी गलतफहमी के चलते—जो कभी दूर नहीं हो पाती—वे सड़क पर ही मर भी जाते हैं, ज़्यादातर तो दुर्घटनाओं के कारण और कभी-कभी स्वाभाविक ढंग से भी। दरअसल, जिनके पास जीने की दूसरी जगह नहीं होती, उन्हें मरने की भी दूसरी जगह कहाँ मिल पाती है! इसलिए यह ठीक ही हो रहा है कि सड़क के कुत्तों को नपुंसक बनाया जा रहा है ताकि उनकी नस्ल खत्म हो जाए और सड़क पूरी तरह हमारे बाप की हो जाए। वैसे क्या हम सबके बाप एक ही हैं? कारवाले और पैदलवाले का बाप एक हो भी कैसे सकता है जबकि उनके खुदा तक अलग-अलग हैं!

2

इतने बदतमीज होते हैं सड़क के कुत्ते कि उन्हें सड़क के कुत्ते कहकर पुकारो तो भी उन्हें फ़र्क़ नहीं पड़ता! हाँ, उन्हें कुछ दो तो उन्हें फ़र्क़ ज़रूर पड़ता है मगर न दो तो उन्हें कोई अन्तर नहीं पड़ता! वे इसका बुरा नहीं मानते बल्कि

वे किसी भी बात का बुरा नहीं मानते। दरअसल, उन्हें बुरा मानना आता ही नहीं। मान-अपमान, दुःख-सुख आदि से वे इतने ज़्यादा परे होते हैं कि लगता है कि जैसे इनके लिए वे बने ही नहीं हैं! वे किसी के बहकावे में नहीं आते, किसी को नहीं धमकाते कि कल हमारा भी अच्छा वक़्त आएगा, तब हम आपको देख लेंगे। वे किसी से अपना सुख-दुःख नहीं बाँटते और किसी से कहने नहीं जाते कि क्या एक रोटी होगी आपके पास, दरअसल हम दो दिन से भूखे हैं। वे किसी से नहीं कहते कि हम बीमार हैं और क्या हमारा इलाज हो सकता है? यहाँ 'किसी से' मतलब आदमी से ही है। इतने बदतमीज या इतने स्वाभिमानी होते हैं सड़क के कुत्ते! लेकिन यह भी है कि आपसे उन्हें कुछ मिलने की उम्मीद हो तो वे आपके पीछे पड़ जाते हैं, दुत्कारो तो भी पीछे ही पड़े रहते हैं और तब तक जान नहीं छोड़ते, जब तक कि वे खुद न समझ जाएँ कि इन तिलों में वाकई तेल नहीं है। और तब जाकर वे पूँछ हिलाना बन्द करते हैं।

इनसे तो हम ही अच्छे हैं कि हम पूँछ नहीं हिलाते क्योंकि हमारी पूँछ ही नहीं होती और होती भी है तो कम-से-कम हम उसके बारे में नहीं जानते हैं। हो सकता है कि कुत्ते जानते हों और हो सकता है कि उन्होंने हमसे ही पूँछ हिलाना सीखा हो! हम इतना ज़रूर जानते हैं कि हमें गर्दन हिलाना आता है और जहाँ हिलाना हो, वहाँ हम गर्दन तब तक हिलाते रहते हैं, जब तक कि वह टूट ही न जाए और टूट जाए तो भी निराश-हताश-परेशान नहीं होते। हम हथेली पर उस गर्दन को रखकर उस आदमी को सौंप देते हैं जिसके सामने हम गर्दन हिलाते थे। हम ऐसा इसलिए करते हैं और कर पाते हैं क्योंकि हम कुत्ते नहीं हैं और कम-से-कम सड़क के कुत्ते तो बिलकुल ही नहीं हैं। हाँ, हम पालतू कुत्ते हो सकते हैं मगर यह अलग विषय है, उन कुत्तों की अलग ही दुनिया है और उनका अलग ही महत्त्व है। उनके क्या कहने! हमें अगर रश्क हो सकता है तो उनसे हो सकता है बल्कि है, इसीलिए शायद हम सड़क के कुत्तों का मज़ाक भी बनाते रहते हैं। वैसे क्या आपको सचमुच नहीं लगता कि वे मज़ाक बनाए जाने के काबिल भी हैं? सचमुच?

3

वैसे इसमें सड़क का क्या दोष कि वह बनी नहीं कि पुरानी सड़क के कई कुत्ते वहाँ चले आते हैं और वहीं बस जाते हैं। सड़क तो कहती नहीं कि मैं बन गई

हूँ और भैया या बहना, तुम अब आ जाओ। तुम्हारे बिना मैं आधी-अधूरी हूँ, सूनी-सूनी हूँ। सड़क कभी कुछ नहीं कहती क्योंकि सड़क भी तो धरती पर ही होती है और धरती कभी कुछ नहीं कहती। इतना भी नहीं कि ऐ मनुष्यो, तुम कब तक मेरी छाती पर कितनी-कितनी सड़कें बनाते चले जाओगे, मुझ पर कितना बोझ डालते जाओगे, कितने कार, स्कूटर, ट्रक, बसें आदि चलाते जाओगे, कितना धुआँ उड़ाते जाओगे, साँस लेना कितना मुश्किल करते जाओगे, कितने कुत्तों—कितने आदमियों को कुचलते जाओगे! तुम्हारी यह प्यास कभी बुझेगी या नहीं! क्या मार ही डालोगे मुझे और खुद को भी! धरती बस इतना करती है कि धीरे-धीरे मरती जाती है। लेकिन जो बोलता नहीं, उसका धीरे-धीरे मरना तक मनुष्यों को आसानी से पता नहीं चलता क्योंकि वे आखिर मनुष्य हैं, क्योंकि वे सर्वगुण सम्पन्न भी हैं और विवेकशील भी हैं!

लगता है कि सड़क के कुत्तों ने भी काफी कुछ धरती से सीख लिया है लेकिन शायद मनुष्यों से भी उन्होंने कुछ सीखा है—जैसे भौंकना, लपकना, काटना, चुपचाप पीछे चलना, उम्मीद से देखना, पागल हो जाना, हमेशा सतर्क रहना लेकिन फिर भी सबकुछ इतना करना कि मनुष्य उन्हें कितना ही मिटाना चाहे, फिर भी मिटा न पाए। ऐसी स्थिति न आने देना कि कल सड़क पर कुत्ते ही न रह जाएँ। सुनते हैं कि इन कुत्तों ने तो ज़्यादा तैयारी कर रखी है कि कल सड़क रहे या न रहे, ये रहेंगे, भले ही सभ्य आदमी इन्हें देख कसमसाते-झुंझलाते रहें।

4

जिन्हें यह तक पता न हो कि जिस पर वे रहते हैं वह सड़क है और वे खुद कुत्ते हैं, उन्हें सड़क का कुत्ता कहा जाना ही उचित है। हाँ, उन्हें मोती, भूरी, लालू, पीलू कहो तो वे फौरन आपके पास दौड़े आते हैं। जब भी उन्हें पुकारो, वे यह ज़रूर सोचते हैं कि उन्हें खाने को मिलेगा और मोती को पुकारो तो साथ में भूरी भी चली आती है बल्कि लालू, भोलू, पीलू सब-के-सब चले आते हैं और फिर आपस में ऐसे लड़ते हैं, इस कदर झगड़ते हैं कि कई बार मन होता है कि इन्हें कुछ न दें। जो देना है, गाय को दे दें ताकि बासी रोटी से भी पुण्य लाभ हो सके!

5

कुछ लोग, खासकर गरीब और बच्चे, इतने भोले होते हैं कि सड़क के कुत्तों से भी प्यार करने लग जाते हैं। उन्हें खिलाते-पिलाते हैं, जाड़े में उनकी पीठ पर फटा-पुराना कपड़ा बाँध देते हैं ताकि उन्हें ठंड न लगे और रात में ठंड से कोई कुत्ता किंकियाने लगता है तो सोचते हैं कि यह अन्दर आने की प्रार्थना कर रहा है और अन्दर जगह न भी हो तो भी उसकी प्रार्थना ज़रूर सुन लेते हैं क्योंकि मन में डर होता है कि कहीं कल यह ग़रीब सुबह मरा हुआ न मिले! उसे कहीं घाव लग जाए तो दवा लगा देते हैं। बच्चे कुत्तों से अकसर इतने ज़्यादा हिलमिल जाते हैं कि उनकी पीठ पर चढ़ जाते हैं, जैसे वह कुत्ता नहीं उनका घोड़ा हो, उन्हें अपने पीछे ऐसे दौड़ाते हैं जैसे वह उनका भाई-बहन या कोई दोस्त हो। वे कुत्ते के साथ कभी-कभी इतनी ज़्यादती कर बैठते हैं कि बर्दाश्त न होने पर कुत्ता अपना विरोध जताने के लिए भौंकने लगता है।

गज़ब यह है कि ऐसे मनुष्य जब भूखे मरने लगते हैं तो कुत्ते भी उनके साथ भूखे मर जाते हैं क्योंकि आखिर वे सड़क के कुत्ते ही हैं न! जैसे मनुष्य की नियति, वैसी उनकी भी नियति!

चोर का आत्मस्वीकार

हम तो जी, चोर हैं। एकदम पक्के और विशुद्ध चोर। हम दिल-विल नहीं चुराते। यह हमने लौंडे-लौंडियों के ज़िम्मे कर रखा है। सच पूछो तो हमें तो जी मालूम ही नहीं कि दिल होता क्या है और उसकी चोरी कैसे की जाती है! हाँ, दिमाग़ के बारे में हमने ज़रूर सुना है कि वह होता है और बताते हैं कि हमारे पास भी वह है क्योंकि कहते हैं न कि चोरी करने के लिए एक अदद दिमाग का होना ज़रूरी होता है। वैसे लोग कहते हैं तो जी, दिल भी कोई चीज़ ज़रूर होती होगी। जब लौंडे-लौंडिया एक-दूसरे के दिल चुराने की बात करते हैं तो वे ज़रूर सच ही कहते होंगे, वे झूठ क्यों बोलेंगे?

हम चोर हैं इसलिए हम सबसे कह नहीं सकते कि जी, हमारा नाम ये है और हम पेशे से चोर हैं। हमारा प्रोफेशन ही कुछ इतना बदनाम है कि हम साफगो नहीं हो सकते। हम बढ़ई नहीं हैं कि कहें कि जी, हम बढ़ई हैं। हम क्लर्क नहीं हैं कि बाहरवालों के सामने दावा करते फिरें कि हम अफसर हैं और लोग इसे मान लें। हम सिपाही नहीं हैं कि लोग हमें जान-बूझकर 'थानेदार साहब' कहें और हम भी एक मिनट को मान लें कि हाँ, हम थानेदार ही हैं। हम चोर हैं और हम तो अपने बारे में बढ़ा-चढ़ाकर यह भी नहीं कह सकते कि हम डाकू हैं और न दूसरों से अपने को डाकू कहलवा सकते हैं। वैसे चोरी भी दरअसल एक किस्म का पेशा है, एक धन्धा है। हमारे और दूसरों के धन्धे में फर्क़ यह है कि दूसरे पेशों के लोग आपसे ज़बर्दस्ती या खुशी-खुशी आपकी जेब से पैसा निकलवा लेते हैं और आप खुद उन्हें पैसा देकर आते हैं और हमारी मजबूरी यह है कि हम आपसे कहकर, आपको बताकर आपका माल चुराने की कला नहीं जानते इसलिए चोर हैं। आप उनके बारे में तो वैसे भी यह मानकर चलते हैं कि जब इनके पास आए हैं तो ये हमारी जेब खुलेआम काटेंगे ही। इनकी क्या शिकायत करना! इनकी शिकायत की तो इनसे भी बड़े चोर के चक्कर में फँसना पड़ेगा और हो सकता है, वह चोर नहीं, लुटेरा हो और वह

हमारी जेब में किराए का एक रुपया भी न छोड़े। तो हम उन चोरों में नहीं हैं। हम तो जी, पुराने किस्म के पारम्परिक चोर हैं, जिनका वर्णन पुराने कहानी-किस्सों में सदियों से मिलता है। हम तो जी, उस तरह के चोर हैं जिन्हें आज भी चोर ही कहा जाता है और जो खुद को भी चोर ही मानते हैं। हम आपकी प्राचीन भारतीय परम्परा के रक्षक और पोषक हैं फिर भी हमीं सबसे ज़्यादा बदनाम भी हैं, जैसे समाज में सिर्फ हमीं चोर हों और बाकी तो सारे-के-सारे साहूकार हों और उन्होंने बड़ी मेहनत तथा बड़ा संघर्ष करके एक-एक पाई जोड़कर यह अमीरी हासिल की हो!

जब हम न होंगे

वैसे एक-न-एक दिन जाना सभी को है, किसी को यहाँ ठहरना नहीं है। हम भी चले जाएँगे एक दिन, आपकी, उनकी और इनकी तरह। बड़े-बड़े भी जब चले गए तो हम भी यहाँ रुककर क्या करेंगे? बताइए, राम जी तक चले गए। कृष्ण जी ने बहुत लीलाएँ कीं। वे और भी कर सकते थे। उनसे भक्तों को बहुत उम्मीदें थीं। अर्जुन को अभी वे और उपदेश दे सकते थे मगर फिर वे भी न जाने क्या सोचकर यहाँ से विदा हो गए! महात्मा बुद्ध ने भी अन्ततः निर्वाण को प्राप्त करना ही उचित समझा। देश-विभाजन से काफी दुखी होने के बावजूद गाँधी जी का इरादा आज़ादी के तत्काल बाद यहाँ से जाने का नहीं था मगर उन्हें गोली मारकर वहाँ भेज दिया गया। तो अपन किस खेत की मूली हैं! अपन भी गारंटी से जाएँगे। कोई रोकने की कोशिश करना भी मत! कोई फ़ायदा नहीं होनेवाला!

मगर अपनी समस्या यह है—जो हमसे पहले भी कई लोगों की समस्या रही है—कि अपन चले गए तो फिर यह दुनिया कैसे चलेगी? यह बात ठीक है कि दुनिया चलाने की ठेकेदारी अपने को मिली हुई नहीं है। अपन ने तो उसका टेंडर तक नहीं भरा था और भरा भी होता तो भी अपने में वह 'योग्यता' कहाँ थी कि अपना ही टेंडर खुलता, इसलिए अपने को अपनी हैसियत का अच्छी तरह पता है। फिर भी अपने को भ्रम हो जाता है कि अपन भी दुनिया चलानेवालों में से हैं। वैसे अपन दुनिया तो क्या मगर एक ऑफिस ज़रूर चलाते हैं। तो ऐसे में अपन कैसे मान लें कि अपन चले गए तो हमारा यह ऑफिस यथावत् चलता रहेगा? अपने जाने से कोई फर्क़ नहीं पड़ेगा? कोई मूर्ख ही इस दुनिया में होगा जो आसानी से अपने बारे में ऐसी बात मान लेगा!

अब वैसे तो लोग कुछ भी कहते रहते हैं। कुछ तो कहते हैं कि जब रामजी के चले जाने के बाद भी धरती का चक्का घूमना बन्द नहीं हुआ था तो तुम्हारे जाने से क्या होगा? रत्तीभर भी फर्क़ नहीं पड़ेगा। कल जाते हो तो आज चले

जाना और आज जा रहे हो तो अभी चले जाना। यह दुनिया वैसी-की-वैसी रहेगी बल्कि हो सकता है कि तुम्हारे न रहने के बाद क्या पता संयोग से यह दुनिया कुछ ज़्यादा ही तेज़ी से आगे बढ़ने लगे! वैसे तुम फिक्र करोगे तो भी क्या होगा? जब ऊपरवाला इतना 'बेरहम' हो चुका है कि वह तुम्हारे बिना यह दुनिया चलाने की कल्पना करने लगा है, तो फिर वह इसे चलाएगा ही और उसमें इतनी कुव्वत है कि वह चलाकर दिखा भी देगा। अरे! भगवान बुद्ध भी जब चले गए थे, तो यहाँ क्या हुआ था? इतना ही हुआ था न कि वे चले गए थे तो उनके पीछे-पीछे उनका धर्म भी धीरे-धीरे भारत से चला गया था। ईसा मसीह को तो इस दुनिया से जाने को मजबूर ही कर दिया गया था, जीते जी मार दिया गया था लेकिन तब भी क्या हुआ था? दुनिया उनके बिना चली और आज भी ठाठ से चल रही है और ईसा मसीह का मंत्र जाप करते हुए चल रही है।

एक समय लोग पूछा करते थे—'नेहरू जी के बाद कौन?' वे कहते थे कि नेहरू जी चले जाएँगे तो आज़ाद भारत का भट्टा बैठ जाएगा लेकिन सच यह है कि बैठते-बैठते भी आखिर पूरी तरह नहीं बैठा! उनकी जगह तुरन्त लालबहादुर शास्त्री आ गए और जब वे भी जल्दी ही चले गए तो फिर से लगा कि हाय रे दैया, अब क्या होगा, इस देश का! इसका भट्टा आज बैठे या कल, लेकिन बैठेगा ज़रूर मगर फिर से कुछ नहीं हुआ। उनकी जगह मजबूरन इन्दिरा गाँधी को प्रधानमंत्री बना दिया गया। उन्हें प्रधानमंत्री बना तो दिया गया था लेकिन सबका कहना था कि अरे, ये औरत क्या करेगी? इसे आता ही क्या है? गूँगी गुड़िया है यह। हद-से-हद यह बुजुर्ग नेताओं के इशारों पर नाचेगी। बुजुर्ग नेता इस भविष्यवाणी से खुश थे। उनका इरादा भी यही था कि इन्दिरा गाँधी उनके इशारों पर नाचे और इतनी नाचे कि जल्दी ही थककर जमीन पर गिरकर ढेर हो जाए, तब हम इसकी गद्दी पर बैठ जाएँ। लेकिन जब उस 'गूँगी गुड़िया' ने बोलना शुरू किया तो वह बोलती ही चली गई। वह इतना बोली, इतना बोली कि अच्छे-अच्छों की बोलती उसने बन्द करा दी। उसने एक समय तो ऐसी हालत कर दी कि कुछ साल तक तो पूरे देश की ही बोलती बन्द रही। शूरमाओं तक का पता नहीं चला कि वे कहाँ हैं या कहाँ चले गए हैं, बल्कि लोग शक करने लगे थे कि क्या वाकई वे शूरमा थे भी? लेकिन एक दिन उन इन्दिरा गाँधी को भी इस दुनियाा से जाना पड़ गया मजबूरी में, धोखे से। तब फिर से हाहाकार मचा कि अल्लाह, अब क्या होगा? लेकिन तब भी हुआ और आज तक हो रहा है और लगता है कि ऐसे ही यह देश चलता रहेगा। कभी अच्छा नहीं

चलेगा, तो बुरा चलेगा। कभी लड़खड़ाएगा, तो कभी तनकर भी चलेगा लेकिन चलेगा ज़रूर।

मगर मेरी समस्या देश की समस्या से काफी अलग है। यह तो विशाल देश है, उपमहाद्वीप है, जो अभी तक चल गया और उम्मीद है कि आगे भी चलता रहेगा मगर हम तो देश में मात्र एक छोटा सा ऑफिस चलाते हैं। देश बड़ी चीज़ है, ऑफिस इसके मुकाबले बहुत ही नन्ही सी चीज़ होती है और हमारा ऑफिस तो वैसे भी बेहद नन्हा है। बड़ी चीज़ें किसी-न-किसी तरह अपने दम पर चल जाती हैं, लेकिन छोटी चीज़ें छोटी होने के कारण ही कई बार चल नहीं पातीं। इस कारण हमें विश्वास नहीं है कि हमारे बाद यह ऑफिस चल पाएगा। वैसे हमसे पहले जो भूतपूर्व हुए हैं, वे भी हमारी तरह सोचते थे। सुनते हैं कि उन्हें भी कइयों ने यही समझाया था और हमें भी यही समझाया है कि इस ऑफिस को चला सकते हो तो सिर्फ तुम्हीं। इसलिए भाई, सच कहें, हमें अपने चले जाने का विशेष गम नहीं है लेकिन हमारे बाद यह ऑफिस न चले, ये हमें कतई-कतई मंजूर नहीं है। इस तरह हमें अपनी नहीं, अपने ऑफिस की चिन्ता है। ठीक वैसे ही, जैसे कि नेताओं को भी अपनी नहीं, अपने देश की चिन्ता रहती है, भले ही वह सूटकेस लेने के रूप में अपनी मौलिक अभिव्यक्ति पाती हो। नेता सबकुछ देश के लिए ही करता है, वह राष्ट्रहित में ही करता है। बँगले में रहने से लेकर हवाई जहाज में घूमने तक वह सबकुछ देश के लिए करता है, देश के वास्ते उसकी अनिवार्यता को समझकर करता है। इसी तरह हमें भी अपने ऑफिस की, अपने साथियों के भविष्य की फिक्र है, अपनी नहीं। उनके और खासतौर पर उनके बच्चों के भविष्य की चिन्ता है क्योंकि कहा जाता है कि बच्चे ही देश का भविष्य होते हैं। अब ठीक है कि हम नहीं रहे तो बाकी लोग तो रहेंगे ही और उनमें से कोई-न-कोई इस ऑफिस को भी सँभाल ही लेगा। वह सँभालने के साथ इसे चलाने की और हमसे ज़्यादा अच्छी तरह कोशिश भी ज़रूर करेगा और क्या पता उसकी खुशकिस्मती से यह चल जाए बल्कि दौड़ने लगे लेकिन आप जानते हैं कि आज के जमाने में सामान्यतः योग्य व्यक्ति मिलते ही कहाँ हैं? मिल भी गए तो टिकते कहाँ हैं? और फिर टिकते हैं तो बाकी सब सोचना बन्द कर देते हैं, सिर्फ अपने टिके रहने की फिक्र करते हैं। वैसे योग्य लोग कभी आसानी से नहीं मिलते और हम भी इन्हें बड़ी मुश्किल से ही मिले थे और वह तो चूँकि हम कहीं-न-कहीं इस दुनिया में मौजूद थे, इसलिए मिल भी गए लेकिन जब हम होंगे ही नहीं, तो आप सोचकर देखिएगा कि दिक्कत कितनी ज़बर्दस्त आएगी! लेकिन चलिए फिर भी हम कर क्या सकते हैं? सिर्फ

दुआ ही कर सकते हैं। हमारे मित्र हमें राय देने लगे हैं कि दोस्त अभी से तुम इतनी ज़्यादा चिन्ता मत किया करो। बाल तुम्हारे पहले ही सफेद हो चुके हैं। झड़ने भी लगे हैं। तुम पीछे से गंजे भी होने लगे हो। पूरे गंजे हो गए तो तुम पहचाने भी नहीं जाओगे इसलिए तुम्हारा भला इसी में है कि अपनी चिन्ता पहले करो। भविष्य की चिन्ता भविष्य के लोग कर लेंगे। हमारे-तुम्हारे बच्चे हैं न, वे कर लेंगे। न भी करें तो वे जानें। यह सही है कि वे बेअक्ल हैं। अभी बच्चे हैं। नालायक हैं लेकिन तुम्हें अच्छी तरह याद होगा कि तुम्हारे-हमारे बाप भी तुम्हें-हमें नालायक ही समझते थे, बच्चे ही समझते थे और शायद ठीक ही समझते थे क्योंकि हम थे भी नालायक और अपने बच्चों के बारे में भी हम अकसर ठीक यही नेक राय रखते हैं तो हम भी गलत नहीं करते हैं। हर पिता को यह मौलिक अधिकार प्राप्त है कि वह अपने बच्चों के बारे में ऐसी उत्तम राय रखे। उसे रखनी ही चाहिए। इसी में उसका, देश का और समाज का कल्याण है। तो वैसे हम अब कई बार यह भी सोचने लगे हैं कि यार, छोड़ो, जब अमेरिका को ही दुनिया की चिन्ता नहीं है, भगवान को तो बिलकुल है ही नहीं तो हमें-तुम्हें ही क्यों हो? दुनिया को गड्ढे में जाना हो तो जाए, हमारे ठेंगे से। मगर फिर भी दिल है कि मानता नहीं। हालाँकि दिल है भी क्या? और है तो क्या सीने में है?

हे पाठक, तुम कहाँ हो भइये!

हम-आप जैसे सामान्य लोग उसे पाने की कोशिश करते हैं, जो हासिल हो सकता हो, जैसे—पैसा, पद, प्रतिष्ठा, नौकरी, नाम आदि। लेकिन लगता है कि हिन्दी का लेखक उसकी भी तलाश में रहता है, जो कहीं है नहीं। जो ईश्वर से भी ज़्यादा अरूप, अनाम, अदृश्य है और जिसका नाम पाठक है।

हमारे एक लेखक मित्र जब लेखन की युद्धभूमि में नए-नए आए थे, तो प्रकाशकों, आलोचकों, पुरस्कारदाताओं और सम्पादकों की तलाश में भटकते रहते थे। उनसे सम्पर्क बढ़ाते थे, ताकि इनकी साहित्यिक दुकानदारी ठीक से चल सके और वे जम सकें।

उन सबने मिलकर आज की तारीख में इन्हें इतना महान बना दिया है कि पहले ये प्रकाशकों के पीछे दौड़ते थे और प्रकाशक इनकी पकड़ में नहीं आते थे, तो अब सरकारी खरीद में इनकी पुस्तकों की अपूर्व-अभूतपूर्व लोकप्रियता को देखते हुए प्रकाशक इनके पीछे दौड़ते हैं और ये पकड़ में नहीं आते। उनसे छुप्पमछई का खेल खेलते रहते हैं।

पहले ये आलोचकों की चिरौरी किया करते थे, अब आलोचक उपयुक्त अवसर ढूँढते हैं कि इनकी मिन्नत-खिदमत कर सकें, ताकि उनकी अपनी दुकान ठीक से चलती रह सके।

पहले ये पुरस्कारों के लिए भागते-दौड़ते, हाँफते-गिरते रहते थे और निर्णायकों को इस तरह कुशलतापूर्वक घेर लिया करते थे कि उन बेचारों के पास इन्हें पुरस्कार देने के अलावा कोई विकल्प नहीं बचता था। अब इनकी दुकान इतनी ज़्यादा बड़ी है, इतनी अधिक प्रसिद्ध है और साहित्य के मेन मार्केट में है कि इनके सड़े हुए माल पर से निर्णायकगण स्वयं मक्खियाँ भगा देते हैं और फिर उसे सबसे पहले पुरस्कार योग्य मानते हैं।

इन्हें इतने ज़्यादा प्रशस्तिपत्र और इतने अधिक नारियल और शॉल मिल चुके हैं कि उनके वजन से ही बेचारों की कमर झुक चली है और भविष्य में

उसके पीसा की मीनार की तरह झुकते चले जाने का खतरा बना हुआ है। मगर हिन्दी का इतना बड़ा लेखक अपनी कमर के बारे में सोचे या पुरस्कार, शॉल और चेक देनेवालों की भावनाओं का खयाल रखे? जाहिर है कि उसे इनकी भावनाओं का सम्मान ही करना पड़ता है। इस भौतिक विश्व में आखिर लेखक ही तो एकमात्र ऐसा प्राणी बचा है, जो दूसरों की भावनाओं का सम्मान करना जानता है!

तो वे दूसरों की भावनाओं की रक्षा के लिए अपनी कमर को शहीद कराने के लिए तत्पर रहते हैं। उनका कहना है कि आज़ादी के संघर्ष ने मुझे एक ही बात सिखाई है कि बलिदान करो और मैंने तय किया है कि मैं अपनी कमर बलिदान करके भी पुरस्कार-सम्मान लेता रहूँगा। उनका नारा है—'तुम मुझे पुरस्कार-सम्मान दो, मैं तुम्हारे लिए अपनी कमर का बलिदान दूँगा।'

वैसे इतने प्रशस्तिपत्रों और इतने चेकों को ग्रहण करने के बाद जीवन किसी तरह का खतरा उठाने योग्य नहीं रह जाता, लेकिन इस धराधाम पर लेखक ही ऐसा प्राणी है, जो खतरा उठाने का अभ्यस्त होता है।

तो हुआ यह कि एक दिन अचानक उन्होंने कहा कि मेरी इतनी सारी किताबें हैं, उनकी इतनी बड़ी सरकारी खरीद है, मेरे इतने आलोचक-प्रशंसक हैं, मेरे नाम इतने सारे पुरस्कार-सम्मान हैं, तो मेरे पाठक भी ज़रूर कहीं होंगे। मैं अपने इन पाठकों की तलाश करूँगा और अगर वे चाँद पर हैं, तो मैं पहले चाँद की तलाश करूँगा और अपने पाठकों को धरती पर उतार लाऊँगा। दरअसल, पाठक का प्रश्न उनके सामने इसलिए पेश आया था कि उनसे सब मिलते थे, लेकिन एक शख्स, जिसकी उन्हें सबसे ज़्यादा तलाश रहती थी, वह यानी उनका पाठक उनसे कभी नहीं मिलता था।

हमने उन्हें बहुत रोका, बहुत टोका, बहुत मनाया, बहुत समझाया, उनके पैरों तक में गिर पड़े कि महाराज, पाठक नामक इस असम्भव जीव की तलाश मत कीजिए, पछताएँगे क्योंकि यह कहीं है नहीं। वह ईश्वर की तरह अदृश्य, अश्रव्य, अगम्य, अलभ्य और न जाने क्या-क्या है। आप वैसे भी यथार्थवादी रचनाकार हैं, फैंटेसी के चक्कर में मत फँसिए। आप कल्पनाप्रवण हैं, मगर इसका मतलब यह तो नहीं कि आप रेगिस्तान की मृगमरीचिका को पानी समझ लें! पर वे बड़े लेखक थे, हमारी बात क्यों मानते! उन्होंने नहीं मानी। उनका कहना था कि मेरे पाठक हैं और इसी दुनिया में हैं और इसी देश में हैं, बल्कि इसी शहर में हैं। इस बात को मैं सिद्ध करके रहूँगा और 'यूरेका-यूरेका' चिल्लाते

हुए दौड़ पड़ूँगा, तभी तुम मानोगे। हो सकता है, बेचारों को मेरा पता न मालूम हो। लेकिन वे हैं ज़रूर और मैं उन्हें ढूँढकर रहूँगा।

और वे वाकई अपने पाठक की तलाश में एक अपरिचित के घर जा पहुँचे। उन्होंने उसके दरवाज़े की घंटी बजाई और इस प्रत्याशा में मुदित मन खड़े हो गए कि अन्दर से उनका एक रेडीमेड पाठक निकलेगा और देखते ही उन्हें गले से लगा लेगा। डर बस इसी बात का था कि कहीं वह इतने ज़ोर से उन्हें गले न लगा ले कि उनकी पीठ में दर्द होने लगे।

अन्दर से एक अदद बुजुर्ग निकले। दरवाज़े पर एक अपरिचित को देखकर उन्होंने पूछा–"क्या बेचने आए हो, भैया? साबुन, फेशियल क्रीम, शेविंग क्रीम, सेंट, हेयर डाई, कपड़े या और कुछ...क्या है तुम्हारे पास? जल्दी बताओ, क्योंकि इनमें से कुछ भी हमें नहीं चाहिए।"

हमारे लेखक मित्र ने कहा–"जी, मैं हिन्दी, जो कि एक भाषा होती है, उसका एक प्रसिद्ध लेखक हूँ और कुछ बेचने नहीं, बल्कि अपने पाठक की तलाश में आया हूँ।"

बुजुर्ग ने कहा–"पहले सभी इसी तरह बोलते हैं कि मैं बेचने नहीं आया, बहनजी या भाई साहब, बस आप तो मेरा माल देख लो। देखने के पैसे नहीं लगते। बस में कंघी बेचनेवाला भी इसी तरह पेश आता है कि खरीदना मत भैया, मगर देख तो लो और देख लो, तो कहता है, खरीद लो न भैया, आज दिन भर से मैंने कुछ नहीं खाया है। तो अपन इस लफड़े में पड़ते ही नहीं बाबा!"

लेखक ने कहा–"अजी, मैंने कहा न, मैं एक अदद राइटर हूँ और एक अदद रीडर की तलाश में आया हूँ।"

"इसीलिए आए हो न कि वह एक अदद रीडर तुम्हारी किताब खरीद ले? तुम ऐसा करो कि बाजू वाले घर में जाओ, वे लोग अंग्रेज़ी का अखबार पढ़ते हैं और हो सकता है कि हिन्दी की किताब भी पढ़ लेते हों।"

इसके साथ नमस्ते कहकर बुजुर्ग घर के अन्दर चले गए।

अब हमारे लेखक मित्र ठहरे भोले भंडारी। बुजुर्ग के बहकावे में आकर बाजू वाले मकान में घंटी बजाने पहुँच गए। उस घर से बुजुर्ग महिला निकलीं। वे उन्हें देखते ही खूब खुश हो गईं। उन्होंने कहा–"आओ-आओ, हम लोग तुम्हारा कब से इन्तज़ार कर रहे थे।"

जिस दुनिया में प्रेमी, प्रेमिका का और दुकानदार, ग्राहक का इन्तज़ार नहीं करता, वहाँ हमारा लेखक अपने इन्तज़ार की बात सुनकर स्वाभाविक है कि

भावुक हो गया और उसने सबसे पहला काम यह किया कि तुरन्त हमें मन-ही-मन गालियाँ दीं। कहा–"देखा साला जलकुकड़ा, कहता था कि मेरे पाठक नहीं हैं। फिर क्या ये तेरे बाप हैं, जो मेरा इन्तज़ार कर रहे हैं?"

खैर, लेखक मित्र ने इधर हमें गाली, उधर बुज़ुर्ग महिला ने अपने पति को आवाज़ दी–"अरे सुनते हो, ये आ गए इंश्योरेंस वाले।"

इसके पहले कि लेखक मित्र कह पाते कि वे इंश्योरेंस वाले नहीं हैं, इंश्योरेंस कराने वाले बुज़ुर्ग आ टपके। लेखक महोदय को उन्हें बताना पड़ा कि उन्हें गलत समझ लिया गया है, वे दरअसल लेखक हैं और पाठक की तलाश में आए हैं।

तब उन्हें जो जवाब मिला, वह यह था–"पाठक साहब? हाँ, पहले वे यहाँ बहुत आते थे, इधर पता नहीं उन्हें क्या हुआ है कि नहीं आ रहे हैं। कहीं बीमार न हों मगर आप अपना पता ज़रूर बताते जाओ। कभी वे इधर आए, तो मैं उन्हें बता दूँगा कि कोई लेखक साहब नामक सज्जन आपकी तलाश में आए थे।"

लेखक मित्र ने यह सुनकर अपने को इतना ज़्यादा अपमानित अनुभव किया कि लेखक और पाठक से उनका मतलब क्या और किससे है, उन्होंने उन बुज़ुर्ग को यह बताना भी ज़रूरी नहीं समझा और इतना ही कहा कि ठीक है, मैं खुद उनसे सम्पर्क कर लूँगा।

लेकिन लेखक मित्र इस तरह, इतनी जल्दी हार मानने वाले नहीं थे। आख़िर, जिसने इस दुनिया में नीलकमल जैसा बड़ा प्रकाशक ढूँढ लिया हो, प्रियवर जैसा फर्स्ट क्लास आलोचक तलाश लिया हो, सारी सरकारों के सारे पुरस्कार जिसने हासिल कर लिए हों, उसके लिए पाठक की तलाश करना कौन-सा मुश्किल काम है? ठीक है, इसमें बाधाएँ हैं, मगर बाधाओं का क्या, जीवन में आती रहती हैं और चली जाती हैं। सो उन्होंने अपनी खोज जारी रखी।

उन्होंने फिर से एक फ्लैट की घंटी बजाई। वहाँ से एक बच्चा निकला। उसने पूछा–"आप कौन हैं अंकल? आपको किसने बुलाया है?"

इतने सीधे सवाल की उन्हें उम्मीद नहीं थी, क्योंकि अपने लेखन में भी कभी उनके किसी पात्र ने किसी दूसरे पात्र से इतना सीधा-सा एक भी सवाल नहीं पूछा था। उन्होंने उस बच्चे को अपना नाम बताया, ताकि वह इससे प्रभावित हो जाए कि किससे बात कर रहा है। मगर उसने कहा–"वो तो ठीक है, पर आपको काम क्या है और किससे है?"

लेखक मित्र ने विनम्रतापूर्वक कहा—"बच्चे, मैं एक लेखक हूँ।"

उसने कहा—"वो तो ठीक है, पर मैं पूछ रहा हूँ कि आपको किससे और काम क्या है?"

लेखक मित्र कुछ बताते, इसके पहले ही वह समझ गया कि इनको किसी से कोई काम नहीं है और उसे फालतू लोगों से बात करने का शौक नहीं था, इसलिए उसने दरवाज़ा बन्द कर लिया।

लेकिन लेखक मित्र ने पाठक की तलाश बन्द नहीं की। उन्हें अपनी खोज के दौरान व्यापारी मिले, दलाल मिले, वकील मिले, नेता मिले, मजदूर मिले, किसान मिले, दलित मिले, औरतें मिलीं, लेखक मिले, आलोचक मिले, मित्र मिले, शत्रु मिले, मंत्री मिले, प्रधानमंत्री भी मिले, ईश्वर तक मिल गया, जिसके बारे में यह प्रसिद्ध है कि वह है नहीं, मगर पाठक नहीं मिला।

अपना यह दुखड़ा उन्होंने अपनी पत्नी के सामने रोया, तो वह भी स्पष्ट वक्ता की तरह पेश आई—"किसने कहा था तुमसे कि पाठक की तलाश करो? उसके बिना क्या तुम्हारा काम नहीं चल रहा है? और देखो, तुम क्या लिखते हो और क्या नहीं लिखते, इससे मुझे मतलब नहीं। यह तुम्हारा पर्सनल मामला है, जैसे कि यह मेरा पर्सनल मामला है कि मैं कितनी और कौन सी साड़ियाँ खरीदती हूँ और उनमें से कितनी और कौन सी पहनती हूँ और कितनी और कौन सी दोबारा नहीं पहनती, महीने में कितनी बार फेशियल आदि कराती हूँ, वगैरह। चूँकि तुम मेरे पर्सनल मामलों में दखल नहीं देते, इसलिए मैं भी एक आदर्श पत्नी की तरह तुम्हारे पर्सनल मामले में दखल नहीं देती और इसके लिए मैंने यह सिद्धान्त बनाया है कि मैं पढ़ने इत्यादि के लफड़े से स्वयं को दूर ही रखूँगी और मैं अपने इस सिद्धान्त पर किसी सच्चे सिद्धान्तवादी की तरह कायम हूँ। वैसे तुम्हारी अर्द्धांगिनी और तुम्हारे बच्चों की माँ होने के नाते तुम्हारी पुरस्कार की राशि की मैं पूरी-पूरी हकदार हूँ, क्योंकि घर मैं ही चलाती हूँ, तुम नहीं। समझे क्या?"

इसके बाद हमारे लेखक मित्र अपना दुखड़ा लेकर एक आलोचक के पास गए, तो उसने भी कहा कि देखो भई, सच्ची बात तो यही है कि पढ़ा तो मैंने भी तुम्हें नहीं है क्योंकि मेरे पास जितना समय है और जितनी ऊर्जा है, उसमें या तो मैं पढ़ सकता हूँ या आलोचना कर्म कर सकता हूँ। दोनों के लिए अब मेरे पास न अवकाश है और न शारीरिक सामर्थ्य। लेकिन तुम चूँकि अकसर मेरे चरणों में पड़े रहते हो, अकसर ही मुझे अध्यक्षता के अवसर दिलाते रहते हो, अकसर ही मेरी दारू आदि का कुशल प्रबन्ध करते रहते हो, इसलिए

मानवीयता के नाते और हिन्दी साहित्य में अपनी राजनीति चलाने के वास्ते मैं तुम्हारी प्रशंसा कर दिया करता हूँ और इसे मेरी कला ही समझो कि मैं आज तक बिना पढ़े तुम्हारी प्रशंसा करता रहा हूँ और तुम्हें भी अभी तक इस रहस्य का पता नहीं चल पाया। इससे तुम समझ सकते हो कि केवल तुम ही पहुँचे हुए लेखक नहीं हो, मैं भी पहुँचा हुआ आलोचक हूँ।

अन्ततः लेखक मित्र ने एक दिन हमें यह सारा प्रसंग सुनाया और हताशा में हमसे कहा—"इस दुनिया में तुम्हीं मेरे अकेले पाठक हो।"

हमने कहा—"हाँ, ज़रूर हूँ, लेकिन उतना ही अच्छा पाठक हूँ, जितने तुम मेरे हो।"

"क्या कहा तुमने? क्या यह सच है?"

जिस तरह उन्होंने अपना अन्तिम वाक्य कहा था, उससे लगा था कि कहीं उनके प्राण-पखेरू न उड़ जाएँ मगर आज ही शाम को संयोग से साहित्य में उनके महनीय और सराहनीय योगदान के लिए उन्हें पुरस्कृत किया जाना था, इसलिए प्राण-पखेरुओं ने उड़ना पसन्द नहीं किया।

उन्होंने कहा—"चलो छोड़ो यार, इन बातों को। मगर शाम को तो तुम मेरे सम्मान समारोह में आ रहे हो न?"

अच्छा है कि आज कोई प्रेमचन्द नहीं है

वे बिलकुल सही कहते हैं कि आज हमारे बीच कोई प्रेमचन्द नहीं है। हमने भी सूरज की रोशनी में और बिजली के अँधेरे में देखा है कि वाकई हमारे बीच आज कोई प्रेमचन्द नहीं है।

फ़र्क़ यह है कि उन्हें इस बात का बहुत अफसोस है और हमें नहीं है क्योंकि हम जानते हैं कि हमारे बीच कोई प्रेमचन्द ही नहीं बल्कि कोई सूरदास और कोई तुलसीदास भी नहीं है, कोई 'उड़गन' केशवदास तक नहीं है। हमें यह भी पता है कि हमारे बीच आज कोई महात्मा गाँधी, सुभाषचन्द्र बोस, भगत सिंह और जवाहरलाल नेहरू भी नहीं है। राम और कृष्ण तो बहुत पहले इस दुनिया से कूच कर चुके थे, अब तो उनके नाम पर बने सिर्फ मन्दिर ही बचे हैं।

हम सोचते गए और हमें याद आता गया कि हमारे बीच आज इन जैसा भी कोई नहीं है और उन जैसा भी कोई नहीं है। अन्त में हम इस नतीजे पर पहुँचे कि जो पहले थे, उन जैसा तो आज कोई भी नहीं है मगर विष्णु नागर, तुम क्या करोगे, तुम तो आज ही हो! तो या तो तुम बैठकर रोने लगो कि हाय, जब इस युग में महात्मा गाँधी और प्रेमचन्द नहीं हैं और विवेकानन्द तथा रवीन्द्रनाथ टैगोर भी नहीं हैं तो फिर हमीं क्यों हैं और जाकर आत्महत्या कर लो या मान लो कि हमेशा ही ऐसा हुआ है कि जो पहले थे, वे बाद में नहीं रहे और उन जैसे बाद में कोई हुए भी नहीं। आज भी जो हैं वे कितने ही गए-बीते क्यों न हों मगर कल वे भी और उन जैसे भी नहीं रहेंगे।

खैर, हम विषय से भटक रहे हैं। हाँ, तो यह तो सवा सौ टका सच है कि आज हमारे बीच कोई प्रेमचन्द नहीं है। अब हमारे बीच कोई प्रेमचन्द नहीं है तो प्रश्न यह है कि इस स्थिति में हम क्या करें? इसी तरह हमारे रूसी मित्र भी क्या करें, उनके बीच भी तो आज कोई टालस्टाय नहीं है और हमारे चीनी भाई भी क्या करें, उनके बीच भी तो आज कोई लू शुन नहीं है और हमारे अमेरिकी दोस्त भी बेचारे क्या करें, उनके बीच भी तो आज कोई अर्नेस्ट हेमिंग्वे

नहीं है! समस्या विकट है और साथ ही विश्वव्यापी भी है और संयुक्त राष्ट्र इराक-ईरान, आतंकवाद आदि मामलों में इस कदर फँसा हुआ है कि उसके पास इस तरह के सवालों के बारे में विचार करने और प्रस्ताव पारित करने तक की फ़ुर्सत नहीं है!

इस स्थिति में विकल्प यही है कि कुछ ऐसा किया जाए कि हर समय और हर देश में वहाँ के महानतम लेखकों जैसे ही दूसरे महान लेखक हमेशा पैदा होते रहें यानी महान लेखक पैदा करने की एक फ़ैक्टरी हो। दूसरा विकल्प यह है कि इनके क्लोन बनाए जाएँ ताकि ये क्लोन उनकी तरह महान लेखन कर सकें! लेकिन सच्चाई यह है कि विज्ञान का विकास तो बहुत हुआ है मगर इतना भी नहीं हुआ है कि यह सम्भव हो सके। इसलिए न कोई ऐसी फ़ैक्टरी लग सकती है, न ऐसे क्लोन बन सकते हैं। तब सिर्फ यही हो सकता है कि जो प्रेमचन्द नहीं हैं, उन्हीं से काम चलाया जाए। मसलन हिन्दीवाले अमरकान्त, श्रीलाल शुक्ल, कुँवर नारायण वगैरह से काम चलाएँ और ऐसा भी नहीं है कि इनसे काम चलाया ही नहीं जा सकता! अरे जब मंत्री और आई.ए.एस. अफसर तक भूतपूर्व होने के बाद रिश्वत, बँगले और सरकारी कार के बगैर काम चला लेते हैं तो हिन्दी के लेखक-आलोचक ही क्यों किसी प्रेमचन्द के बिना काम नहीं चला सकते? समस्या यह भी है कि मान लो, इस बीच वाकई कोई दूसरा प्रेमचन्द पैदा ही हो गया तो वह भी प्रेमचन्द की तरह कम-से-कम ढाई सौ कहानियाँ तो ज़रूर ही लिखेगा और वे चूँकि आज के प्रेमचन्द की कहानियाँ होंगी तो उन्हें आज के सभी आलोचकों, साहित्यकारों, प्रध्यापकों, छात्रों और यहाँ तक कि सामान्य पाठकों को भी पढ़ना पड़ेगा। नया प्रेमचन्द आधा दर्जन उपन्यास भी ज़रूर लिखेगा क्योंकि पुराने प्रेमचन्द ने भी ऐसा ही किया था और इसलिए उन्हें भी पढ़ना पड़ेगा। नए प्रेमचन्द, राजेन्द्र यादव के बाद अब 'हंस' तो क्या ही सम्पादित करेंगे मगर जिस भी पत्रिका को वह सम्पादित करेंगे, उसके तमाम अंक भी लेखकों-आलोचकों-पाठकों को पढ़ने पड़ेंगे। वह जो भी लेख-निबन्ध आदि लिखेंगे, उन्हें भी पढ़ना पड़ेगा। यहाँ तक कि वे कोई अधूरा उपन्यास लिखकर चले जाएँगे, तो उसे भी पढ़ना पड़ेगा या यह नाटक तो करना ही पड़ेगा कि हमने उनका लिखा हुआ सबकुछ पढ़ा है और केवल नए प्रेमचन्द को पढ़ना ही नहीं पड़ेगा बल्कि उनकी कीर्ति भी गानी पड़ेगी मगर समस्या यह है कि आज लोगों को अपनी तारीफ़ करने या कराने से ही फ़ुर्सत नहीं है तो वे आज के प्रेमचन्द की तारीफ़ कैसे, कब और क्यों करेंगे? इसलिए मेरा मानना है कि लोग आसानी से यह तो कह देते हैं कि हमारे बीच आज कोई प्रेमचन्द नहीं है लेकिन

कोई प्रेमचन्द पैदा हो गया तो उससे क्या-क्या समस्याएँ पैदा हो जाएँगी, इस पर बिलकुल विचार नहीं करते। वैसे लोग खुद प्रेमचन्द को ही कितना पढ़ते हैं, जो नए प्रेमचन्द को पढ़ेंगे? कितने लोग अपने सीने पर हाथ रखकर कह सकते हैं—और इसमें वे भी शामिल हैं जो हर चौथे दिन प्रेमचन्द के गीत गाते रहते हैं—कि उन्होंने प्रेमचन्द को सम्पूर्ण रूप से पढ़ा है? इसलिए मैं तो मानता हूँ कि यह आलोचकों और कुंजी लेखकों समेत सभी लेखकों का सौभाग्य है कि आज हमारे बीच गलती से भी कोई प्रेमचन्द नहीं है क्योंकि होता तो वह दूसरों के लिए समस्याएँ ही समस्याएँ पैदा करता। सबसे पहले तो वह प्रेमचन्द के लिए ही चुनौती बन जाता और उसका प्रेमचन्द के लिए चुनौती बन जाना आखिर किस आलोचक, किस सम्पादक, किस (कुंजी) लेखक और किस प्राध्यापक को सुहाता ? फिर उसे स्कूल से लेकर कॉलेज तक के तमाम पाठ्यक्रमों में लगाना पड़ता, उस पर किस्म-किस्म के ढेरों ग्रन्थ लिखने पड़ते। यह काम क्या कम मुश्किल है? इस तरह वह नया प्रेमचन्द, प्रेमचन्द की जमीजमाई कुर्सी को तो थोड़ा ही हिलाता, मगर प्रेमचन्द के नाम पर जो तमाम कुर्सियों पर तमाम विद्वान आदि किस्म के प्राणी जमे हुए हैं, वे ज़रूर सम्पूर्ण रूप से हिल जाते। हिल क्या जाते, शायद नीचे ही गिर जाते। और मान लो, ईश्वर हर दसवें वर्ष प्रेमचन्द पैदा करने लग जाता तो देश की समस्याएँ तो जातीं भाड़ में, साहित्य में ही इससे इतनी ज़्यादा समस्याएँ पैदा हो जातीं कि अभी तो लेखक, दूसरे लेखकों का चरित्रहनन करनेवाली कहानियाँ-कविताएँ लिखने के बावजूद विश्व-देश-समाज आदि की समस्याओं के बारे में भी लेखन कर लिया करते हैं मगर तब लोग साहित्य की समस्याओं से इस कदर उलझ जाएँगे कि उसी के बारे में साहित्य लिखा करेंगे।

इसलिए भाइयो, मैं तो बहुत ही खुश हूँ कि हिन्दी में न केवल आज कोई प्रेमचन्द नहीं है बल्कि फणीश्वरनाथ रेणु भी नहीं है, निराला भी नहीं है और मुक्तिबोध तो खैर है ही नहीं। रामचन्द्र शुक्ल भी नहीं है और हजारीप्रसाद द्विवेदी भी नहीं है। हरिशंकर परसाई भी नहीं है और शरद जोशी भी नहीं है। ये सब होते तो भाइयो, मेरा और मेरे जैसे छुटभैयों का क्या होता! हमारा खाता कैसे खुलता? इसलिए प्लीज, हमारे बीच कोई प्रेमचन्द नहीं है, इसकी रट बिलकुल मत लगाओ। कहीं किसी सनकी लेखक ने यह चुनौती स्वीकार कर ली और वह बनते-बनते प्रेमचन्द बन ही गया, तो सारा स्पेस वही खा जाएगा। तब हम, जो प्रेमचन्द नहीं हैं और न होंगे कभी, वे क्या करेंगे?

जय हो हिन्दीवालों की

मैं हिन्दी जगत के तमाम धुरन्धरों से शत-प्रतिशत सहमत हूँ कि आज़ादी के पिछले साठ सालों में हिन्दी ने वाकई उल्लेखनीय प्रगति की है। इतनी ज़्यादा प्रगति की है कि वह राष्ट्रभाषा से राजभाषा बनकर रह गई और अब हिंग्रेजी के नए अवतार में जनता के सामने पेश है। इसलिए उसे अब देश से निकालकर संयुक्त राष्ट्र में प्रतिष्ठित करने की तैयारी हो रही है। उसके सेवक विमान भर-भरकर न्यूयॉर्क ले जाए जा रहे हैं। हिन्दी को दिलों से निकाला जा रहा है लेकिन देवालयों में प्रतिष्ठित किया जा रहा है। उसे स्कूलों से दफा किया जा रहा है मगर उसे बाज़ार की सेवा में लगाकर बल्ले-बल्ले किया जा रहा है। उसने आज़ादी के इन 60 वर्षों में सचमुच इतनी अधिक प्रगति कर ली है कि हिन्दी के अखबारों को अब मजबूर होकर अपने पाठकों को अंग्रेज़ी पढ़ानी पड़ रही है। उसने इतना ज़्यादा विकास कर लिया है कि जब देश में सूखा पड़ता है या बाढ़ आती है या ठंड से लोग मरते हैं या किसान आत्महत्या करते हैं या दलित औरतों पर बलात्कार होते हैं तो हिन्दी के टीवी चैनलों को अपने दर्शकों को इन खबरों से बोर होने से बचाने के लिए अभिषेक बच्चन-ऐश्वर्या राय की शादी या राखी सावन्त के 'किस' या लक्मे फैशन शो की चर्चा करनी पड़ती है क्योंकि देश में सूखा, बाढ़ और ठंड, इनसे लोगों का मरना शाश्वत है लेकिन बिग बी की इकलौती सन्तान की शादी भगवान ने चाहा तो इस जीवन में सिर्फ एक बार होगी और राखी सावन्त भी 'किस' पर बार-बार हंगामा नहीं करेगी। हिन्दी ने वाकई बहुत प्रगति की है कि अब हिन्दी के मीडिया के लिए देश में दलित, बेरोज़गार और गरीब नहीं बचे हैं इसलिए उसे सेक्स और सेंसेक्स की, भूतों और प्रेतों की चिन्ता करनी पड़ती है। हिन्दी ने पिछले साठ सालों में इतनी प्रगति की है कि साठ करोड़ लोगों की इस भाषा के उपन्यास का पहला संस्करण अब 1,100 भी नहीं छपता, 300 छपता है और वह सुनहरा दिन भी जल्दी आ सकता है जब 100 छपने लगेगा और उसका हर लेखक अपने को प्रेमचन्द समझने लगेगा।

हिन्दी ने इतनी प्रगति की है कि अब उसकी फिल्मों से रोजी-रोटी कमाने वाले उसे बोलना अपनी तौहीन समझने लगे हैं और वे यह कहते हुए बिलकुल नहीं हिचकते कि 'माफ कीजिए, मुझे हिन्दी नहीं आती।' उसके पत्रकार यह बताते हुए कतई नहीं घबराते कि उन्होंने पन्द्रह या बीस सालों से कोई किताब नहीं पढ़ी है। उसके लेखक किताबें लिखना अपना कर्तव्य समझते हैं और दूसरे की किताबें पढ़ना अपने वक़्त की बर्बादी। उसके प्रकाशक, लेखक की रॉयल्टी डकारकर करोड़पति बनना अपना पुनीत कर्तव्य और रिश्वत खिलाकर पुस्तकें सरकारी गोदामों में सड़वाना अपना नैतिक दायित्व मानते हैं। उसमें कवि सम्मेलन का मतलब है फूहड़ हास्य सम्मेलन। उसमें गम्भीरता से बातें करना बेवकूफी तथा फूहड़ता और दम्भ का सार्वजनिक प्रदर्शन करना बुद्धिमानी है। हिन्दी ने इतनी प्रगति कर ली है कि उसमें अब जिन्दा आदमियों की कम, भूत-प्रेतों की ज़्यादा चर्चा होती है। उसमें टैक्स से ज़्यादा सेक्स की और महँगाई से ज़्यादा सेंसेक्स की चर्चा होती है। उस हिन्दी को प्रणाम है जिसमें पिछले साठ सालों में थीसिस के नाम पर हर साल विश्वविद्यालय ने पूरी गम्भीरता से जितने विशुद्ध कूड़े का उत्पादन किया है, उसे साफ करने में कई पीढ़ियाँ लगेंगी। जिस भाषा में राजभाषा के नाम पर सरकारी विभागों द्वारा अथाह अपठनीय और भ्रष्ट अनुवाद कराने की विकट और अविकल परम्परा हो, जिसमें प्रचंड मूर्खता और विकट वाचालता को विद्वता का पर्याय समझा जाता हो, वह भाषा अवश्य संयुक्त राष्ट्र की भाषा बनने के योग्य है और एक हिन्दी लेखक के नाते इसे मेरा पूरा समर्थन प्राप्त है।

भारत एक बाज़ार है

भारत कभी एक देश हुआ करता था, आजकल एक बाज़ार हो चुका है, बहुत बड़ा और बहुत चमकीला बाज़ार। इतना बड़ा बाज़ार कि दुनियाभर में जिसके पास जो भी बेचने के लिए है, वह यहाँ हाँफता-दौड़ता अपना माल लेकर चला आ रहा है ताकि कहीं इतनी देर न हो जाए, कि भारत फिर से एक देश बन जाए! उसके माल को आप खरीदना न चाहें तो वह आपकी बीवी-बच्चों को पटा लेगा, आपके बूढ़े माँ-बाप के चरणों में गिर पड़ेगा कि 'पापाजी-मम्मीजी, आप इन्हें अब तो समझा लो।' आप सरेबाज़ार उसकी बात नहीं मानेंगे तो वह आपको, आपके परिवार के लोगों को, आपके पूरे खानदान को मनाने के लिए आपके घर के ड्राइंगरूम में 'सादर' घुस जाएगा, आपके बेडरूम में आपके और आपकी बीवी के बीच जगह बना लेगा, बच्चे के स्कूल में घुस जाएगा, उसकी कल्पना के पंख बनकर आपको अंगूठा दिखाएगा! वह आजकल एक की कीमत में दो-तीन-चार तक देने के वायदे कर रहा है, प्रतियोगिता के नाम पर अपना माल नमूने के तौर पर आपके घर मुफ़्त में पहुँचा रहा है, हज़ार रुपए का सामान खरीदने पर आपको लॉटरी के जरिए कार आदि देने का प्रलोभन दे रहा है, हवाई टिकट आपको महज़ 100-50 रुपए में दे रहा है, लोन आपके मुँह में ठूँस रहा है। आप उसकी बात अखबार और टीवी के जरिए नहीं मान रहे हैं तो वह मोबाइल के जरिए आप तक पहुँच रहा है। यहाँ तक कि अब तो वह सपनों को प्रायोजित करके भी आने लगा है! वह आपको अपना माल खरीदवाकर ही छोड़ता है—चाहे इसके लिए आपको उधार लेना पड़े, भूखा रहना पड़े, अपनी इज़्ज़त-आबरू के साथ समझौता करना पड़े, चोरी करनी पड़े, डाका डालना पड़े, फिरौती माँगनी पड़े, गला काटना पड़े, दलाली करनी पड़े, हत्या करनी पड़े, घोटाला करना पड़े। ये चमकीली दुकानें, ये इतने बड़े-बड़े मॉल उसने इसलिए थोड़े ही खोले हैं कि आप वहाँ जाकर अपना फुर्सत का वक़्त काटें, अपनी आँखें तृप्त करें और घर वापस लौट आएँ! बाज़ारवाले इतने भोले नहीं हैं और समझ

लीजिए कि आप इतने होशियार भी नहीं हैं कि इस बाज़ार से किनाराकशी कर सकें!

भारत एक बाज़ार है। यहाँ कुछ भी बेचा जा सकता है और कुछ भी ख़रीदा जा सकता है। जहरीले कचरे से लेकर हथियार तक, बम से लेकर मिसाइल तक, कार से लेकर हवाई जहाज तक, भावनाओं से लेकर विचार तक, विनम्रता से लेकर अक्खड़पन तक। भारत एक बाज़ार है जहाँ वैसे तो अभी भी एक सरकार होती है मगर वह भी यही सोचती है कि इस देश में इनसान नहीं बसते, सिर्फ ख़रीददार बसते हैं और जो ख़रीददार नहीं हैं, वे इनसान भी कैसे हो सकते हैं और जो इनसान नहीं हो सकते, वे भला भारत के नागरिक भी कैसे माने जा सकते हैं! उनके बारे में सोचना और करना उसका दायित्व कैसे हो सकता है? हजारों सालों से यहाँ रहने से, इसी माटी में जन्म लेने से, यहीं पर मर जाने से थोड़े ही कोई यहाँ का इनसान और यहाँ का नागरिक हो जाता है, जब तक कि वह एक अच्छा ख़रीददार बनकर न दिखा दे! भारत एक बाज़ार है, यहाँ सबकुछ बिकता है, करोड़ों रुपयों में क्रिकेट खिलाड़ी और दस-बीस रुपए में बल्कि सिर्फ दो रोटियाँ और एक कच्चे प्याज में मेहनतकश इनसान भी, जिन्हें बिककर इतना भी नहीं मिलता कि वे अगले दिन की मेहनत करने के लिए ज़रूरी ताकत तक जुटा सकें ! यहाँ लोगों की पूरी ज़िन्दगियाँ बेच दी जाती हैं और खरीद ली जाती हैं और वह भी कई बार तो बिलकुल मुफ़्त में! उनकी एक-एक साँस, एक-एक हड्डी, उनके शरीर के मांस का एक-एक टुकड़ा तक इस तरह खरीद लिया जाता है। उनके बच्चे आसानी से खरीद लिए जाते हैं और उनके बुजुर्ग भी, उनकी माँ-बहनें भी, उनका खून-पसीना भी और उनकी किडनियाँ भी! उनका आत्मस्वाभिमान तो ऐसे खरीद लिया जाता है, जैसे वह पानी की एक बोतल हो, बल्कि पानी की बोतल तो फिर भी मुफ़्त में नहीं मिलती, आत्मस्वाभिमान तो मुफ़्त में भी खरीद लिया जाता है! उनकी खुशी, उनके आँसू तक खरीद लिए जाते हैं लेकिन कभी यह भी होता है कि भूख से तड़पते ये इनसान सुबह से शाम तक बिकने के लिए खड़े रहते हैं मगर कोई ख़रीददार उनकी तरफ देखना तक मंजूर नहीं करता! इनसानों की मंडियों में यह दृश्य इतना आम है कि अब न खरीदनेवाले को और न बिकनेवाले को, इस पर कोई आश्चर्य होता है और बिकना चाहनेवाले को तो न बिकने पर निराशा तक नहीं होती, चाहे उस दिन उसके घर का चूल्हा तक न जला हो, चाहे भूख से बिलबिलाते बच्चे माँ-बाप की मार खाकर सो गए हों और चाहे माँ-बाप बच्चों को इस तरह सुलाने के बाद रातभर रोते रहे हों!

भारत एक बाज़ार है, यहाँ अमीरी तो बिकती ही है मगर बेचनेवाला होशियार हो तो वह दूसरों की गरीबी बेचकर भी अमीर हो जाता है। यहाँ झुग्गी-झोंपड़ियों का टूरिज्म भी कराया जाता है जनाब और भूखों का लोकनृत्य भी। यहाँ पैसेवाले लोग शरीर, दिमाग, आत्मा सब बेच देते हैं और इस प्रकार विश्व के इतने बड़े अमीर बन जाते हैं कि खुद अपने को भी पहचान नहीं पाते! दूसरी तरफ जो पैसेवाले नहीं हैं, वे कई बार इतने सड़ियल निकलते हैं कि मरते मर जाते हैं मगर अपना फटा चीथड़ा तक बेचने को राजी नहीं होते! यहाँ अमिताभ बच्चन और शाहरुख खान, सचिन तेन्दुलकर और महेन्द्र सिंह धोनी, प्रधानमंत्री, मुख्यमंत्री, वित्तमंत्री तक सब सार्वजनिक रूप से बिकने को तैयार बैठे हैं, बस उन्हें ठीकठाक ख़रीददार मिलना चाहिए। वैसे इनके ख़रीददार हैं बहुत और बहुत बड़े-बड़े हैं और इन्हें अकसर अपनी अच्छी कीमत मिल भी जाती है! करोड़ों तो ये तेल-साबुन बेचकर, शादी में ठुमके लगाकर कमा लेते हैं।

भारत एक बाज़ार है, यहाँ खिलाड़ियों की बोली लगती है, जैसे वे किसी अमीर घर के फर्नीचर हों जबकि फर्नीचर तो ऊँची कीमत मिलने पर अपनी खुशी जाहिर नहीं कर पाता मगर खिलाड़ी बिककर बल्ले-बल्ले करते हैं। जैसे जीवन में इसी दिन की उन्हें प्रतीक्षा थी, जैसे इसी के लिए उन्होंने यह शरीर-रूपी चोला धारण किया था। यही था, जिसे पाने के लिए उन्होंने गेंद-बल्ला पकड़ा था! जैसे बोली में अच्छी कीमत पर बिककर ही वे अपने देश, अपने प्रदेश और अपने माँ-बाप का नाम रौशन कर सकते थे!

भारत एक बाज़ार है, यहाँ सबकुछ बिकता है और सबकुछ में सचमुच सबकुछ शामिल होता है। यहाँ प्यार भी बिकता है और नफरत के दाम उससे भी ज़्यादा मिलते हैं। यहाँ परम्परा भी बिकती है और आधुनिकता भी उससे कम दाम पर नहीं बिकती। यहाँ धर्म बिकता है और साथ में धर्म की राजनीति मुफ़्त में मिल जाती है, 'एक खरीदोगे तो दूसरा मुफ़्त मिलेगा' की तर्ज पर। यहाँ न्याय तो बिकता ही है मगर अन्याय उससे ज़्यादा कीमत पर बिकता है। यहाँ देशभक्ति काफी ऊँची कीमत पर बिकती है, इतनी ऊँची कीमत पर कि उससे कोई दूसरा देश तक खरीदा जा सकता है! यहाँ हिन्दुत्व के पाखंड की तो बारहों महीने 'सेल' लगी रहती है। कई अपनी बेईमानी को भी बड़ी ईमानदारी से बेच लेते हैं और कई अपनी ईमानदारी की कीमत इतनी ज़्यादा वसूल कर लेते हैं कि बेईमान भी सोचने लगता है कि काश, मैं भी ईमानदार हुआ होता तो आज कितने फायदे में रहता! कुछ लोग अपने आँसुओं को बेचने का धन्धा बहुत

आराम से और बड़े यकीन के साथ करते हैं और कुछ को अपनी नकली हँसी के भी मोटे आसामी मिल जाते हैं, उनकी एक-एक हा-हा और एक-एक ही-ही, एक-एक और दो-दो लाख तक की होती है, वैसे दस लाख की भी हो तो, अपने को क्या पता! भारत एक बाज़ार है। यहाँ दया, करुणा, ममता, स्नेह, भ्रातृत्व आदि का भी व्यापार चोखा चलता है और कुछ लोग घृणा, दुःख, निराशा, दुश्मनी, ईर्ष्या-द्वेष को खेल-खेल में बेच लेते हैं। कुछ लोग गाँव को स्वर्ग बताकर उसे बेच लेते हैं तो कुछ लोग शहर को नर्क बताकर इसका भी बढ़िया धन्धा कर लेते हैं।

भारत एक बाज़ार है और कुछ लोग यहाँ बचपन की स्मृतियाँ बेचते रहते हैं और कुछ लोग बुढ़ापे की बीमारियाँ बेचने में उस्ताद हो चुके हैं। कुछ लोग 'हाय-हाय' बेच लेते हैं और 'वाह-वाह' तो बाज़ार के आविष्कार के समय से ही खूब बिकती आ रही है। कुछ लोग झुक-झुककर सलाम करना बेच लेते हैं और कुछ लोग तनकर खड़े रहने को भी इस तरह बेच लेते हैं कि लगता है कि दरअसल, इन्हें तनकर खड़े रहते समय भी यह पता था कि यह एक बिकाऊ माल साबित होगा, आगे चलकर यह खूब ऊँचे दाम पर बिकेगा, इससे खूब माल कटेगा, इसलिए अभी इसे कोल्ड स्टोरेज में सुरक्षित रख देना है!

कोई धर्मार्थ अस्पताल बनाकर उसे बेचता है, कोई परमार्थ स्कूल बनाकर यही सोणा काम करता है। कोई अन्धविश्वास बेचता है, कोई बॉडी बिल्डिंग, कोई नंगई, कोई गुंडई, कोई जाति, कोई धर्म, कोई प्रादेशिकता, कोई देशजता, कोई विनम्रता और कोई दम्भ भी बेच लेता है। कोई निर्ल्लजतापूर्वक लज्जा बेच लेता है, कोई लज्जा का नाटक करके निर्लज्जता को उससे भी दस-बीस गुने ज़्यादा दाम पर बेच लेता है। कोई सुरमे की तरह सज्जनता बेचता-फिरता है, कोई सब्ज़ी की तरह दुर्जनता, कोई अपना कुरकुरापन, तो कोई अपना फुसफुसापन बेच लेता है और सबको यह सन्देश देता फिरता है कि आदमी को हर हाल में खुश रहना आना चाहिए और आदमी कुछ भी खरीदकर और कुछ भी बेचकर खुश रह सकता है और इस देश में फालतू में 'भावुक' होने से काम नहीं चलता बल्कि बिगड़ जाता है। कोई अपनी नमकीनी, तो कोई अपना फीकापन भी बेच लेता है। अपनी खुशी बेचकर तो बहुत लोग कमा ही रहे हैं मगर अपनी उदासी, अपनी ऐकान्तिकता, अपनी आध्यात्मिकता बेचकर भी कई लोग बढ़िया दाम वसूल कर रहे हैं। कोई ज्ञान का बघार लगाकर उसे ठेले पर बेच रहा है, तो कोई संवेदना को हाट में बेच रहा है। भावुकता तो पहले से ही काफी बिकाऊ है, अब पत्थरदिली भी एक बिकाऊ माल बन चुकी है और

काफी बड़ा मुनाफा दे जाती है। कोई अपनी पतली कमर को, तो कोई अपने बालों भरे सीने को ही बेच रहा है। कोई मोटापा, तो कोई छरहरापन बेच रहा है। कोई अपने सिर पर किसी और की टोपी रखकर अपने को बेच रहा है तो कोई रूमाल की तरह अपना गंजापन चौराहे-चौराहे बेच रहा है। किसी की हँसी नहीं बिकी, तो उसने अपना चिड़चिड़ापन बेचना सीख लिया है और आज वह करोड़पति बन चुका है। कोई अपना कमीनापन भी सज्जनता के दाम पर बेच रहा है। कोई अपना व्यंग्य बेच रहा है, तो कोई कविता। कुछ तो जनाब, कफ, खाँसी, कान का मैल, पसीना और जनाब, माफ करें, कुछ लोग तो शरीर के निचले हिस्से से बाहर आनेवाला तरल और ठोस पदार्थ बेचने की कला में भी निपुण पाए गए हैं। वैसे जब लोग कब्ज़ और दस्त के दाम भी वसूल रहे हैं तो कोई बिकने से आखिर बचे भी कब तक, हालाँकि कुछ लोगों की हस्ती इतनी बड़ी हो चुकी है कि आजकल वे बेचनेवालों को खरीदने का धन्धा कर रहे हैं। कई ऐसे भोले-भंडारी हैं कि जिन्हें बार-बार बिककर भी यह पता नहीं चल पाता या खुद को यह पता नहीं चलने देते कि उन्हें खरीदा जा चुका है, कि वे स्वतंत्रता की जो तथाकथित साँसें ले रहे हैं, वे भी दरअसल उनके लिए किसी ने, किसी से खरीदकर रखी हैं ताकि किसी दिन वे उनकी इस गलतफहमी या इसके अभिनय को भी बेच सकें!

भारत चूँकि एक बाज़ार है इसलिए यहाँ का एक ही नियम है कि या तो खुद को बेचो या खुद को खरीदवा लो। यहाँ सिर्फ मजदूरों की मंडी नहीं लगती, जहाँ खरीददार अपने माल को देखता, तौलता, मापता, ठोंकता-बजाता, सूँघता है और नमूने लेता है बल्कि यहाँ सबकी मंडी लगती है—वह चाहे अपने को बड़े-से-बड़ा तुर्रम खाँ क्यों न समझता हो! कुछ लोग न बिकने का अभिनय जीवनभर सिर्फ इसलिए करते रहते हैं कि जिससे एक दिन बाज़ार खुलने के साथ उन्हें यह पता चले कि उनका भाव आज कितना नीचे चला गया है या आज कितना ऊपर उठ चुका है और जिस दिन उन्हें अपनी अच्छी मार्केट वैल्यू मिल जाती है तो वे आसानी से बिक जाते हैं। बहुत पहले एक फिल्मी गाने में किसी गीतकार ने कहा था कि 'यहाँ तो हर चीज़ बिकती है, बाबूजी, तुम क्या-क्या खरीदोगे'! गनीमत थी कि उस गीतकार को यह पता था कि यह गीत उसने बेचने के लिए लिखा है इसलिए उसे अपने बारे में किसी तरह की गलतफ़हमी नहीं थी वरना गलतफ़हमी में आदमी क्या-क्या नहीं कर जाता है—वह ठुक जाता है, पिट जाता है, मिट जाता है, अपने को इतना क्रान्तिकारी समझने लगता है कि कहने लगता है कि वैसे मैं भगत सिंह का बहुत सम्मान

करता हूँ मगर मुझे यह कहने के लिए माफ किया जाए कि आनेवाला समय ही बताएगा कि कौन बड़ा क्रान्तिकारी था—मैं या भगत सिंह! गलतफ़हमी में अकसर आदमी इस खुशफ़हमी का शिकार हो जाता है कि उसे किसी किस्म की कोई गलतफ़हमी अपने बारे में नहीं है, वैसे सच कहूँ तो मेरे ऊपर भी यही बात लागू होती है। वैसे गलतफ़हमी होने का एक फ़ायदा यह होता है कि आदमी को समय पर जूते पड़ जाते हैं और कई बार संयोग से इससे उसको अकल भी आ जाती है। वैसे हिटलर जैसे तमाम ऐसे लोगों ने भी इस पृथ्वी को शोभित किया है और आज भी कर रहे हैं जिन्हें ज़हर की पुड़िया खाने से ठीक पहले तक पता नहीं चलता कि वे गलतफ़हमी में थे और कई को तो मरने के बाद भी पता नहीं चलता और हो सकता है कि हिटलर भी उनमें से एक रहा हो!

तो मुद्दे की बात यह है कि भारत एक बाज़ार है और आप-हम भी यहाँ कुछ बेचने-खरीदने के लिए ही खड़े हैं। हम कई बार अपनी चीज़ को यहाँ घाटा उठाकर ही नहीं, बल्कि मुफ़्त में भी इस उद्देश्य से बेच देते हैं ताकि कल हमारा भी एक बाज़ार बने और धोनीवाले दाम तो खैर अब हमें क्या मिलेंगे मगर टोनी के दाम में भी अगर बिक जाएँ तो हम अपने को धन्य समझेंगे। हालाँकि यह डर भी लगा लगा रहता है कि कोई किसी भी कीमत पर हमें नहीं खरीदेगा तो हमारी इज़्ज़त—जो वैसे ही दो कौड़ी की है—फिर उतनी भी नहीं रह जाएगी मगर फिर भी भगवान का नाम लेकर हम बाज़ार में खड़े हो जाते हैं कि वह हमारी मदद अवश्य करेगा। वैसे हम करें भी क्या क्योंकि मन में यह भय भी रहता है कि बिकने की कोशिश नहीं की तो मरकर फिर ईश्वर को अपना मुँह क्या और कैसे दिखाएँगे, जब वह मुक्तिबोध की तरह हमसे पूछेगा कि **'अब तक क्या किया/जीवन क्या जीया/भूतों की शादी में कनातों से तन गए/किसी व्यभिचारी के बिस्तर बन गए।'**

या देवी सर्वभूतेषु

हे इक्कीसवीं सदी में प्रवेश कर चुकी भारत की नारी, इस धरा के हम समस्त नररूपी विनम्रजन विकल मन से—व्याकुल तन से तुम्हारा अभिनन्दन करते हैं। कारण यह है कि देवी, तुम हमारे अनिच्छा के बावजूद इस देश की धरती पर चतुर्दिक छाती चली जा रही हो। हम भ्रूण हत्याएँ करा रहे हैं, दहेज हत्याएँ करा रहे हैं, चीरहरण से लेकर चरित्रहरण तक करा रहे हैं, हम तुम्हारे खिलाफ चीत्कार करने से लेकर तुम्हारे साथ बलात्कार तक सबकुछ जो पहले भी करते आ रहे थे, अब भी कर रहे हैं, फिर भी तुम रुक नहीं रही हो, थम नहीं रही हो। हमने गलती से पंचायतों में तुम्हें आरक्षण दे दिया था, अब संसद और विधानसभाओं में उस गलती को, लालुओं और मुलायमों के सहयोग से सुधारने में लगे हैं, फिर भी तुम पीछे नहीं हट रही हो, धक्का देकर हम तुम्हें पीछे हटाते हैं तो फिर से तुम आगे आ जाती हो, फिर पीछे हटाते हैं, फिर से तुम आगे आ जाती हो, अतः हे वीरांगना, हे काली, हे झाँसी की रानी, विवश होकर हम तुम्हारे इस चमत्कार को नमस्कार करते हैं।

हे शक्तिस्वरूपा, हम तुम्हारे आगे अपना शीश नवाते हैं, क्योंकि हमारे बावजूद तुम आज भी प्रधानमंत्रीवत हो, मुख्यमंत्री और मंत्री पदों को सुशोभित करना आज तुम्हारे बाएँ हाथ का नहीं तो दाएँ हाथ का खेल ज़रूर है, तुम शंकराचार्यों और नरेन्द्र मोदियों की हवा निकाल देती हो, बड़े-बड़े बाँधों के निर्माण को बाधित कर देती हो, सूचना का अधिकार लेकर रहती हो। हे कोकिल कंठिनी, हे सुंदर लोचनी, तुम्हारा नया स्वरूप हमें भयभीत करने के लिए पर्याप्त है। हम जब अन्तरिक्ष की ओर देखते हैं तो वहाँ कल्पना चावला के रूप में तुम विद्यमान हो, हिमालय की ओर नज़र घुमाते हैं तो वहाँ तुम बछेंद्री पाल और संतोष यादव के रूप में अवस्थित हो, मैराथन दौड़ के मैदान में तुम हो और टेनिस के मैदान में भी तुम्हीं हो, कम्पनियों की सीईओ तुम हो और शेयर बाज़ार में भी तुम आगे हो, टीवी में तुम हो और अखबारों में भी तुम्हीं तुम हो, रिपोर्टर

तुम हो और सम्पादक भी तुम्हीं हो, वकील तुम हो और जज भी तुम्हीं हो, तुम्हीं नेत्री हो और तुम्हीं अभिनेत्री, सोनिया तुम हो और जयललिता भी तुम्हीं हो, तुम्हीं संघर्षशीला हो, पदों की शोभा भी तुम्हीं हो, अतः हे पुरुष-कान्तिहारिणी, हम पुरुषजन जो अब तक तुम्हें घर की मुर्गी समझते थे और दाल बराबर भी महत्त्व नहीं देते थे, मौके की नज़ाकत देख तुम्हें सलाम करते हैं।

कभी हम तुम्हें वीरप्रसूता कहते थे मगर अब तुम स्वयं वारांगना हो, अतः हम पुरुषजन तुम्हारा यह प्रताप देखकर चकित, भ्रमित, व्यथित और भयभीत सब एक साथ हैं। अगर देवी, ऐसी ही हालत रही तो हम तुम्हें संसद और विधानसभाओं में आरक्षण देने से भी कैसे रोक पाएँगे और वहाँ तुम्हें नहीं रोका तो एक दिन ऐसा अवश्य आएगा माँ कि हमीं तुमसे आरक्षण माँगने को बाध्य हो जाएँगे। तब हे करुणामूर्ति, हे पुरुषहृदयनिवासिनी, हे रूप-सौन्दर्य की स्वामिनी, तुम हमारी तरह हमें ही आरक्षण देने से मना मत करना, क्योंकि घर और बाज़ार में हम तुम्हारे साथ जो भी करते रहे हों लेकिन मंदिर में हमने तुम्हें देवी, लक्ष्मी, सरस्वती, काली, पार्वती आदि रूपों में पूजा है। अगर हमने द्रौपदी की तरह तुम्हारा चीरहरण किया है और हम दुर्योधन बने हैं तो कृष्ण भी हमीं बने हैं, इसलिए हे देवी, हम पर कृपा रखना, अपनी दया रखना देवी, करुणा रखना, भुलाना मत अपने इन पुरुषरूपी परम भक्तों को।

हे देवी, जब तुम सीता थीं, तब भी तुमने लक्ष्मण रेखा पार की थी हालाँकि उसका नतीजा तब तुमने भुगता था, रावण तुम्हारा हरण करके ले गया था लेकिन हे पापतारिणी, पुण्यकारिणी तब भी तुम नहीं डरी थीं, बाद में भी तमाम लक्ष्मण तुम्हारी सेफ्टी के लिए तमाम तरह की रेखाएँ खींचते रहे और तुम तमाम उपायों से उन्हें पार करती रहीं और आज हालत यह हो चुकी है देवी कि अब लक्ष्मण रेखाएँ खींचने से डरते हैं तो रावण अपहरण करने से!

हे ढोल, गँवार और शूद्रों के साथ गिनी जानेवाली नारी, यह सही है कि तुम आज भी हमारे द्वारा कार्यस्थलों पर छेड़ी और परेशान की जाती हो, बूढ़ी हो या हो छह महीने की बच्ची, तुम अब भी बलात्कृत की जाती हो, अब भी तुम्हें चौके-चूल्हे तक सीमित करने का प्रयत्न होता है, अब भी तुम्हें गहनों और साड़ियों की कैद में खुश रखने का प्रयत्न किया जाता है, अब भी तुम्हारा मुँह बन्द रखने का यत्न होता है, अब भी तुम्हें सुन्दरी-कोमलांगिनी कहकर बहलाया-फुसलाया जाता है, अब भी तुम्हारी नंगी-अधनंगी देह का प्रदर्शन हम पुरुषों को अत्यन्त प्रिय लगता है और हम इसे स्त्रीमुक्ति कहकर इसकी सराहना करते हैं, अब भी तुम्हें चकलाघरों में भेजने का सुनियोजित धन्धा होता है, फिर

भी हे सोनिया, सानिया आदि अनेकानेक रूपधारिणी, पुरुषतारिणी, कृपा करो हम पर देवी, कृपा करो! तुमने भक्तों को कभी निराश नहीं किया है। हे माँ, हमीं हैं जो जगराता और चौकियाँ बैठाकर बैंडबाजों के शोर के मध्य फिल्मी गानों की तर्ज पर तुम्हारी आराधना करते हैं, अतः हे सहनशीला, पृथ्वीरूपा, हे वन्दनीयों में वन्दनीया, हमारा कल्याण करो, कल्याण करो, हमारे पाप शान्त करो देवी!

बुश के बहाने

आश्चर्य कि एक दिन बुश को अपने नाम से नफरत हो गई। उसने घोषणा की कि मैं अमेरिका का राष्ट्रपति ज़रूर हूँ, मगर मेरा नाम आज से जार्ज बुश नहीं है।

लोगों ने सोचा कि अभी तक हम जार्ज बुश पर चुटकुले सुनाते थे, मगर अब उन्हें सुन-सुनकर यह खुद इतना ज़्यादा इंटेलिजेंट हो गया है कि अपने पर भी चुटकुला सुनाने लगा है।

बाद में बुश को स्पष्टीकरण देना पड़ गया कि दरअसल यह एक चुटकुला था। कृपया इसका कोई और अर्थ न निकालें।

इसके बावजूद लोगों ने जब इसका कोई और अर्थ नहीं निकाला तो मामला यहीं खत्म हो गया। बुश बेचारा इससे ज़्यादा लोगों की मदद कर भी क्या करता था!

2

बुश बेचारे को पता नहीं था कि औरों की तरह वह भी एक दिन मर जाएगा।

वह तो किसी ने उसे यह बद्दुआ दी तो उसके मन में शंका पैदा हुई। उसने अपने सहायकों से पूछा—"क्या यह सच है कि मैं एक दिन मर जाऊँगा?"

सहायकों ने कहा—"सर, जब तक आप राष्ट्रपति हैं, बेफिक्र रहिए, आप नहीं मरेंगे।"

तो उसने पूछा—"तो क्या एक दिन ऐसा भी आएगा, जब मैं राष्ट्रपति नहीं रहूँगा?"

बुश के सहायकों को यह सुनकर जोर की हँसी आई, मगर उसे रोकते हुए उन्होंने कुछ नहीं कहा।

तब बुश ने कहा–“इसका अर्थ तो यही निकला कि मैं एक दिन राष्ट्रपति नहीं रहूँगा और मर जाऊँगा?”

उसके एक चतुर सहायक ने कहा–“सर, सच तो यह है कि इराक के कारण आप अमर हो जाएँगे।”

यह सुनकर बुश खुश हो गया और उसने आदेश दिया–“मनमोहन सिंह ने दिल्ली से जो मिठाई भिजवाई है, वह तुरंत पेश की जाए। आज मुझे पता चल गया है कि मरूँगा नहीं, अमर हो जाऊँगा।”

3

बुश ने अपने एक सहायक से पूछा–“यार, मैं भूल गया, ज़रा यह बताना कि बुश का मतलब क्या होता है?”

सहायक इंटेलिजेंट था, उसने कहा–“सर, झाड़ी होता है।”

बुश ने पूछा–“लेकिन झाड़ी क्या चीज़ होती है?”

सहायक ने कहा–“बुश होती है।”

बुश को अपनी गलती समझ में आ गई। उसने कहा–“यार, मैं बुश का नहीं, जार्ज बुश का मतलब पूछ रहा था।”

जैसा कि हमने पहले बताया, सहायक इंटेलिजेंट था। उसने कहा–“सर, मैंने पूरी ऑनलाइन डिक्शनरी छान मारी, उसमें जार्ज बुश का अर्थ कहीं नहीं दिया हुआ है।”

जार्ज बुश अचानक क्षमाशील हो गया। उसने अपने सहायक से कहा–“उनसे कहो न कि वे इसका अर्थ भी दे दें, वरना आगामी पीढ़ियों को इसके लिए इतिहास की किताबें पढ़नी पढ़ेंगी, जो वे कभी पढ़ेंगी नहीं।”

4

बुश एक दिन राष्ट्रपति नहीं रहा।

उसने अपने सहायक से पूछा–“भैये, ये तो बता, अब ये दुनिया कैसे चलेगी?”

सहायक अभी भी उसका वफ़ादार था। उसने जवाब दिया–“भगवान भरोसे चलेगी और क्या?”

बुश ने जवाब दिया—"यही तो मुश्किल है। भगवान बेचारा तो खुद मेरे भरोसे चल रहा था।"

5

जैसे गाय का दूध, बछड़े को कम आदमी को ज़्यादा मिलता है, वैसे ही बुश के वचनों से अमेरिकी कम, दुनियाभर के लोग ज़्यादा लाभान्वित हो रहे थे।

बुश के सहायकों ने बुश का ध्यान इस तरफ़ दिलाया—"सर, आपके वचनों की मुफ़्तखोरी सारी दुनिया में हो रही है। आपको तो अपने इन अमूल्य वचनों पर रायल्टी मिलनी चाहिए।"

बुश अचानक दार्शनिक हो उठा। उसने कहा—"छोड़ो यार, ऑक्सीजन भी तो ज़्यादातर लोगों को अभी मुफ़्त मिल रही है।"

6

बुश एक दिन खुश था।

सब सहायक एक-दूसरे से पूछ रहे थे कि साहब आज खुश क्यों नज़र आ रहे हैं लेकिन कोई खुद जाकर बुश से पूछ नहीं रहा था। वजह यह नहीं थी कि लोग बुश से डरते थे, कारण यह था कि इसके जवाब में बुश यह कह सकता था कि 'मैं खुश इसलिए हूँ कि यह तो अच्छा हुआ कि मैं इराक में फँस गया, वरना क्या पता, मैं भी बिल क्लिंटन की तरह किसी लौंडिया से फँसकर बदनाम हो जाता!'

पेट हमारा, दर्द तुम्हारा

खाते हैं हम और दर्द जार्ज बुश तथा कोंडोलिसा राइस के पेट में होने लगता है। दुख की बात है। अब इसका तो एक ही उपाय है कि हम खाना बन्द कर दें ताकि उनके पेट दुखने भी बन्द हो जाएँ क्योंकि अमेरिका से हमारी सरकार की दोस्ती इन दिनों बड़ी तगड़ी चल रही है, बड़ा याराना है इनमें। हमारी सरकार यह तो बर्दाश्त कर सकती है कि हम न खाएँ, यह सहन नहीं कर सकती कि उनके पेट में दर्द हो! आप ही बताइए कि ये दोस्ती इतनी तगड़ी न होती तो हमारे खाने से अमेरिका के पेट में दर्द होता भी कैसे, वरना हम खाते तो दर्द भी अगर होता तो हमारे पेट में ही होता और मज़ा भी आता तो हमें ही आता लेकिन पेट हमारा भरता है और दर्द उनको होने लगता है। इससे पता चलता है कि वे हमारे बारे में कितने अधिक संवेदनशील हैं! और कमाल की बात यह भी है कि ये दर्द, ये संवेदनशीलता तब है, जब खाते हम अपना ही हैं, अपने मुल्क में अपने खेतों में उगाया ही खाते हैं, अपने ही पैसों से उसे खरीदते हैं और अपना खाया हुआ जाता भी हमारे पेट में ही है। फिर भी कमाल है कि दर्द उन्हें होता है। वैसे अपनों का इतना दर्द और कौन महसूस करेगा, कोई अपना ही न, अमेरिका ही न! अब यह अलग बात है कि यह दर्द उसे तब ज़्यादा होता है जब खाकर हमें तृप्ति महसूस होती है। यह अद्भुत किस्म की संवेदनशीलता है। ऐसी संवेदनशीलता तो माफ कीजिए, दुनिया के बड़े से बड़े कवियों में भी नहीं पाई जाती है, खुद हमारे कालिदास में भी नहीं थी लेकिन जनाब, अमेरिका में है और उससे भी दिलचस्प बात यह है कि स्वयं वहाँ के राष्ट्रपति और विदेश मंत्री में है! जब संवेदनशीलता इतने उच्च स्तर पर और इतनी अधिक मात्रा में विद्यमान हो तो निम्न स्तर पर कितनी ज़्यादा होगी, इसका अनुमान लगाना भी मुश्किल है!

कुछ लोग कहते हैं कि ये अमेरिकी हम हिंदुस्तानियों से पाँच गुना ज़्यादा अनाज खाते हैं, पच्चीस गुना ज़्यादा मांस-मछली खाते हैं, दो गुना दूध ज़्यादा

पीते हैं। ये जो मक्खन-पनीर-दही खाते हैं, उसका तो कोई हिसाब ही नहीं, फिर दर्द इन्हें हमारे खाने से क्यों होता है जबकि हम तो कभी इनसे मज़ाक में भी नहीं कहते कि हमारी सरकार के दोस्तो, तुम इतना ज़्यादा खाते क्यों हो, तुम्हारी वजह से ही आज दुनिया में अनाज का इतना संकट पैदा हो गया है!

हमारी सरकार के ये दोस्त हैं, इसलिए हमने इनसे यह भी कभी नहीं कहा कि दुनियाभर में जब इतने लोग भूख से मर रहे हैं तो भैया, तुम खा-खाकर मरने पर क्यों तुले हुए हो, कुछ दूसरों के खाने के लिए भी छोड़ दिया करो! लोग भूखे मर रहे हैं तो तुम कभी उपवास ही कर लिया करो और वह भी नहीं कर सकते तो उनके लिए चर्च जाकर प्रार्थना ही कर लिया करो! हमने तो उनसे यह भी नहीं कहा कि तुम्हारी निगाह हमारे सिर्फ खाते-पीते लोगों पर ही क्यों पड़ती है, इस पर क्यों नहीं पड़ती कि इस देश की 85 प्रतिशत जनता को आज भी भरपेट खाना नहीं मिलता है, खेती-किसानी की हालत इतनी बदतर हो चुकी है कि हर आधे घंटे में एक किसान आत्महत्या कर रहा है, कि पिछले दो सालों से हमें भी गेहूँ का आयात करना पड़ा था, कि हमारे 77 प्रतिशत लोगों की आमदनी आज भी 20 रुपया रोज से कम है, कि यही वह देश है जहाँ एक सरकारी पद खाली होता है तो दस-दस हजार लोग उस जगह को भरने के लिए इंटरव्यू के मैदान में आ जाते हैं, कि जहाँ आज भी जहरीली जड़ों को उबाल-उबालकर लोग किसी तरह अपना पेट भरते हैं, कि जहाँ कुत्ते और आदमी आज भी एकसाथ कूड़ेदान में फेंकी गई चीज़ें खाने के लिए एकसाथ लपकते और झगड़ते हैं, कि जहाँ लोग अपना और खुद का पेट भरने के लिए बेट-बेटियों, पत्नी को भी रेहन रख देते हैं।

वैसे अमेरिकी सरकार की 'संवेदनशीलता' पर इतना नाराज़ होना न उचित है, न ज़रूरी। वह इन सब बातों पर इसलिए गौर नहीं करती क्योंकि भारत की सरकार उसकी अच्छी दोस्त है, उसके साथ उसे अभी परमाणु करार भी करना है। इसके अलावा वह इन बात पर ध्यान देगी तो वह भारतीयों को पेटू कहने की दयानतदारी कैसे दिखा सकेगी! इसलिए भी वह यह गलती नहीं करेगी क्योंकि हमारी सरकारें हमारे भूखों के हिस्से का गेहूँ और चावल इनके घोड़ों और सुअरों तक को खिलाने के लिए औने-पौने दामों में बेचती रही हैं और इस अहसान का बदला भी तो चुकाना है उसे! वैसे बुश साहब और राइस साहिबा यह भी अच्छी तरह जानते हैं कि दरअसल दुनिया के सबसे भूखे लोग अगर कहीं हैं तो वे अमेरिका में ही हैं। ज़रा कहीं ज़्यादा बर्फ गिर जाए, ज़रा कहीं आँधी-तूफान आ जाए तो वहाँ के लोग जिस तरह दौड़-दौड़कर खाने-पीने की

चीज़ों से अपने कोठार भर लेते हैं, वैसा भारत के भूखे और खाए-पीए लोग नहीं कर सकते। अभी अनाज के भाव बढ़ जाने की अफवाह क्या उड़ी कि इन्होंने खाने-पीने की चीज़ों की ऐसी लूट मचा दी कि अमेरिका के बड़े स्टोरों के मालिक तक इनसे डर गए और उन्होंने राशनिंग लागू कर दी। शायद इसी वजह से राइस साहिबा की अचानक नींद खुली और उन्हें आभास हुआ कि अगर अमेरिकी इतने परेशान हैं तो ज़रूर सारी दुनिया भी खाद्य संकट की चपेट में अवश्य होगी। तब उन्हें पता चला होगा कि अफ्रीका वगैरह में इस वजह से दंगे भी हो चुके हैं, हैती की सरकार इस चक्कर में गिर चुकी है!

और यह तो आप सब सज्जन जानते ही हैं कि दुनिया में जो संकट अमेरिकी खुद नित्यप्रति पैदा करते रहते हैं, उनके लिए भी वे खुद को कभी ज़िम्मेदार नहीं मानते। मसलन उन्होंने क्यूबा पर जब हमला किया था तो इसके लिए वे नहीं बल्कि क्यूबा की जनता खुद ज़िम्मेदार थी, क्योंकि उसने फिदेल कास्त्रो को क्रान्ति करने दी थी। उन्होंने जब इराक पर हमला किया था तो उसके लिए भी वे नहीं, इराक की जनता खुद ज़िम्मेदार थी, जिसने ऐसे सद्दाम हुसैन को तानाशाह बनने दिया था, जो उन रासायनिक हथियारों को बनाने का कुसूर कुबूल करने के लिए तैयार नहीं था, जो कि उसने कभी बनाए भी नहीं थे। अमेरिका के अन्दर भी जो संकट पैदा होता है, उसके लिए भी वे खुद को ज़िम्मेदार नहीं मानते, क्योंकि उनका सिद्धान्त है कि ज़िम्मेदारी हमेशा दूसरों की होती है। अमेरिकी लोग महँगाई से डर जाएँ तो इसकी ज़िम्मेदारी थोपने के लिए भी भारत और चीन आसानी से मिल गए, जिनमें से एक कम्युनिस्ट देश है और दूसरा संयोग से उसी का पड़ोसी देश है। भई, यूरोप और अमेरिका के लोगों को तो पेटू होने का असंदिग्ध अधिकार काफी पहले से मिला हुआ है, इसलिए उनके कारण तो दुनिया में कभी कोई समस्या पैदा हो नहीं सकती, लेकिन जिन्हें भूखे रहने का हक अभी तक हासिल था, अगर उनमें से कुछ लोग भरपेट खाने लगेंगे, तो निश्चित है कि दुनिया में खाद्यान्न का संकट खड़ा होगा। इसलिए हे मेरे भाइयो और बहनो, बच्चो और बूढ़ो, भूखे रहने की समयसिद्ध भारतीय परम्परा को मत छोड़ो, अभी और कई साल तक भूखों मरो ताकि यूरोप-अमेरिका के घोड़ों-सुअरों के लिए भी अनाज लागत से भी बहुत कम दामों में बेचना भारत सरकार जारी रख सके, वरना क्या पता, इराक की तरह कल तुम्हारी भी बारी आ जाए और वाशिंगटन से घोषणा हो जाए कि मानवता के असली दुश्मन भारत को अमेरिका नाकों चने चबवा देगा, जिसकी वजह से अफ्रीका से लेकर अमेरिका तक सब भूखे मर रहे हैं!

सावधान मेरे भाइयो, मेरी बहनो, मेरे बुजुर्गो, मेरे बच्चो, सावधान! अमेरिका को तुम्हारी भूख नहीं, तुम्हारा भोजन अखरने लगा है। सावधान वे भी जो आज खूब खा रहे हैं। क्या पता कल अमेरिका उन्हें भी भूखों की कतार में खड़ा कर अपने लोगों का पेट भरने लगेगा! अमेरिका के लिए दुनिया में संकट तभी पैदा होता है, जब वह खुद किसी काल्पनिक संकट से घिर जाता है वरना एशियाई-अफ्रीकी जनता के भूख से मर जाने का 'शानदार रिकॉर्ड' तो न जाने कब से 'गिनीज बुक ऑफ वर्ल्ड रिकॉर्ड' के अलावा हर जगह दर्ज हो रहा है लेकिन अमेरिका ने कभी इसकी परवाह नहीं की। उन्हें आराम से भूखे मरने दिया और खुद ऐश करते रहे। उनकी चिंता अमेरिका करता तो खुद महाबली कब और कैसे बनता? महाबली होना ज़रूरी है या दुनिया से भूख मिटाना आवश्यक है? इसलिए सावधान हमारे पहरुओ! अब तो आप भी कुछ सोचो, हालाँकि सोचने-समझने की कुव्वत अब आपमें ज़्यादा है नहीं।

उल्लू और उल्लू के पट्ठे

कई लोग उल्लू होते हैं और कई लोग उल्लू के पट्ठे, हालाँकि कई लोग उल्लू और उल्लू के पट्ठे में भेद नहीं करते। उनके लिए उल्लू का मतलब भी वही है जो कि उल्लू के पट्ठे का है। वैसे जब तक कोई पेड़ की डाल से उलटा ही न लटक जाए, तब तक यह तय करना वाकई मुश्किल होता है कि वह उल्लू है या उल्लू का पट्ठा है! इस कारण लोग कई बार उल्लू के पट्ठे को उल्लू और उल्लू को उल्लू का पट्ठा समझ लेते हैं।

वैसे साधारणतः कोई मनुष्य अपने आपको न उल्लू मानता है, न उल्लू का पट्ठा। मैं मानने को तैयार हूँ, मगर मैं यह तय नहीं कर पा रहा हूँ कि मैं उल्लू हूँ या उल्लू का पट्ठा हूँ। मैं अपने आपको उल्लू मानना चाहता हूँ क्योंकि हर हाल में उल्लू का पट्ठा होने से बेहतर है कि आप उल्लू हों, ताकि आप अपने पट्ठे बना सकें लेकिन यह आप खुद तय नहीं कर सकते कि आप उल्लू हैं या उल्लू के पट्ठे हैं। यह हमेशा दूसरे ही तय करते हैं इसलिए मैं यह दूसरों पर ही छोड़ता हूँ कि वे मुझे उल्लू मानते हैं या उल्लू का पट्ठा!

इस दुनिया में उल्लू भी बहुत हैं और उल्लू के पट्ठे भी बहुत। खैर, उल्लू होना या न होना, तो आपके बस की बात वैसे ही नहीं है, जैसे कि मर्द होना या औरत होना आपके बस की बात कम-से-कम तब तक तो नहीं है जब तक कि आप मर्द से औरत या औरत से मर्द होने का ऑपरेशन नहीं करा लेते और वह सफल नहीं हो जाता! लेकिन किसी का पट्ठा होना आपके बस की बात है इसीलिए यह बात मेरी समझ में कभी नहीं आती कि किसी को किसी का पट्ठा ही बनना होता है तो लोग उल्लू का ही पट्ठा बनना क्यों पसन्द करते हैं, जबकि इस दुनिया में और भी तो प्राणी हैं उल्लू के सिवाय और उनकी प्रतिष्ठा हर हालत में उल्लू से बेहतर है! वैसे इक्कीसवीं सदी में इस बात पर शोध होना चाहिए कि आदमी पट्ठा बनने के लिए उल्लू का ही चुनाव क्यों करता है? उल्लू में ही ऐसी क्या विशेषता है? हो सकता है, इसका सम्बन्ध इस

बात से हो कि उल्लू पेड़ से उलटा लटका रहता है इसलिए उल्लू को शिक्षा देने में और पट्ठे को शिक्षा ग्रहण करने में आसानी होती है, वरना क्या वजह है कि किसी और को पट्ठे नहीं मिलते मगर उल्लू को आसानी से मिल जाते हैं! दूसरों को संयोग से मिलते भी हैं तो उनके पट्ठे इतनी आसानी से सार्वजनिक रूप से पहचान में नहीं आते, मगर उल्लू के पट्ठे दूर से ही फौरन पहचान में आ जाते हैं। इससे यह भी सिद्ध होता है कि उल्लू द्वारा दी गई शिक्षा का मनुष्य के चरित्र पर गहरा, स्थायी तथा दर्शनीय प्रभाव पड़ता है, जबकि यह बात दूसरे उस्तादों के बारे में नहीं कही जा सकती, जबकि वे अपने स्कूल या अपने गुरुकुल चलाते हैं और मोटी-मोटी तनख्वाहों पर मोटी-मोटी किताबें पढ़ाते हैं। इसके विपरीत उल्लू न स्कूल चलाता है, न पट्ठे बनाकर कमाई करता है, न वह किताबें पढ़ाता है, न वह डंडे मारता है, फिर भी देखिए उसके द्वारा दी गई शिक्षा का कमाल!

वैसे दुनिया में दो ही तरह के लोग होते हैं। एक वे जो उल्लू या उल्लू के पट्ठे हैं और दूसरे वे जो उल्लू भी नहीं हैं और उल्लू के पट्ठे भी नहीं हैं और मैं जो या तो उल्लू हूँ या उल्लू का पट्ठा हूँ, निःसन्देह कह सकता हूँ कि उल्लू के पट्ठे उन पर हावी हैं जो कि उल्लू के पट्ठे नहीं हैं। हालाँकि मनुष्य जाति इतनी कृतघ्न है कि वह कभी उल्लुओं का इस बात के लिए अहसान नहीं मानती कि उनके पट्ठों के बावजूद यह दुनिया कुल मिलाकर ठीक-ठाक ही चल रही है और सबसे बड़ी बात उल्लू और उनके पट्ठे इसे इस तरह चलने दे रहे हैं। मान लो अगर उल्लू अपने पट्ठों को यह सिखाते कि तुम्हें भी हमारी तरह पेड़ से उलटा लटकना होगा और दिन की बजाय रात में ही देखना होगा तो पट्ठे वैसा ही करते और तब क्या दुनिया इतने भी ढंग से चलती, जितनी कि ठीक ढंग से अभी वह चल रही है? लेकिन उल्लू ने ऐसा नहीं किया इसलिए इसे उल्लू की उदारता समझना चाहिए, हालाँकि उल्लू की इसी उदारता की वजह से मेरे जैसे लोग कनफ्यूज़ होते रहते हैं कि वे स्वयं क्या हैं और वे खुद ही यह तय कर लेते हैं कि वे न तो उल्लू हैं, न उल्लू के पट्ठे हैं।

अन्त में मैं उल्लुओं की इस योग्यता पर फिदा हूँ कि वे अपने आपको बुद्धिमान और चतुर समझने वाले मनुष्य नामक प्राणी को भी अपना पट्ठा बनाकर छोड़ते हैं, जबकि हम जैसे कई लोग ज़िंदगीभर एक पट्ठे की तलाश करते हैं और एक भी मिलकर नहीं देता। कभी मिल भी जाता है तो या तो वह समय से पहले भाग जाता है या सबके सामने हमें अपना उस्ताद मानने से इनकार कर देता है और दूसरे भी हमारे पट्ठे को देखकर या उससे

मिलकर यह नहीं समझ पाते कि ये हमारे पट्ठे हैं, उल्लू के पट्ठे नहीं। उल्लू की मनुष्य को अपना पट्ठा बनाने की इस योग्यता पर बाकायदा सामाजिक-आर्थिक-नैतिक-मनोवैज्ञानिक आदि दृष्टियों से समेकित शोध करने की आवश्यकता है और मेरा दृढ़ विश्वास है कि उल्लू का पट्ठा तो क्या, मगर किसी और का पट्ठा ज़रूर इस पर गहन शोध करेगा। मुझे उस दिन की प्रतीक्षा है और वह दिन मनुष्य जाति के इतिहास में एक सुनहरा दिन होगा और वह दिन आकर रहेगा।

झूठ बोलने के फ़ायदे

वैसे फ़ायदा हर बात में है, बस बंदे को फ़ायदा उठाना आना चाहिए। लहरें गिनने में भी उतना ही फ़ायदा है जितना कि दलाली करके नोट गिनने में। और अगर फ़ायदा उठाना न आता हो तो आदमी देश का बड़े से बड़ा नेता भी बन जाए तो भी न तो वह किसी का फ़ायदा करा सकता है, न खुद फ़ायदा उठा सकता है। फ़ायदा उठाना एक कला है और आप जानते ही हैं कि कला की देवी हरेक पर प्रसन्न नहीं हुआ करती। वह जिस पर प्रसन्न होती है वह अगर सार्वजनिक रूप से रोता है तो भी उसे इसका फ़ायदा होता है और वह अगर किसी को रुलवाता है तो भी उसमें उसे फ़ायदा होता है।

हम यहाँ स्थानाभाव के कारण सिर्फ एक चीज़ से होने वाले फ़ायदे की बात करेंगे और वह है झूठ बोलने से होनेवाला फ़ायदा। यहाँ फिर से दोहराने की ज़रूरत है कि झूठ बोलने से भी फ़ायदा तभी हो सकता है जब आपको फ़ायदा उठाने की कला आती हो, वरना झूठ और सच बोलने में नुकसान की मात्रा बराबर होती है। यह दिलचस्प है कि सच बोलने के फ़ायदे सबको हर समय बताए जाते हैं और गाँधी जी की तस्वीर हर दफ़्तर में लगाई जाती है, मगर फिर भी हरेक झूठ बोलना ही ज़्यादा पसन्द करता है—और इसमें भी नेता तो सबसे ज़्यादा—इसलिए हमने सोचा कि क्यों न आम जनता को भी झूठ बोलने के फ़ायदे बताए जाएँ ताकि कोई अज्ञानवश या पूर्ण जानकारी के अभाव में इसका पूरा लाभ उठाने से वंचित रह गया हो तो उसका सशक्तीकरण हो जाए। यह सच है कि सच बोलने का फ़ायदा यह है कि हो सकता है किसी दिन आप महात्मा गाँधी बन जाएँ और दुनियाभर में आपका नाम हो जाए, मगर इसके चांसेज फिलहाल कम हैं क्योंकि एक महात्मा गाँधी पिछली सदी में ही यानी हाल ही में हो के चुके हैं, इसलिए आदमी इन दिनों कुछ और तो बन सकता है, मगर महात्मा गाँधी नहीं बन सकता। इसलिए आइए, हम कुछ और बनने की कोशिश

क्यों न करें और वही बनें जो कि हम बन सकते हैं और निश्चित मानिए, झूठ इसमें बहुत कारगर साबित हो सकता है।

सच बोलने के क्या नुकसान होते हैं, यह बताने की विशेष ज़रूरत नहीं है, क्योंकि यह मेरा भोला विश्वास है कि आपमें से हरेक ने कभी-न-कभी इसकी वजह से नुक़सान ज़रूर उठाया होगा। फिर भी कई लोग आदतन सच बोलने की कोशिश करते हैं और जीवन में इस कारण कई बार मार खाते हैं, बल्कि कई को तो मार खाने की ऐसी बुरी लत पड़ चुकी होती है कि मार खाए बिना उनका काम नहीं चलता! अगर कभी ऐसा हो कि वे सच भी बोलें और उन्हें मार खाने की सज़ा भी न मिले तो वे हैरान-परेशान हो जाते हैं कि आखिर ऐसा हुआ कैसे? कहीं उनके बुनियादी चरित्र का इस बीच पतन तो नहीं हो गया है! ऐसे विशिष्ट लोग हमारे इस लेख का विषय नहीं हैं। उन्हें मार खाने, खाते चले जाने के लिए हमारी अनेकानेक शुभकामनाएँ। ईश्वर उनका भला करे और ईश्वर से हम उनके लिए प्रार्थना करें कि वे कभी इतनी ज़्यादा मार न खा जाएँ कि मर ही जाएँ! वैसे एक-न-एक दिन मरना तो सभी को होता है, मगर सच बोलने के कारण कोई मार खाकर मर जाए, यह बात सभ्यजनों को बहुत बुरी लगती है। इससे उनकी आत्मा तो कुछ कष्ट पाती ही है, उनके मुँह का ज़ायका भी कुछ समय के लिए खराब हो जाता है जो कि उनके लिए ठीक नहीं है। इस तरह से मरनेवाला भले ही मोहल्ला स्तर का शहीद बन जाता है और कुछ नहीं होता। हालाँकि किसी के शहीद होने से कोई सबक नहीं लेता, मगर उसकी प्रतिमा पर फूलमाला अवश्य चढ़ाता है और प्रतिमा को देखकर तरस भी खाता है कि हाय, बेचारा कितना भला था कि शहीद हो गया!

मैं अक्सर झूठ बोलता हूँ और मैंने पाया है कि इससे समस्याएँ पैदा कम होती हैं और समस्याएँ बढ़ती तो कतई नहीं हैं। मसलन अभी एक सज्जन का फोन आया था, जिन्होंने कहा कि भाई साहब, पता नहीं आपको आज शाम के कार्यक्रम का निमन्त्रण मिला है या नहीं, अगर न भी मिला हो तो मैं फोन से आपसे आग्रह कर रहा हूँ कि आप हमारे कार्यक्रम में ज़रूर आएँ, इससे हमारा मान बढ़ेगा। मैं उससे सीधे-सीधे कह सकता था कि भाई, मुझे निमन्त्रण नहीं मिला मगर मैंने तुरन्त जोड़-बाकी करके देखा कि इतना सच बोलने से मुझे कोई फ़ायदा नहीं है तो नुकसान भी नहीं है। और जहाँ फ़ायदा-नुकसान कुछ न हो, वहाँ सच बोलने में फ़ायदा मानना चाहिए या कम-से-कम नुकसान बिलकुल नहीं है, यह मानकर चलना चाहिए तो मैंने इतना सच बोल दिया कि निमन्त्रण मुझे मिला है। इससे मुझे भी कुछ सन्तोष हुआ कि चलो, मैं समय

के साथ इतना झूठा भी नहीं हुआ हूँ कि झूठ के अलावा कभी कुछ नहीं बोलता। सच बोलने का कुछ तो माद्दा मुझमें अब भी बचा है। वैसे आप स्वतन्त्र हैं, यह कहने के लिए कि दिल को बहलाने के लिए ग़ालिब ये ख़याल अच्छा है। ख़ैर, इतना सच बताने के बाद मैंने कहा कि मैं आपके कार्यक्रम में ज़रूर आऊँगा, जबकि सच यह था कि निमन्त्रण मिलने के साथ ही मैं यह तय कर चुका था कि इसमें मैं कतई नहीं जाऊँगा। इतना फ़ालतू वक़्त और पैसा मेरे पास नहीं है कि जहाँ जो भी बुला ले, चला जाऊँ, वह भी ऐन छुट्टी के दिन, जब घर में, परिवार के लोगों के साथ सुख से रहा जा सकता है। मैं सच भी बोल सकता था और कह सकता था कि भाई, मैं नहीं आऊँगा लेकिन इतना सच बोलने के बाद मुझे अन्ततः कुछ-न-कुछ झूठ बोलना ही पड़ता कि आज शाम मुझे कहीं जाना है या मेरे घर कोई आ रहा है। यानी मुझे ऐसा ठोस और मज़बूत झूठ बोलना ही पड़ता जिससे कि निमन्त्रित करनेवाले को यह विश्वास हो जाता कि यह बन्दा वाकई आज फँसा हुआ है, वरना ऐसा हो नहीं सकता कि हमारे कार्यक्रम में यह न आए। लेकिन यह भी सम्भव था कि मैं जो झूठा कारण उसे बताता, उसे वह कन्विंसिंग नहीं होता और वह मानता कि यह आदमी कोरी बहानेबाजी कर रहा है। इससे अन्ततः मेरी इमेज ही खराब होती। यह भी हो सकता है कि वह मेरे मना करने के बावजूद मुझसे आग्रह करता रहता कि भाई साहब, इसे आप अपना ही कार्यक्रम समझिए और अगर आप जैसे 'प्रबुद्ध' लोग ही इसमें नहीं आएँगे तो फिर बताइए, बाकी ढेर सारे लोग आ भी जाएँ तो उसका क्या मतलब? उसके इस आग्रह का एक परिणाम यह हो सकता था कि 'अपना ही कार्यक्रम है' जैसा मधुर वाक्य सुनकर मैं व्यर्थ ही भावुक हो जाता और भूल जाता कि यह महज़ भीड़ बढ़ाने का एक आज़माया हुआ नुस्ख़ा है और सोचता कि चलो, इतना आग्रह कर रहा है, मुझे 'प्रबुद्ध' तक बनाने पर उतर आया है तो चल ही पड़ते हैं। इतनी भी अकड़ किस काम की! कोई खास काम तो है नहीं घर पर और वैसे भी दिनभर तो घर के लोगों के साथ रह ही लिए हैं, शाम के कुछ घंटे प्रबुद्ध हो जाना ज़्यादा बुरा भी नहीं है। उसके आग्रह का एक परिणाम यह भी हो सकता था कि मैं उससे यह कहता कि अच्छा, ठीक है बन्धु, देखता हूँ और समय मिल पाया तो ज़रूर आऊँगा और थोड़ी देर बाद मैं रियलाइज करता कि यार, भावुक होने से क्या फ़ायदा, अपन तो घर में ही ज़्यादा ठीक हैं। सप्ताह के छहों दिन भागते रहते हैं, आज घर में आराम ही सही। तो मैंने शुरू से ही यह कहकर कि मैं ज़रूर आऊँगा, बाद में झूठ बोलने या भावुकता में पड़ने या

दुविधाग्रस्त होने से अपने आपको साफ बचा लिया। अब मैं उस कार्यक्रम में नहीं जाऊँगा तो एक सम्भावना यह है, कार्यक्रम इतना सफल हो जाए कि बुलानेवाले को यह याद ही न आए कि उसने मुझे भी बुलाया था और मैं नहीं आया था और अगर कार्यक्रम सफल नहीं रहता है तो वह यह सोच सकता है कि वे आना तो ज़रूर चाहते होंगे और हाँ कहा था तो वे आते भी ज़रूर लेकिन रविवार का दिन होने से शायद कोई उनके घर आ गया होगा या अचानक उन्हें कहीं जाना पड़ गया होगा। वह शायद ही यह सोचे कि मैंने उससे सफेद झूठ बोला था कि मैं आऊँगा क्योंकि मेरा उससे इतना ज़्यादा सम्पर्क नहीं है कि वह मान ले कि मैं आदतन झूठा हूँ और ऐसे झूठ बोलना मेरे बाएँ हाथ का खेल है।

मेरे खयाल से प्राचीनकाल से आज तक सच बोलने के कारण जितने लोग फाँसी पर चढ़े हैं, भूख और गरीबी के अँधेरे से घिरे हैं, दर-दर की ठोकरें खाई हैं, नौकरियाँ खोई हैं, जेल गए हैं, प्रताड़नाएँ सही हैं, इतने दुख शायद ही झूठ बोलने के कारण लोगों ने सहे होंगे। जितने लोग सच बोलने के कारण फाँसी पर चढ़े हैं, उतने लोग झूठ बोलने के कारण शायद ही फाँसी पर चढ़े होंगे; बल्कि आप पाएँगे कि वे लोग कुछ ज़्यादा ही सुखी हैं जो मेरी तरह या तो आंशिक रूप से या फिर पूर्ण रूप से झूठ बोलते हुए जीवन जीते हैं। वैसे भी सच बोलकर न तो कोई हसबैंड, किसी वाइफ को खुश रख सकता है और न कोई वाइफ, किसी हसबैंड को। मान लो कि किसी दिन वाइफ, हसबैंड को यह सच बता दे कि पिछली कई रातों से उसके सपने में फलाँ-फलाँ सुन्दर पुरुष या फिल्मी हीरो आ रहा है और सपने में उसके साथ उसे बहुत आनन्द आ रहा है तो क्या हसबैंड इसे खुशी-खुशी सहन कर लेगा? वाइफ को वह फ़ौरन घर से निकाल देगा या उसका गला रेत देगा। इसकी बजाय अगर वाइफ किसी के सपने में आने-जाने के बारे में अपने पति को कुछ न बताए तो इससे उसे कोई प्राब्लम नहीं होगी क्योंकि ठीक इसी तरीके से, ठीक इसी समय उसका पति भी अपनी पत्नी के लिए इस तरह की कोई प्राब्लम पैदा नहीं कर रहा होगा। लेकिन मान लीजिए, वाइफ यह तय करे कि वह हसबैंड को यह बताएगी कि आजकल तुम सपने में बहुत आने लगे हो, क्या बात है, दिन में भी तुम हो और सपने में भी तुम ही तुम हो, आखिर माजरा क्या है? तो इस सफेद झूठ का दोनों के वैवाहिक जीवन पर जो सुखद प्रभाव पड़ेगा, उसकी सिर्फ़ कल्पना ही की जा सकती है। इस उदाहरण से यह सिद्ध हुआ कि सच बोलना प्रथमतः नुकसानदेह है और झूठ बोलने से लाभ ही लाभ है, नुकसान कोई नहीं है। इस

तरह के झूठ की पोल कभी भी खुलने का कोई ख़तरा नहीं रहता क्योंकि इस झूठ का दुनिया में और दुनिया के बाहर कोई गवाह नहीं होता।

दरअसल झूठ एक नैसर्गिक सच है, जबकि सच के बारे में आप ठीक यही बात नहीं कह सकते। सूरदास खुद इस बात के गवाह हैं कि कृष्ण बचपन से ही झूठ बोलते थे जिससे कि यशोदा और नन्दबाबा तो खुश होते ही थे, सबसे ज़्यादा खुश हुए थे सूरदास, जिन्होंने बालगोपाल के इस झूठ की तारीफ़ में तमाम पद रच डाले और महाकवि के रूप में अमर हो गए। अगर कृष्ण तक झूठ बोल सकते थे तो हम क्यों नहीं? हममें ऐसे क्या सुर्खाब के पर लगे हैं? जब युधिष्ठिर तक युद्ध के मैदान में 'नरोवा-कुंजरोवा' कह सकता है तो हम लोग तो रोज़ ही युद्ध के मैदान में डटे रहते हैं—'नरोवा-कुंजरोवा' से आगे क्यों नहीं बढ़ सकते? जब इतने बड़े-बड़े लोगों ने दुनिया में इतने बड़े-बड़े झूठ बोले हैं तो गाँधीजी सिर्फ सच ही बोलते होंगे, इसकी क्या पक्की गारंटी है? गाँधीजी ब्रह्मचर्य का परीक्षण करने के लिए जो 'प्रयोग' किया करते थे, उससे उनके ब्रह्मचर्य का परीक्षण वाकई कितना होता होगा और उनकी मर्दानगी का कितना हो जाता होगा, माफ करें मुझे, वास्तव में आज इसकी हक़ीक़त कौन जानता है? वैसे भी परीक्षण तो परीक्षण होता है और ज़रूरी नहीं कि परीक्षण के परिणाम हमेशा सकारात्मक निकलें लेकिन परिणाम के डर से कोई वैज्ञानिक या कोई गाँधीजी परीक्षण करना तो नहीं छोड़ता और छोड़ना भी नहीं चाहिए। आखिर पायलट प्रोजेक्ट की सफलता से ही तय होता है कि प्रोजेक्ट चलेगा या नहीं।

कहते हैं कि झूठ के पाँव नहीं होते लेकिन इसके बावजूद हम जानते हैं कि वह दिन-रात और हर कहीं चलता है और कभी भी नहीं थकता। झूठ कभी नहीं कहता कि मुझसे अब नहीं चला जाएगा, जबकि सच के पाँव होते हुए भी ज़्यादातर बार वह खुद नहीं चलता। वह अपने पाँवों का इस्तेमाल एक्सलरेटर और ब्रेक दबाने के लिए करता है और लोग कहते हैं कि देखो, सच ने कितनी जल्दी कितनी दूरी पार कर ली है, जबकि सच को भी यह मालूम नहीं होता कि उसने झूठ के पेट्रोल से कार चलाकर दूरी पार कर ली है। झूठ के बारे में यह भी कहा जाता है कि अन्ततः वह नंगा हो जाता है लेकिन क्षमा कीजिए, झूठ नंगा होकर भी ज़्यादा बुरा नहीं लगता, जबकि सच जब नंगा होकर सामने आता है तो उसे देखकर कै होने लगती है, डिप्रेशन हो जाता है, कई बार आत्महत्या करने तक को मन होने लगता है, अपने पर और दूसरों पर से विश्वास खत्म हो जाता है। लोग यह भी कहते हैं कि झूठ, झूठ होता है और सच, सच लेकिन लोग यह नहीं जानते कि 'झूठा-सच' और 'सच्चा-झूठ' जैसा भी कुछ होता है।

इसलिए मुझे झूठ बोलनेवालों से पूरी सहानुभूति है, मगर कृपया झूठ क्षमतानुसार ही बोलें और सच भी उतना ही बोलें, जिससे कि आपका जीवन बर्बाद न हो जाए। आपका झूठ किसी जगह नहीं चल पाए तो आप एक और झूठ बोल दें कि मैंने तो ऐसा कभी कहा ही नहीं था, मेरी बात को सन्दर्भ से काट करके देखा जा रहा है या मेरी बात को तोड़-मरोड़कर पेश किया जा रहा है या मुझे याद नहीं आ रहा है कि मैंने ऐसा कहा था और अगर आपका सच नहीं चल पा रहा है तो यह साफ झूठ बोल दें कि मैंने जो तब कहा था, दबाव में आकर कहा था, इसलिए वह झूठ था और जो मैं कह रहा हूँ, वह सच है। जैसे गाँधीजी युवतियों के कन्धों पर हाथ रखकर चलते थे, उसी तरह आप भी अपना एक हाथ झूठ के कन्धे पर और दूसरा हाथ सच के कन्धे पर रखें तो शायद आपका जीवन भी करीब-करीब आराम से चल जाए और कन्धा अगर एक ही के उपलब्ध हो तो दोनों हाथ उसी के यानी झूठ के कन्धों पर ही रखें तो भी आपका बेड़ा अवश्य पार हो जाएगा। इसलिए मैं अक्सर कहता हूँ कि झूठ ज़िन्दाबाद और झूठ अगर कभी मर भी गया तो वह अमर रहेगा।

नेकी का कुआँ

मैं नेकी नहीं करता इसलिए उसे कुएँ में डाल भी नहीं पाता। वैसे सच बात तो यह है कि हैंडपम्प और बोरवेल के इस ज़माने में कुआँ आस-पास मिलता भी नहीं। मिलता तो मैं उसमें कचरा तो ज़रूर ही डाल आता।

कभी-कभी मुझे लगता है कि वे लोग कितने महान होते होंगे जो नेकी करके उसे कुएँ में डालने जाते होंगे क्योंकि वैसे ही नेकी करना मुश्किल है और ऊपर से उसे कुएँ में डालने की तकलीफ उठाना सिर्फ महान लोगों के वश में ही हो सकता है। मेरे बचपन में कुएँ हुआ करते थे लेकिन मेरे घर के एकदम पास जो कुएँ थे, वे खारे थे और मीठे पानी के जितने भी कुएँ थे, वे सब घर से दूर थे। इसलिए मेरी प्रबल धारणा है कि मीठे पानी के सारे कुएँ नेकी करनेवालों के घर से हमेशा दूर होते हैं। ज़ाहिर है कि नेकी करनेवाले उसे कुएँ में डालने के लिए खारे पानी का कुआँ तो चुनते नहीं होंगे। मीठे पानी का कुआँ हमेशा उन्हीं के घर के आस-पास होता था, जो कुआँ खुद खुदवाते थे। ज़ाहिर है कि कोई आदमी कुआँ अपने घर से दूर क्यों खुदवाने जाएगा! और जो कुआँ खुदवाता है, यह ज़ाहिर-सी बात है कि उसे यह कभी भी पसन्द नहीं आता कि कुएँ में कुछ डाला जाए, भले ही वह कूड़ा न होकर भंग हो या नेकी ही क्यों न हो!

तो मैं कह रहा था, वे कितने महान होते होंगे, जो नेकी करके उसे कुएँ में डालते होंगे हालाँकि मेरे मन में यह सवाल भी बार-बार उठता है कि नेकी जैसी अमूर्त और अदृश्य चीज़ को वे कुएँ में डालते कैसे होंगे! मान लो, वे कुएँ पर जाकर उसे डालने का अभिनय करते होंगे तो क्या पनघट पर खड़ी औरतें उन पर हँसती नहीं होंगी या क्या वे उन औरतों के हँसने के डर से आधी रात को—जब कोई आस-पास नहीं होता—कुएँ पर जाते होंगे? वैसे मेरे दिमाग में यह सवाल भी अक्सर उठता है कि नेकी करनेवाले रात में चुपचाप कुएँ पर जाते ही क्यों होंगे? क्योंकि एक तो नेकी करो और दूसरे उसे चुपचाप कुएँ में

डाल आओ ताकि किसी को पता न चले, तो इसमें कौन सी बुद्धिमानी है? जिस देश में लोग घर के अन्दर भी पूजा करते वक़्त घंटी ज़ोर-ज़ोर से बजाना नहीं भूलते, जिस देश में सत्यनारायण की कथा और भगवती जागरण कराते वक़्त भी लोग लाउडस्पीकर लगवाना ज़रूरी समझते हैं ताकि पूरे मोहल्ले में उनकी भक्ति-भावना का अच्छी तरह प्रचार-प्रसार हो जाए, वहाँ ऐसा मूर्ख कौन रहा होगा जो नेकी को कुएँ में डालने के लिए आधी रात तक जागता होगा और फिर भी कई बार इस गलतफहमी का शिकार हो जाता होगा कि वह नेकी नहीं, कुएँ में कचरा डालने आया था! इसलिए मुझे तो लगता है कि नेकी करनेवाला अक्सर कुएँ तक बैंडबाजे के साथ ही जाता होगा ताकि किसी को किसी तरह की ग़लतफहमी भी न हो और शहरभर को पता चल जाए कि इसने नेकी की है और देखो, यह कितना महान है कि इसे वह कुएँ में डालने जा रहा है। मेरा तो खयाल यह भी है कि वह साथ में किसी पंडित को भी ज़रूर ले जाता होगा ताकि वहाँ संकल्प लेकर नेकी को कुएँ में डाल सके। पंडित पूछता होगा उससे कि तुमने किसके साथ नेकी की है, जिसे तुम आज कुएँ में डालने आए हो तो वह अपने तमाम जाति-भाइयों, मोहल्लेवालों, मित्रों और रिश्तेदारों की उपस्थिति में यह बताता होगा कि उसने किसके साथ नेकी की है; बल्कि सम्भव होता होगा तो वह उस आदमी को भी साथ में ले जाता होगा जिसके साथ उसने नेकी की है ताकि उसे भी पता रहे और वक्त-ज़रूरत यह प्रमाण काम में आए। इस अवसर पर वह वीडियो फिल्म बनवाना भी कतई नहीं भूलता होगा।

तो इस प्रकार मेरी दृढ़ मान्यता बन रही है कि नेकी को कुएँ में डालने का काम वास्तव में गोपनीय ढंग से नहीं; बल्कि बहुत धूमधाम से सम्पन्न होता होगा और उस ज़माने में भी इस पर लाखों नहीं तो हज़ारों रुपये ज़रूर खर्च हो जाते होंगे—भले ही करनेवाले ने टकेभर की नेकी क्यों न की हो! इस देश की यह महान परम्परा रही है और आज भी है कि किसी विकलांग को मात्र एक तिपहिया साइकिल भी देनी है तो फंक्शन पाँच सितारा होटल में होगा और चारों तरफ उस 'महान घटना' को दर्ज करने के लिए कैमरे और वीडियो कैमरे लगाए गए होंगे। उस मौके पर पत्रकारों को भी कार भेजकर बुलवाया गया होगा और उनके लिए सबसे आगे की सीट आरक्षित की गई होगी। कार्यक्रम के बाद उन्हें अच्छा-सा यादगार तोहफा भी दिया गया होगा और ऑफकोर्स, कॉकटेल तथा डिनर का प्रबन्ध तो करवाया ही गया होगा!

इस तरह मेरा खयाल है कि नेकी कर कुएँ में डाल का मतलब यह बिलकुल नहीं है, जैसाकि हम जैसे साधारण लोग मूर्खतावश समझ लेते हैं क्योंकि कुछ भी कहिए नेकी कचरा नहीं है जिसे कि रात के अँधेरे में चुपचाप कुएँ में डाल देने को मन ललचाए। आजकल कुएँ नहीं रहे, इससे मेरे जैसे लोगों को तो खैर, कोई समस्या पैदा नहीं हुई, जो नेकी करते ही नहीं हैं। हाँ, बल्कि अच्छा ही है क्योंकि कुएँ होते तो नेकी करने का खयाल आता रहता और नेकी न करने पर मन में पश्चात्ताप भी रहता। वैसे समस्या उनके लिए वाकई गम्भीर है जो आज भी नेकी करने की इच्छा रखते हैं और कुएँ के अभाव में उसे कहाँ डाला जाए, यह समझ नहीं पाते। वैसे ऐसी नेकी का फ़ायदा भी क्या जो कुएँ में न डाली जा सके यानी उसका 'प्रापर' ढंग से निस्तारण न हो सके! और ऐसे कुएँ का भी क्या फ़ायदा जिसका सिर्फ पानी पिया जा सके, जिसमें कचरा या भंग अथवा नेकी डालने की सुविधा न हो!

बहरहाल जो लोग इन दिनों भी नेकी करने की आदत से लाचार हैं, उनमें से कल्पनाशील लोगों ने अखबार या टी.वी. चैनलरूपी कुएँ में उसे डालने का रास्ता ढूँढ लिया है। लेकिन कुएँ और अखबार-टी.वी. में बुनियादी फर्क़ है। यह तो ठीक है कि एक बार कोई खबर अखबार में या टी.वी. में आ जाए या दोनों में ही साथ-साथ आ जाए तो नेकी करनेवाले की ज़बर्दस्त पब्लिसिटी हो जाती है, मगर मान लो नहीं आए तो घनघोर निराशा भी होती है। नेकी करने का 'परपज़' ही 'डिफिट' हो जाता है। कुआँ इसके विपरीत होता है। अगर उसमें कोई औरत हताश होकर डूबना भी चाहती है तो कुआँ उसे रोकता नहीं। जहाँ तक अखबारों और टी.वी. चैनलों का सवाल है, उनका इंटरेस्ट वैसी भी आजकल नेकी में कम, बदी में ज़्यादा है। इसकी वजह यह है कि अखबार अकारण नहीं बिकते और टी.वी. चैनलों की टी.आर.पी. इस वजह से नहीं बढ़ती कि उनमें नेकी की खबरें कितनी ज़्यादा हैं; बल्कि इससे बढ़ती है कि उनमें बदी के कितने ज़्यादा हौलनाक समाचार हैं! इसलिए ज़रूरी नहीं कि आपने नेकी का काम किया हो, फाइव स्टार होटल में उस अवसर पर भव्य आयोजन किया हो, पत्रकारों को खिलाया- पिलाया हो तो अखबार में या टी.वी. पर खबर नज़र आ ही जाए। कई संवाददाता मेरी तरह समझदार होते हैं जो आपके आग्रह पर मुफ़्त की दारू पी जाते हैं, खाना भी खा लेते हैं मगर खबर गोल कर देते हैं। ज़ाहिर है कि ऐसे अखबार-टी.वी. वालों के खिलाफ आप कंज़्यूमर फोरम में नहीं जा सकते कि इनके आदमी को हमने खिलाया-पिलाया था, मगर इन्होंने खबर नहीं दी। इसलिए आजकल नेकी

करना जितना मुश्किल है उतना ही उसकी पब्लिसिटी कराना भी है यानी उसे कुएँ में डालना भी है। इसलिए इस धरती पर मेरे जैसे लोग ही परम सुखी हैं जो नेकी करने की कोशिश इसलिए भी नहीं करते क्योंकि नेकी की अगर पब्लिसिटी न हो पाए तो नेकी-कर्ता का ब्लड प्रेशर बढ़ता है और उसका सीधा असर उसके दिल पर पड़ना लाजिमी है। इसलिए ऐसे झंझट में पड़ना ही क्यों? किसने मना किया है, बिना नेकी किए आराम से जीओ और जीने दो के सिद्धान्त में विश्वास करने में!

महँगाई है तो सामना कीजिए न!

प्रधानमंत्री और वित्तमंत्री ने कहा है कि महँगाई को काबू में रखने के हर सम्भव प्रयास किए जा रहे हैं, इसलिए जनता को धीरज रखना चाहिए और उन पर विश्वास रखना चाहिए। बिलकुल ठीक ही तो कहा है उन्होंने! अरे महँगाई बढ़ी है और देश में अभी तो कहने को एक सरकार भी है तो फिर धीरज रखो और आश्वस्त रहो कि किसी-न-किसी दिन वह काबू में आ ही जाएगी। अभी तक कितनी ही बार, कितनी ही सरकारों ने बार-बार महँगाई को काबू में किया ही है तो यह सरकार भी कर लेगी। इसमें समस्या क्या है? वैसे भी यह महँगाई है, कोई शेर तो है नहीं जो आपको देखते ही खा जाएगा और महँगाई का सामना तो भाइयो-बहनो, आप पहले भी करते रहे हैं। इसमें इतना शोर मचाने की ज़रूरत क्या है? अरे, कोई नई समस्या होती, कोई नई चुनौती होती तो समझ में भी आता कि हाय, इस देश की जनता इस समस्या का सामना कैसे करेगी! सरकार को जनता की मदद करनी चाहिए लेकिन जब जनता को समस्या का भी अच्छी तरह पता है और उसके समाधान का भी, तो बेहतर यही है कि सरकार को बार-बार दोष देने की बजाय जनता स्वयं अपने स्तर पर इस समस्या को सुलझाने के उपाय ढूँढे, हालाँकि सरकार भी हमेशा की तरह महँगाई को काबू करने के प्रयास में लगी हुई है। यह तो सामान्य ज्ञान की बात है कि जो जानवर या आदमी अक्सर काबू में रहता है, वह कभी-कभी बेकाबू भी हो जाता है। आपके बच्चे तक पूरी तरह आपके काबू में नहीं रहते हैं तो फिर ये तो भाई, महँगाई है! इसे भी बीच-बीच में बेकाबू हो जाने का डेमोक्रेटिक हक है या नहीं!

फिर ऐसा भी नहीं है कि महँगाई केवल हमारे महान देश में ही बढ़ रही है। सारी दुनिया में बढ़ रही है तो बताइए, हमारे महान देश की महान सरकार चाहे भी तो इसका सामना अकेले कैसे कर सकती है? वह अपने प्रयत्नों से उसे जितना सुलझा सकती है, उतना सुलझा रही है। क्या कहा बहनजी आपने,

जमाखोरों के खिलाफ यह सरकार कदम क्यों नहीं उठाती? अरे उठाएगी, ज़रूर उठाएगी। समय आने पर ज़रूरी हुआ तो उनके खिलाफ़ भी कदम उठाएगी लेकिन अगर इसके बिना ही महँगाई काबू में आ जाए तो क्या आपको इससे एतराज है?- आखिर तमाम पार्टियों को चन्दा तो वे ही देते हैं न, आम जनता तो नहीं देती तो उनका भी तो भरपूर खयाल रखना सरकार के लिए ज़रूरी हो जाता है! मगर महँगाई किसी भी तरह काबू में नहीं आई तो निश्चित रूप से सख्त कदम भी उठाएगी सरकार। कम-से-कम उनके खिलाफ़ एक वक्तव्य तो सत्ताधारी पार्टी की ओर से तुरन्त जारी करवा देगी क्योंकि हर मामले में सरकार का सीधे दखल देना भी ठीक नहीं होता। इससे आर्थिक उदारीकरण की प्रक्रिया को धक्का पहुँचता है और वैसे भी सच पूछो तो आजकल सरकार से डरता कौन है? छोटे-मोटे गुंडे तक तो उससे डरते नहीं तो जमाखोर क्यों डरेंगे? वैसे भी अपनी ही सरकार से भला वे डरें भी क्यों?

महँगाई बढ़ने से हद-से-हद होगा क्या? यही न कि जो आज दो टाइम खाते हैं, वे एक टाइम खाएँगे और जो एक टाइम पहले से ही खा रहे ,हैं, वे कुछ नाश्ता-उश्ता करके काम चलाएँगे और जिनके पास नाश्ते के लिए भी पैसे नहीं हैं, भई उनका उद्धार तो हमारी क्या, कोई भी सरकार नहीं कर सकती! वैसे भी इन भूखों पर महँगाई का असर होगा भी क्या? वे हद-से-हद जल्दी मर ही तो जाएँगे न! महीनेभर बाद मरनेवाले थे, तो आज मर जाएँगे! बस, इतना-सा फ़र्क़ आएगा! यह मामूली फ़र्क़ है! अब इतने फर्क़ की भी चिन्ता सरकार करने लगी तो चल चुकी सरकार! हो चुका आर्थिक उदारीकरण! बन चुका यह देश विश्व की महान आर्थिक शक्ति!

और जैसा कि प्रधानमंत्री जी ने स्वयं कहा है, महँगाई दरअसल उतनी है नहीं जितना कि उसका हौवा खड़ा किया जा रहा है। क्या कहा आपने, प्रधानमंत्री को महँगाई का क्या पता? आपकी बात वैसे सही हो सकती है लेकिन फिर भी फाइलें पढ़कर, अखबार और टी.वी. देखकर तो उन्हें पता चल ही जाता है कि हाँ, महँगाई बढ़ रही है। फिर वे अर्थशास्त्री भी तो हैं, उन्हें ऐसे भी समझ में नहीं आता होगा तो आँकड़े देखकर तो उन्हें निश्चित रूप से समझ में आ जाता होगा और फिर हो-न-हो मगर लोकतंत्र में प्रधानमंत्री को आखिर जनता का प्रतिनिधि तो माना ही जाता है इसलिए मानना चाहिए कि इन प्रधानमंत्री जी को भी—जो प्रधानमंत्री कम और नौकरशाह ज़्यादा लगते हैं—कुछ-न-कुछ तो जनता का दर्द भी महसूस होता होगा! इन्हें भी लगता तो होगा कि महँगाई नहीं बढ़ती तो कितना अच्छा होता! लेकिन अब बढ़ गई है

तो भई, बढ़ गई है। उसका भी सामना करेंगे हमारे प्रधानमंत्री। विपक्ष का सामना कर सकते हैं तो महँगाई का सामना क्यों नहीं कर सकते?

वैसे देखें तो महँगाई बढ़ने के अपने फायदे भी हैं। ठीक है कि इस समय गर्मी का मौसम है, लू चल रही है, तापमान बढ़ रहा है तो प्याज खाना कुछ ज़रूरी-सा लगता है लेकिन मान लो गर्मी का मौसम नहीं होता तो प्याज खाने की ऐसी ज़रूरत भी क्या थी? आपको पता है कि जब गृहिणी प्याज काटती है तब उसकी आँखों में आँसू आ जाते हैं और कोई भी अच्छा पति, अपनी पत्नी की आँखों में आँसू कैसे देख सकता? और देख सकता है तो भी आदर्श पति को देखना नहीं चाहिए और यह भी बताते हैं कि प्याज खाने से कामोत्तेजना बढ़ती है तो इसका बढ़ना भी तो समाज के हित में नहीं है! इसके अलावा आपको पता है कि आदमी कच्चा प्याज खा ले तो उसके मुँह से बहुत तेज़ बदबू आती है। तो इस प्रकार महँगाई हो तो कुल मिलाकर प्याज कोई खाने लायक चीज़ तो है नहीं। आदमी प्याज न खाकर कई प्रकार के नुकसानों से खुद को तो बचा ही सकता है और उसमें परोपकार की भावना का विकास हो चुका हो तो दूसरों को भी बचा सकता है। जहाँ तक टमाटर का सवाल है, उसे खाना तो वैसे भी ज़रूरी नहीं है। यह भ्रम पहले मुझे भी था कि टमाटर खाने से गाल लाल हो जाते हैं, इसलिए गाल लाल करने के चक्कर में मैंने तो जब भी टमाटर सस्ते हुए, खूब खाए लेकिन मेरे गाल शर्म के अलावा आज तक किसी भी चीज़ से लाल नहीं हुए! गेहूँ के महँगा होने से प्राब्लम ज़रूर होती है लेकिन गेहूँ के महँगा होने से भी होगा क्या कि इससे लोग चार के बजाय तीन और तीन के बजाय दो रोटी खाने लगेंगे और इस प्रकार कम खाकर वास्तव में अपना स्वास्थ्य ही बनाएँगे। खासकर लड़कियों को तो इससे बहुत फ़ायदा होगा, जो चाहती हैं कि छरहरा दिखने के लिए कम खाएँ लेकिन उनके माँ-बाप उन्हें ज़बर्दस्ती ज़्यादा खाने के लिए मजबूर किया करते हैं। जहाँ तक दालों के महँगे होने की समस्या है तो आप जानते ही हैं कि पानी की मात्रा ज़्यादा बढ़ा देने से इसका समाधान आसानी से निकल आता है। बस, दाल होने का भ्रम हो जाए तो आदमी उससे चावल भी खा सकता है और रोटी भी! इस तरह देखें तो महँगाई की समस्या का हर हल हमारे देश में उसी तरह पहले से मौजूद है, जिस तरह से हमारे धर्मग्रंथों में विज्ञान के तमाम आविष्कार भी बहुत पहले से मौजूद हैं। फिर भी सरकार ने महँगाई घटाने के गम्भीर प्रयास तो किए ही हैं। उसने कोशिश करके इस्पात की कीमतें घटवा दी हैं तो फिलहाल इस्पात सस्ता है, उसे ही जनता को खरीद लेना चाहिए क्योंकि क्या पता कि कल यह फिर से महँगा हो जाए और फिर से

जनता को रोने का एक नया बहाना मिल जाए। इसके अलावा बाज़ार में कारें भी सस्ती हो रही हैं और अब तो टाटा साहब एक लाख रुपये की कार भी बाज़ार में ला रहे हैं तो आप कार खरीदें और चलाएँ! आप कहेंगे कि भैया, पेट्रोल तो महँगा है, मगर इस सबका तो भैया, एक जवाब है कि दुखी लोग तो हमेशा ही दुखी रहेंगे। उधर मोबाइल भी सस्ते हो रहे हैं और उनसे कॉल करना भी सस्ता हो रहा है तो जब भी ज़्यादा भूख लगे, खाने की बजाय किसी अपने को कॉल कीजिए, भूख की समस्या हल! इस प्रकार ज़रा नज़र दौड़ाएँ तो देश में बहुत कुछ महँगा हो रहा है तो बहुत कुछ सस्ता भी हो रहा है। लेकिन हमारे देश में लोग गेहूँ, चावल, सब्जी से ही इतने ज़्यादा चिपके रहना चाहते हैं और उसी से महँगाई को मापना चाहते हैं तो मापें, उनकी मर्जी! कार, टी.वी., कम्प्यूटर, मोबाइल से वे दूर रहना चाहते हैं तो रहें और उन्हें रोना ही पसन्द है तो रोएँ न! उन्हें कौन रोकता है, यह प्रजातंत्र है, सबको यहाँ रोने का पूरा हक़ है!

लोगों को यह बात भी पता नहीं क्यों समझ में नहीं आती कि महँगाई ही बढ़ी है न, सेंसेक्स तो नीचे नहीं गिरा है न! सेंसेक्स नीचे गिरता है तो सरकार को मालूम है कि उसे झट से ऊपर कैसे उठाया जाता है। लेकिन महँगाई की विशेषता यह है कि वह तो ससुरी अपने आप ही ऊपर उठ जाती है, उसे उठाना नहीं पड़ता, इसलिए उसे तो भई, सिर्फ काबू ही किया जा सकता है। और आप जानते हैं कि किसी को काबू करना कितना मुश्किल होता है! किसी को ऊपर उठाना आसान होता है, मगर काबू करके नीचे गिराना मुश्किल होता है; बल्कि असम्भव और एक तरह से देखो तो नीचे गिराना सरकार का काम भी नहीं है। लेकिन एक बात हम आपको बता दें कि ये सरकार भाग्यवादी नहीं है, कर्मवादी है और जो कर्म करता है, वह एक-न-एक दिन सफल होता है। यह सरकार भी कभी-न-कभी अपनी लक्ष्य-प्राप्ति में अवश्य सफल होगी। सरकार के प्रयासों के परिणाम पिछले दो-तीन महीनों में आपको ज़रूर देखने को नहीं मिले हैं लेकिन भविष्य में कभी-न-कभी तो देखने को मिलेंगे ही। बस, धैर्य रखें, विश्वास रखें। वैसे भी महँगाई के मामले में सरकार पर विश्वास रखने के अलावा जनता के पास कोई और उपाय भी क्या है? इसलिए आप सरकार पर विश्वास कीजिए और आनन्द से रहिए। अगर सरकार आपका भला नहीं कर सकती तो भगवान तो आपका भला ज़रूर करेगा और सरकार को भी अपने से अधिक भगवान पर विश्वास है और वह मानती है कि भगवान बड़ा दयालु है। वह जनता का ही नहीं, इस सरकार का भी एक दिन अवश्य भला करेगा। ओउम शान्ति!

जमाखोर बचाओ, देश बचाओ

अगर मेरी स्मृति ठीक है तो भारत देश में कभी एक प्रजाति हुआ करती थी जिसे जमाखोर कहा जाता था। जब भी बाज़ार से चीनी, गेहूँ या दैनिक ज़रूरत की चीज़ें गायब हो जाती थीं तो सरकार फौरन उस प्रजाति के लोगों के यहाँ आवश्यक वस्तु अधिनियम के अन्तर्गत छापे मारती थी। कुछ माल पकड़ा जाता था और सरकारी स्रोतों से अग्रिम जानकारी प्राप्त हो जाने के कारण ज़्यादातर माल सुरक्षित ठिकानों पर पहुँच जाता था। सरकार सख़्ती दिखाने का ड्रामा करने के लिए कुछ जमाखोरों को दो-चार दिन के लिए या सुबह से शाम तक के लिए जेल में डाल देती थी और इसके बाद वही होता था, जो सत्यनारायण की कथा के अन्तिम अध्याय में होता है यानी सरकार, पुलिस, जमाखोर इत्यादि सब जमाखोरी रोकने के अगले ड्रामे तक सुखी हो जाते थे। कुछ समय बाद फिर जमाखोर, फिर से उसी तरह जमाखोरी शुरू कर देते थे, जैसे बीमार आदमी स्वस्थ होने पर खिचड़ी छोड़कर दाल-चावल-रोटी खाना शुरू कर देता है। फिर एक दिन एक्जैक्टली वही ड्रामा होता था और फिर वही सत्यनारायण की कथावाला या इसे इस प्रकार भी कह सकते हैं कि बम्बइया फिल्मों जैसा अन्त होता था। लेकिन यह बात अब इतनी ज़्यादा पुरानी हो चुकी है कि मुझे भी अब कभी-कभी शक होता है कि क्या वाकई मेरी स्मृति ठीक है या क्या यह मेरी कोरी कल्पना है कि कभी जमाखोर भी होते थे और उनके साथ ऐसा बुरा व्यवहार भी कभी-कभी संयोग से सरकार द्वारा कर दिया जाता था!

मैंने अपने एक हमउम्र दोस्त से पूछा कि यार, यह बता कि उस समय वाकई क्या इस देश में जमाखोर होते थे? वैसे डिक्शनरी में ये शब्द मौजूद हैं, मगर डिक्शनरी में तो न जाने क्या-क्या मौजूद होता है, जो मौजूद नहीं होता है, वह भी डिक्शनरी में ज़रूर होता है और काफी विस्तार से होता है, इसलिए हो सकता है कि आज की तरह उस ज़माने में भी जमाखोर न होते हों। अब तू ठीक से याद करके बता, क्या पहले वाकई जमाखोर होते थे? उसने कहा

कि यार, मेरी स्मृति तो तेरे से भी खराब है, मगर तू कह रहा है तो मुझे भी याद आ रहा है कि शायद होते थे। यह भी याद आ रहा है कि उन्हें बहुत नीची नज़रों से देखा जाता था, चोर समझा जाता था। उसने पूछा, लेकिन तू ये बता, तूने ये सवाल अचानक क्यों पूछा? क्या अपने संस्मरण लिख रहा है? अरे तुझसे मैंने कितनी बार कहा कि तू अतीत को लेकर मत रोया कर और जो सामने है उसमें जिया कर, मगर लगता है, तुझे बुढ़ापे में भी कोई अकल नहीं आई। मैंने कहा कि यार, तू क्या बात करता है, मैं तो आज में ही जीता हूँ। कहे तो ठुमका लगाकर दिखाऊँ? उसने कहा—"नहीं, इतना भी मॉडर्न मत बन कि तेरी कमर को कुछ हो जाए तो भाभीजी मुझसे कहें कि क्या देवरजी, आपको ये क्या-क्या सूझती रहती है? अब इनकी सेवा-टहल कौन करेगा, आप करेंगे क्या? तो ऐसा पाप मुझे मत लगा।" मैंने कहा—"मैं अभी इतना बूढ़ा कहाँ हुआ हूँ भई?" "जवान है तू?" यह कहकर वह हँसा। मैंने कहा उससे, "चल, मज़ाक छोड़, मूल विषय पर आ। क्या तुझे सचमुच ऐसा नहीं लगता कि जब से देश में आर्थिक उदारीकरण शुरू हुआ है तब से जमाखोरों की महत्वपूर्ण प्रजाति का ही इस देश से सफाया हो गया है? किसी पूरी की पूरी प्रजाति का विनष्ट हो जाना वास्तव में राष्ट्रीय बल्कि अन्तरराष्ट्रीय चिन्ता का विषय होना चाहिए, मगर यहाँ तो हाल यह है कि स्थानीय स्तर पर भी चिन्ता नज़र नहीं आती। सच कहूँ तो ऐसा बुरा समय हमने कभी नहीं देखा। अब तो मन होता है कि मर जाएँ।" "नहीं, नहीं," उसने कहा—"ऐसा निराशावाद ठीक नहीं है। जब जवानी के दिनों में आत्महत्या करने जैसी परिस्थितियाँ आईं, तब हमने आत्महत्या नहीं की तो अब क्यों करें? तुम भी मेरी तरह घर में आराम से बैठो, पेंशन लो और मजे करो। वैसे तुम चाहो तो हम यह भी कर सकते हैं कि इस बारे में लेख लिखकर लोगों को जागरूक बनाएँ, उनमें चेतना जगाएँ। हमें लोगों को बताना चाहिए कि जमाखोरों की पूरी प्रजाति आर्थिक उदारवाद की भेंट चढ़ रही है, उसे तत्काल बचाना ज़रूरी है, ताकि कहीं ऐसा न हो कि हालात इतने बुरे हो जाएँ कि कल इसके जींस तक हमारे देश में मिलना बन्द हो जाएँ। हमें कहना चाहिए कि इतनी प्रोग्रेस भी ठीक नहीं है कि आज़ादी के बाद कुछ वर्षों तक आराम से फलती-फूलती यह प्रजाति पर्याप्त संरक्षण के अभाव में पूरी तरह नष्ट हो जाए। उसके बारे में नई पीढ़ी को जानना हो तो म्यूजियम तक में उसे कुछ न मिले। अपने समय के 'महान जमाखोरों' के चित्र तक देखने को उसे नहीं मिलें! यह किसी लोकतंत्र के लिए अच्छी स्थिति नहीं है। जब छोटी-छोटी अनाम प्रजातियों को नष्ट होने से बचाने के लिए राष्ट्रीय-अन्तरराष्ट्रीय स्तर पर

इतने प्रयत्न हो रहे हों तो यह सवाल हमें अपने आप से पूछना चाहिए कि कभी इतनी प्रभावशाली रही इस प्रजाति की ऐसी घोर उपेक्षा क्यों?

मैं उससे सहमत हूँ और मैं 'जमाखोर बचाओ, देश बचाओ' अभियान चलाना चाहता हूँ। आपसे विनम्र निवेदन है कि आप भी इसमें हमारा हृदय से सहयोग दें।

सेंसेक्स ही सत्य है

सेंसेक्स ही सत्य है
सेंसेक्स ही शिव है
सेंसेक्स ही सुन्दर है
सेंसेक्स, सेंसेक्स, सेंसेक्स...

हमारे मुन्ने का मुन्ना यह गा रहा था। आप समझ सकते हैं कि इसे सुनकर हमें कितना गुस्सा आया होगा; बल्कि गुस्से के अलावा कुछ आया ही नहीं होगा। हम ठहरे 'सत्यम्, शिवम्, सुन्दरम्' की पीढ़ीवाले और ये बेवकूफ निकला सेंसेक्स को ही 'सत्यम्, शिवम्, सुन्दरम्' माननेवाला! फिर भी चूँकि वह हमारे मुन्ने का मुन्ना था, इसलिए उसे शान्ति से ही समझाने की कोशिश हमें करनी पड़ी (अपना मुन्ना होता तो हम सबसे पहले उसके कान उमेठकर दो थप्पड़ जमाते और चेतावनी देते कि ख़बरदार जो ऐसा गाना फिर कभी गाया तो साले की टाँग दूँगा।)—''बेटा, गाने की ऐसी-तैसी क्यों कर रहे हो? असली गाने में सेंसेक्स कहीं नहीं है।''

''दादू, डोंट बोर मी। अपना असली गाना अपने पास रखो। अभी एक नया एलबम आया है, उसका यह सबसे पापुलर गाना है। क्या मस्त है दादू! आप भी ध्यान से सुनेंगे तो झूम उठेंगे। आप पुराने को बिलकुल भूल जाएँगे। कहेंगे कि वो गाना बकवास था।'' इस तरह उसने एक तरह से हमें डाँट दिया था कि ख़बरदार जो मेरे काम में दखलंदाजी करने की कोशिश की तो! अपने बेटे के यहाँ पड़े हो तो शान्ति से रहना सीखो। फिर भी मैंने साहस करके कहा—''बेटा, हमें क्या खाक मज़ा आएगा। अच्छे-खासे गाने का मज़ा बिगाड़नेवाले गाने को सुनकर हमें मज़ा आए, यह हो नहीं सकता।''

''क्या बिगाड़ा है इस गाने ने दादू आपका? सच तो यह है कि इसने पुराने गाने को सुधार दिया है। उसे सत्य के बेहद करीब ला दिया है। आपकी पीढ़ी झूठमूठ ही 'सत्यम्, शिवम्, सुन्दरम्' कहती रहती थी, जबकि सच तो यह है कि

उसका विश्वास न सत्य में था, न शिव में और न सुन्दर में। उसका विश्वास सिर्फ अपने स्वार्थ में था। वह सच्चाई का सामना करने से कतराती थी, इसलिए इस तरह के गाने पसन्द करती थी। हमारी पीढ़ी टनाटन सच बोलती है और सच को 'एनज्वाय' करना भी जानती है, इसीलिए हम ही गा सकते हैं : 'सेंसेक्स ही सत्य है...।' हम अच्छी तरह से जानते हैं कि 'सेंसेक्स सत्य भी है, सुन्दर भी है और शिव भी है।'''

एक तरह से उसने फिर मुझे बरज दिया था। मैं नया-नया रिटायर हुआ हूँ, अभी मुझे पैसे का थोड़ा नशा है, इसलिए इतना आत्मविश्वास भी मुझमें है कि बेटे के बेटे के सामने अड़ सकूँ। मैंने जवाब दिया, हालाँकि विनम्रता से ही दिया—''भविष्य की भविष्य जाने, पर पोते जी, तुम ये तो बताओ कि सेंसेक्स साला सत्य, शिव और सुन्दर कैसे हो सकता है? ये कोई बात हुई भला?''

''यह हमसे क्यों पूछते हो दादू, आपने नई आर्थिक नीति के पैरोकार माननीय प्रधानमंत्री जी से पूछ लिया होता, उनके वित्तमंत्री जी से पूछ लिया होता, अटलजी और उनके वित्तमंत्रियों से पूछ लिया होता तो शायद आपको बहुत पहले, बहुत सही उत्तर मिल चुका होता! लेकिन उनसे पूछने की आपकी हिम्मत हुई नहीं और आप मुझ पर यानी अपने पोते पर रौब गाँठ रहे हैं। खैर, दादू! वैसे आप सचमुच ईमानदारी से यह बताइए कि पिछले पन्द्रह साल से देश का सत्य, शिव और सुन्दर क्या सेंसेक्स के अलावा कुछ और है? अगर आपसे भी पहले की पीढ़ी के प्रधानमंत्री इस सत्य को बहुत पहले समझ चुके हैं तो आपको ही इसे जानने-समझने में इतना समय क्यों लग रहा है? आप क्या अख़बार नहीं पढ़ते? वैसे हो सकता है, प्रधानमंत्री जी ने भी कभी आपकी ही तरह 'सत्यम्, शिवम्, सुन्दरम्' का नारा लगाया होगा या किसी से उन्होंने सुना होगा, मगर जब से वे पावर में आए तब से उन्हें समझ में आ गया कि 'सत्यम्, शिवम्, सुन्दरम्' बकवास है, कोरा दिखावा है। वास्तव में सत्य, शिव और सुन्दर तो सेंसेक्स ही है और कुछ नहीं है। अतः वे सेंसेक्स की आराधना में लग गए। इस तरह राजनीति की सीढ़ियाँ चढ़ते गए और एक आप हैं कि उनसे यंग होकर उनसे भी ज़्यादा बूढ़े नज़र आ रहे हैं। आपको अभी तक यह सत्य समझ में नहीं आया है। क्या आप कभी कम्युनिस्ट विचारधारा से प्रभावित तो नहीं रहे हैं? क्योंकि कम्युनिस्टों को ही सारी बातें देर से समझ में आती है। दादू, इस नई इकनॉमिक पॉलिसी को आए अब तो 15 साल से ज़्यादा हो चुके हैं। इसकी कृपा से आपको वालंटरी रिटायरमेंट लेने को मजबूर होना पड़ा था, मगर फिर भी आप अभी तक नासमझ के नासमझ बने हुए हैं! मुझे तो शर्म आती है कि

मेरे दादू होते हुए भी आपका समझ के मामले में आज तक इतना बुरा हाल क्यों है! अभी भी समय है दादू, सुधर जाइए। स्मार्ट बनिए। अरे उतना स्मार्ट तो बनिए, जितने कि हमारे-आपके मनमोहन सिंह जी हैं। वे कभी वक़्त से पीछे नहीं रहे। उल्टे वक़्त पर ही यह आरोप लग सकता है कि वह मनमोहन सिंह जी से पीछे है। इसी वजह से मनमोहन सिंह जी को कभी वालंटरी रिटायरमेंट नहीं लेना पड़ा और आप ज़बर्दस्ती रिटायर कर दिए गए। रिटायरमेंट के बाद वह देश के वित्तमंत्री बने और आज वे प्रधानमंत्री हो चुके हैं और आप हैं कि आपसे रिटायर होने के बाद घर में आराम से लेटा-बैठा भी नहीं जा रहा है। आप कुछ नहीं तो पोते के गाने पर ही टीका-टिप्पणी करके अपनी विद्वत्ता झाड़ रहे हैं।''

देखा आपने मेरे पोते को! किस तरह वह मेरा अपमान कर रहा है! अभी तो वह कमाता भी नहीं है, तब उसका यह हाल है। इसका बाप अगर सुन लेता न कि यह उसके बाप के साथ इस तरह से पेश आ रहा है तो वह ज़रूर इसे दो झापड़ जमा देता। वैसे क्या पता, वह ऐसा नहीं भी करता। इसलिए अच्छा ही है कि वह इस समय नज़रों के सामने नहीं है लेकिन मैं अपनी बात पर पोते के सामने फिर भी बहादुरी से अड़ा रहा। मैंने जवाब दिया—''पोते, मैं अपने को विद्वान तो नहीं समझता क्योंकि मैं कभी विद्वान रहा ही नहीं, मगर तुम मुझे यह नहीं समझा पाए हो कि यह ससुरा सेंसेक्स सत्य, शिव और सुन्दर कैसे हो सकता है? सत्य तो बच्चे, हमेशा सत्य ही रहेगा। सेंसेक्स भला सत्य कैसे हो जाएगा?''

''इतना खुलासा कर दिया मैंने दादू, आपके सामने मगर आपकी तो सुई वहीं की वहीं अटकी हुई है। लगता है, आपका रिकॉर्ड पुराना पड़कर घिस चुका है। देखते नहीं आप, सेंसेक्स जब कभी गलती से गिरता है न, तो चाहे रंगीन टीवी देखो या रंगीन अखबार पढ़ो, ऐसा लगता है कि जैसे सारे देश को साँप सूँघ गया है। ऐसा मातम छा गया जाता है चारों ओर, जैसा शायद गाँधीजी के मरने पर भी देश में नहीं छाया होगा। उधर जब सेंसेक्स उठता है और प्रतिदिन उठता चला जाता है तो देश में जैसे बिन मौसम दीवाली मनने लग जाती है। सेंसेक्स ऊपर होता है तो हमारे प्रधानमंत्री और वित्तमंत्री खुश रहते हैं और सेंसेक्स नीचे हो जाता है तो उनके दिल की धड़कन जैसे बन्द हो जाती है। उनके चेहरे ऐसे लटक जाते हैं, जैसे हमारे इस देश में कुछ अशुभ घटित हो गया हो! इनके लिए सारा देश जाए भाड़ में, विदर्भ और आन्ध्र के सारे किसान चाहे एक साथ, एक दिन में आत्महत्या कर लें, मगर सेंसेक्स को एक पाइंट भी

नीचे नहीं गिरना चाहिए। इसलिए सेंसेक्स हमारे नेताओं का असली जीवन है, मन है, प्राण है, आत्मा है, परम सत्य है, एकमेव शिव है, सुन्दर है। कह सकते हैं—'सेंसेक्स है जहाँ सरकार है वहाँ।' हम यह नारा भी लगा सकते हैं : 'हर ज़ोरज़ुल्म की टक्कर में, सेंसेक्स सरकार का नारा है।' साबुन की थैली के एक विज्ञापन की तर्ज पर हम यह भी कह सकते हैं कि उसकी कमीज़ मेरी कमीज़ से सफेद इसलिए है कि उसका पैसा शेयर मार्केट में लगा हुआ है और मेरा बैंक में सड़ रहा है।''

मैंने पोते को टोका, मगर वह टुका नहीं। बोलता गया—''दादू, आप पहले मुझे अपनी बात पूरी करने दीजिए। सभ्यता यही कहती है। हाँ, तो मैं कह रहा था दादू कि सेंसेक्स को हिन्दी में आप लोग शायद संवेदी सूचकांक कहते हैं, यानी संवेदनशीलता की सूचना देनेवाला आँकड़ा कहते हैं लेकिन यह आँकड़ा कितना ज़्यादा संवेदनशील है कि इस बेचारे को बाज़ार के अलावा जगतगति बिलकुल व्यापती ही नहीं। कहीं बम गिर जाए, कहीं लोग भूख से मर जाएँ, देश में कहीं भूकम्प आ जाए, अयोध्या में बाबरी मस्जिद गिर जाए, सरकार गिर जाए, आगरा का ताजमहल बिक जाए, निठारी कांड हो जाए या मंत्री मल्टीनेशनल के हाथों बिक जाए, मगर संवेदी सूचकांक अनवरत गति से बढ़ता रहता है। संतों को जिस तरह सीकरी से काम नहीं होता था, उसी तरह सेंसेक्स को भी इस भारत देश से कोई लेना-देना नहीं है। इसे बस अपने और सिर्फ अपने बढ़ने से मतलब है। वह एक दिन के लिए भी कभी नीचे आ जाता है तो गुलाबी और रंगीन अखबार और टेलीविजन मिलकर इतना चीखने-चिल्लाने लगते हैं, इतना गुल-गपाड़ा मचा देते हैं कि सेंसेक्स डरकर और नीचे आना भूल जाता है। वह फिर से ऊपर ही ऊपर चढ़ना शुरू कर देता है। वैसे बड़े-बड़े भी खूब ऊपर चढ़ने के बाद एक दिन नीचे ऐसे गिरते हैं कि कई बार उनका अता-पता तक नहीं चलता, मगर यह सेंसेक्स पट्ठा तो जैसे नीचे गिरना जानता ही नहीं। उसे बस एक ही काम आता है—ऊपर उठना। इसे चलना, बैठना, सुस्ताना, थकान, सोना कुछ नहीं आता। आपने कभी नहीं सुना होगा कि सेंसेक्स आज चला या बैठा या थका या लेटा या सोया या छींका या इसने कोई दैनिक कर्म किया।''

मेरे पोते ने एक ही झटके में मेरा इतना ज़्यादा ज्ञानवर्द्धन कर दिया था कि मैंने कहा—''शाबाश मेरे पोते, तुझे भले ही अपने दादू पर शर्म आती हो, मगर मुझे तुझ पर गर्व हो रहा है। अब लगाओ न वह गाना...'सेंसेक्स ही सत्य है...' हम भी आज सुनेंगे।''

जादू की छड़ी

प्रधानमंत्री ने कहा है कि जादू की छड़ी उनके पास नहीं है।

हम तभी से सोच रहे हैं कि अगर जादू की छड़ी प्रधानमंत्री के पास भी नहीं है तो फिर आखिर किसके पास है? कोई दावा भी तो नहीं कर रहा है कि उसके पास है। जहाँ तक मेरा सवाल है, मैं स्पष्ट कर दूँ कि वह मेरे पास नहीं है। मेरी पत्नी भी झूठ नहीं बोलती। उससे भी मैंने पूछा था। उसने भी कहा है कि जादू की छड़ी उसके पास नहीं है। फिर भी मैंने पतिधर्म निभाते हुए उस पर अपना शक जाहिर करना ज़रूरी समझा और कहा कि सच तो कह रही हो न कि जादू की छड़ी तुम्हारे पास नहीं है। कहीं ऐसा न हो कि बाद में पता चले कि वह हमारे घर में ही रखी थी और तुम्हारी जानकारी में भी थी। इससे हमारी काफी बदनामी हो जाएगी। लोग कहेंगे कि वैसे तो बड़े संवेदनशील लेखक बनते हैं लेकिन देखा, जादू की छड़ी न जाने कब से इन्होंने अपने घर में छुपा रखी थी। जिसकी कथनी और करनी में इतना फ़र्क़ है, वह काहे का संवेदनशील और काहे का लेखक?

पत्नी ने तुनककर जवाब दिया कि मेरे कहे पर तुम्हें इतना भी विश्वास नहीं है? अरे, मेरे पास वह आएगी कैसे? बाज़ार में तो मिलती नहीं। तुम लाए थे क्या कहीं से? अगर तुम उसे घर लाए होते और मुझे बताते कि सुनो, ज़रा इसका ध्यान रखना, ये साधारण नहीं बल्कि जादू की छड़ी है तो मैं तुमसे निश्चित रूप से उसी समय कह देती कि नहीं बाबा, हमें नहीं चाहिए यह छड़ी। इसे जहाँ से लाए हो फौरन वहीं रख आओ। यह सरकारी सम्पत्ति है। अगर हमारे घर पाई गई तो लोग हमें चोर समझेंगे। तुम फिर भी आनाकानी करते, वापिस करने से डरते, तो मैं तुमसे कहती कि अच्छा, तुमने इसे घर लाने की गलती जब कर ही दी है, तो अब ऐसा करो कि रात के समय जाकर चुपचाप इसे कहीं किसी अँधेरे कोने में रख आओ और घर से दो-चार किलोमीटर दूर ही इसे रखना ताकि किसी को हम पर शक न हो।

मैंने अपने बेटों से पूछा कि तुमने तो कहीं जादू की छड़ी नहीं देखी है, कहीं ऐसा तो नहीं हुआ कि बचपन में तुम कभी खेल-खेल में इसे उठाकर घर ले आए हो और तब से वह घर में ही हो क्योंकि प्रधानमंत्री और वित्तमंत्री जब भी सवालों से घिर जाते हैं तो उनके पास एक ही जवाब होता है कि उनके पास जादू की छड़ी नहीं है। उन्होंने कहा कि पापा, आप किस छड़ी की बात कर रहे हैं? हम बचपन में कहीं से कोई छड़ी उठाकर लाते तो क्या आप लोगों की नज़र से वह अब तक छुपी रहती? वैसे हमें काम ही क्या हो सकता है छड़ी से! अभी तो आप भी छड़ी लेकर नहीं चलते, तो हम अभी से छड़ी का क्या करेंगे? और आपने क्या कहा, जादू की छड़ी? आखिर ये चीज़ होती क्या है? पापा, आप अचानक ये सब क्या बातें करने लगे हैं! आर यू आल राइट? तबियत तो ठीक है न आपकी, वरना डॉक्टर को दिखा दीजिएगा। साइकोलॉजिस्ट को भी दिखाना पड़े तो घबराइएगा मत! आजकल ये कॉमन बात है।

इसका आशय खैर यह निकला कि जादू की छड़ी मेरे घर के किसी भी सदस्य के पास नहीं है।

अब सवाल यह है कि जादू की छड़ी फिर आखिर है कहाँ? एक शंका यह होती है कि यह छड़ी ज़रूर मुकेश अम्बानी या उनके छोटे भाई अनिल अम्बानी के पास होगी क्योंकि पिता की मृत्यु के बाद भी इन्होंने यह सिद्ध किया है कि शायद इनके पिता इनके पास जादू की कोई छड़ी छोड़ गए हैं क्योंकि इनके निवेशक भले ही घाटे में चले जाएँ लेकिन इनकी सम्पत्ति बिना नागा दिन-दूनी और रात-चौगुनी गति से बढ़ती रहती है। खैर, जो भी हो लेकिन मेरी क्या हैसियत कि मैं उनसे जाकर पूछूँ कि क्यों साहब, जादू की छड़ी कहीं आपके पास तो नहीं है? प्रधानमंत्री जी को आजकल इसकी सख्त ज़रूरत है। चुनाव करीब हैं। महँगाई तक उनसे सँभल नहीं रही है। फिलहाल उन्हें दे दीजिए। उनकी नैया पार हो जाएगी। अरे भाई, जब सरकार का कोई मंत्री या अफसर तक अम्बानी बन्धुओं से यह कहने-पूछने की हिम्मत नहीं कर सकता तो मैं ही कौन सा तीसमार खाँ हूँ जो मैं उनसे पूछ लूँगा और वे मुझे जवाब भी दे देंगे! हाँ, शाहरुख खान के यहाँ ज़रूर मैंने फोन करने की हिम्मत की थी, यह कहने के लिए कि भाई, आप भी एक गज़ब के जादूगर ही मालूम पड़ते हैं। कहते हैं कि आप जिस चीज़ को छूते हैं, वह सोना बन जाती है। कहीं आपके पास तो वह छड़ी नहीं है, जिसके न होने से प्रधानमंत्री अक्सर परेशान रहते हैं? अगर हो तो तनिक हमारे प्रधानमंत्री जी को दे दीजिएगा। लेकिन बताया गया कि शाहरुख जी इन दिनों अतिव्यस्त हैं और वे हमेशा ही अतिव्यस्त रहते हैं,

इसलिए उनसे मेरी बात कभी भी नहीं हो सकती है। मैं उन्हें सिनेमा या टीवी के पर्दे पर ही देख सकता हूँ जहाँ वे इफरात में उपलब्ध हैं। कभी-कभी वे किसी शादी में ठुमका लगाते भी मिल जाते हैं। ऐसी शादी में बुलाए जाने की मेरी हैसियत अगर हो तो मैं उनके दर्शनों का लाभ वहाँ प्राप्त कर सकता है। एक और रास्ता है। ट्वेंटी-ट्वेंटी के क्रिकेट मैच में उन्हें कोलकाता नाइट राइडर्स की टीम के साथ गाते-नाचते और कभी-कभी उदास होते भी देख सकता हूँ। इतनी सारी बात का एक ही छोटा-सा मतलब था कि मैं उनसे नहीं मिल सकता हूँ और मुझे इसका जवाब कभी नहीं मिलेगा कि क्या जादू की छड़ी उनके पास है? तब मैंने एक दिन हिम्मत जुटाकर एक पुलिसवाले से ही पूछ लिया कि क्यों भाई साहब...नहीं, भाई साहब नहीं, इंस्पेक्टर साहब, कई दिनों से अपने प्रधानमंत्री कह रहे हैं कि जादू की छड़ी उनके पास नहीं है, लेकिन वह फिर किसके पास है, इसका आज तक जनता को कोई पता नहीं चला। क्या इस बारे में पुलिस को अभी तक कोई जानकारी प्राप्त हुई? उसने मेरी शक्ल ऐसे देखी जैसे मैं न जाने कहाँ से पृथ्वी पर आ टपका हूँ। फिर शरारतभरे ढंग से उसने कहा कि हाँ, पता तो बहुत पहले चल गया था। क्या तुझे अभी तक इस बात का पता नहीं चला? इसके बाद उसके पास जो छड़ी थी, उसे दो बार उसने मेरे चूतड़ पर मारा और पूछा कि अब तो तुझे भी पता चल गया न! खैर, मैं भारत का एक साधारण नागरिक हूँ। पुलिस से पूछने पर इसके अलावा और कोई जवाब मुझे इस लोकतांत्रिक देश में मिल भी क्या सकता था? और यह जानते हुए भी मैं ऐसी मूर्खता करने से बाज भी कैसे आ सकता था?

वैसे मुझे यह लगता है कि जब प्रधानमंत्री महोदय के पास जादू की छड़ी नहीं है तो उन्हें सी.बी.आई. से इसकी जाँच कराने के लिए कहना चाहिए था कि यह किसके पास है। हालाँकि इसके बावजूद छड़ी का मिलना या न मिलना सिर्फ भाग्य की बात होती। सी.बी.आई. के प्रयत्न करने से कोई खास फ़र्क़ नहीं पड़ता लेकिन कम-से-कम यह तो जनता को भरोसा हो जाता कि प्रधानमंत्री इस बारे में गम्भीर हैं और सी.बी.आई. से जाँच कराने के आदेश उन्होंने दिए हैं और सी.बी.आई. ने अपनी ओर से इस छड़ी को ढूँढने की काफी कोशिश भी की है। वैसे यह भी हो सकता है कि प्रधानमंत्री को यह जानकारी रही हो कि जिनके पास ये छड़ी रखी है, उनके पास सी.बी.आई. तो क्या, स्वयं उनकी भी पहुँच नहीं है, इसलिए वे चुप्पी साधे बैठे हों।

बहरहाल इस देश में हालात जैसे हैं, उसमें प्रधानमंत्री के पास और कुछ हो या न हो, मगर जादू की छड़ी ज़रूर होनी चाहिए और अगर वह वाकई खो

चुकी हो तो जहाँ भी वह हो, उसे ढूँढकर प्रधानमंत्री को सौंपने का काम अब जनता को ही अविलम्ब करना चाहिए। इसमें पुलिस के डंडे खाने के बावजूद देश के एक साधारण नागरिक की हैसियत से मैं अपनी ओर से जो भी प्रयत्न कर सकता हूँ, ज़रूर करूँगा क्योंकि जादू की छड़ी के अभाव की स्थिति में जब भी बेचारे प्रधानमंत्री से पूछा जाता है कि महँगाई क्यों बढ़ी, अपराध क्यों बढ़े, बेरोज़गारी क्यों बढ़ी, प्रदूषण क्यों बढ़ा, किसानों की आत्महत्याएँ क्यों बढ़ीं तो उनका एक ही जवाब होता है कि उनके पास जादू की छड़ी तो है नहीं जो एकाएक सब ठीक कर सकें। सबकुछ धीरे-धीरे ही होगा और सब देख चुके हैं कि धीरे-धीरे तो कुछ होता ही नहीं।

कल्पना करो कि अगर वह छड़ी प्रधानमंत्री महादेय के पास होती तो उनकी और हमारी कितनी समस्याएँ चुटकियों में हल हो जातीं। तब आर्थिक उदारीकरण मिनटों में हो जाता और वामपंथियों के पिताजी भी अमेरिका के साथ 'न्यूक्लियर डील' को रोकने की कोशिश भी नहीं कर पाते। इसलिए मैं फिर से निवेदन करना चाहूँगा कि प्रधानमंत्री जी को सी.बी.आई. से कहना ज़रूर चाहिए कि वह युद्ध स्तर पर जादू की छड़ी की जाँच शुरू करे कि वह कहाँ है, हालाँकि हो सकता है कि सी.बी.आई. कई वर्षों की तथाकथित मेहनत के बाद इस नतीजे पर पहुँचे कि जादू की छड़ी न कभी थी, न आज है और अगर आज कहीं है भी तो इस देश में इस समय कोई ऐसा जादूगर नहीं है, जिसे उस छड़ी को घुमाना आता हो। इसलिए वह जहाँ भी है, उसे वहीं महफ़ूज़ रहने दें और प्रधानमंत्री यह लगातार कहते हुए अपने पाँच वर्ष पूरे कर लें कि उनके पास जादू की छड़ी नहीं है इसीलिए वे लाचार हैं, वरना तो इस देश को स्वर्ग बना देते और फिर किसी को मरकर स्वर्ग जाने की ज़रूरत नहीं पड़ती।

लक्ष्मीजी, अब उल्लू छोड़ो

दीपावली आ रही है इसलिए उल्लू पर सवार होकर लक्ष्मीजी भी आ रही हैं। दीपावली का शुभ अवसर हो और लक्ष्मीजी उल्लू पर क्या, अगर चमगादड़ पर भी सवार होकर आना चाहें तो उनका स्वागत है। अगर लक्ष्मी सवार हों तो लोगों को उल्लू भी उल्लू नहीं लगता, न उन्हें वह अशुभ लगता है और न ही मूर्ख। उन्हें तब उल्लू सिर्फ लक्ष्मीजी का वाहन लगता है। उन्हें उल्लू सिर्फ तब उल्लू लगता है जब उस पर लक्ष्मी सवार नहीं होतीं लेकिन जब उस पर लक्ष्मी सवार हों तो उल्लू या तो उन्हें उल्लू ही नहीं लगता या उन्हें उल्लू में उल्लू नहीं दिखता क्योंकि तब उन्हें मतलब लक्ष्मी से होता है, इसलिए वे आराम से उल्लू-निरपेक्ष हो जाते हैं और लक्ष्मीसापेक्ष हो जाते हैं। वैसे भी उल्लू का क्या है, उससे तो कभी भी, कहीं भी निबट लेंगे, मगर लक्ष्मीजी तो रोज़-रोज़ नहीं आतीं, सिर्फ एक दिन आती हैं, इसलिए उन्हें नाराज़ नहीं किया जा सकता। अगर उन्हें उल्लू पर आना हो तो खुशी से आएँ क्योंकि यह उनका व्यक्तिगत मामला है, सार्वजनिक मामला यह है कि वह आएँ ज़रूर और आएँ तो धन लाएँ ज़रूर।

मुझे तरस आता है उल्लू पर लेकिन उससे भी ज़्यादा लक्ष्मी पर। ज़रा कल्पना कीजिए, उल्लू जैसे छोटे से प्राणी का हाल तब क्या होता होगा, जब उस पर छह फीट लम्बी कम से कम पचास किलो वजन की लक्ष्मी सवार होती होंगी लेकिन इसके बावजूद सारी दुनिया जानती है कि उल्लू ही इस दुनिया का एकमात्र ऐसा प्राणी है जो युगों-युगों से लक्ष्मी को ढो रहा है और वह भी अपने स्वार्थ के लिए नहीं, लोगों के परमार्थ के लिए और इसीलिए शायद इस देश के लोग उसे उल्लू कहते हैं। जो कोई भी स्वार्थ के बिना किसी की सवारी बनना पसन्द करता है, उसे ही उल्लू मानते हैं। लक्ष्मी की सवारी होने के बावजूद हिन्दुओं की नज़र में उल्लू की धेलेभर की भी इज़्ज़त नहीं बढ़ती लेकिन उल्लू की सवारी होने के कारण उनके मन में लक्ष्मीजी की धेलेभर इज़्ज़त घटती भी

नहीं। यह है असली हिन्दुत्व। हिन्दू कभी लक्ष्मी से नहीं कहते कि हे लक्ष्मी देवी! अब तो तुम उल्लू की सवारी छोड़ो और मर्सीडीज पर आओ। वे खुद मर्सीडीज पर सवारी करते रहते हैं और लक्ष्मीजी को उल्लू की सवारी करने से रोकते नहीं क्योंकि वे आखिर सच्चे हिन्दू हैं! लक्ष्मीभक्त होकर वे लक्ष्मी के काम में बाधा डालें भी कैसे? वह रूठ गईं तो! कभी आपने गलती से भी दुनिया के किसी भी कोने में किसी धनपति को लक्ष्मी से यह आह्वान करते हुए सुना है कि वे उल्लू की सवारी छोड़ें और अब कार या हवाई जहाज पर आ जाएँ! वह क्यों ऐसी गलती करेगा क्योंकि उसे लक्ष्मी से भी उतना मतलब नहीं होता, जितना मतलब उस चीज़ से होता है जो लक्ष्मी उसे प्रदान करती हैं।

इसीलिए मुझे उल्लू से भी ज़्यादा तरस लक्ष्मी पर आता है। दिनभर और रातभर विष्णु के चरण दबाने में ही उन्हें क्या कम तकलीफ है जो वह भारत की हिन्दू जनता के लिए उल्लू की सवारी करने की असुविधा उठाती हैं? उल्लू तो खैर उल्लू ठहरा, उस पर तरस खाकर भी कोई उसका क्या बिगाड़ सकता है? उस बेचारे पर अगर लक्ष्मीजी सवार हैं तो हैं, वह इसके सिवाय उनका कर भी क्या सकता है कि अमावस्या के अँधेरे में उन्हें ढोए और वह जिसके घर ले जाएँ, वहाँ जाए, मगर लक्ष्मीजी को ये क्या हो गया है कि वह एक बार उल्लू पर सवार हुईं तो आज तक उल्लू पर ही सवार हैं? यह ठीक है कि इस दुनिया में उल्लू न होते तो लक्ष्मीजी सिर्फ विष्णु की सेवा ही करती रह जातीं, उनकी इस भारतभूमि पर कोई पूजा नहीं करता। यों उल्लू में ही यह जिगरा है कि वह बार-बार उल्लू बनाए जाने पर भी उल्लू बना रहता है और लक्ष्मीजी उस पर सवार होकर दूसरों को आराम से धन बाँटती रहती है। लेकिन लक्ष्मीजी को ढोने के सैकड़ों सालों के बाद अब उल्लू को भी यह महसूस होने लगा है कि वह लक्ष्मीजी द्वारा भी उल्लू बनाया जा रहा है, इसलिए बेहतर है कि लक्ष्मी अब उल्लू पर भरोसा करना छोड़ें और खुद पंख लगा लें क्योंकि विमान या कार से आएँगी तो क्या पता किसी दीपावली पर कोई धनपति उनका अपहरण कर ले और विष्णुजी से फिरौती माँगे!

प्रभु का आदेश

आजकल आप क्या कर रहे हैं?

करता तो जनाब, ऊपर वाला है। हम तो सिर्फ वह कर रहे हैं जो वो हमसे करवा रहा है।

तो वो आपसे आजकल क्या करवा रहा है?

वो तो जी, हम सबका मालिक है, जो भी करवा ले। हम तो गुलाम हैं उसके। उसके आशीर्वाद से छोटा-मोटा कुछ गुजारे लायक कर लेते हैं।

छोटा-मोटा यानी क्या कर लेते हैं?

प्रभु का आदेश है कि बेटा, लोगों के सिर पर छत प्रदान करो, तो आजकल हम उसी में ज़ोर-शोर से लगे हुए हैं। प्रभु के आदेश का पालन तो सबको करना ही पड़ता है न!

अगर मैं सही समझ रहा हूँ तो इसका मतलब यह हुआ कि आप बिल्डर हैं?

अजी बिल्डर कह लीजिए। आपकी मर्जी है, जो कह लीजिए। हम तो जी, उसके आदेश पर काम कर रहे हैं बस।

तो यह कहिए कि उसके आदेश का पालन मुनाफा कमाने के लिए कर रहे हैं।

देखिए जी, हम मुनाफे की दृष्टि से तो कुछ करते नहीं, मगर ईश्वर खुद अपने बंदों का खयाल तो रखता ही है न!

आप जो बिल्डिंग बनाते हैं, उसमें तीन कमरे का फ्लैट कितने का पड़ता है?

ये तो जी, मेरा असिस्टेंट ही आपको बता सकता है। यह सब मैंने उसी पर छोड़ रखा है। मोहमाया का काम उसका, प्रभु इच्छा का पालन करने का काम मेरा ताकि मरते समय यह पछतावा न रहे कि मैंने वह काम ठीक से नहीं किया, जिसका आदेश प्रभु ने दिया था। अन्त में तो सबको उसी को

जवाब देना होता है न! वह कहेगा कि यह मनुष्य की अनमोल ज़िन्दगी मैंने तुझे दी थी, बता, तूने क्या किया? तो इसका जवाब तो आखिर हमें देना ही होगा न!

वैसे भगवान ने यह आदेश आपको कब दिया था?

एक दिन प्रभु स्वयं सपने में आए और कहा—'बेटा रघुनाथ, तूने अब तक बहुत काम किए पर तुझे अपेक्षित सफलता नहीं मिली। इसलिए अब तू ऐसा कर कि जिनके सिर पर छत नहीं है, उनको छत उपलब्ध करा तो तेरा भी कल्याण होगा और उनका भी।' वह दिन है और आज का दिन, मैं निष्ठापूर्वक इसी एक काम में लगा हूँ।

वैसे प्रभु के आदेश का पालन कर रहे हैं तो गरीबों के लिए ही मकान बना रहे होंगे?

प्रभु के आगे तो सभी गरीब हैं। टाटा-बिड़ला-अम्बानी सब। उसके आगे अमीर होने का दावा कौन कर सकता है? वैसे जिनके लिए हम मकान बनाते हैं वे भी बेचारे गरीब हैं। वे जाने कैसे पचास-साठ लाख रुपये का कर्ज बैंक से लेते हैं और बेचारे जीवनभर उसे चुकाते रहते हैं। उनकी यह दशा देखकर मैं सच कहता हूँ कि मेरी आँखों में आँसू आ जाते हैं। सोचता हूँ, देखो, इन नौजवानों की दशा। मकान का कर्ज चुकाने में ही बेचारों की ज़िन्दगी निकल जाएगी। हे प्रभु, सबका कल्याण कर, अपनी कृपा से किसी को वंचित मत रख।

लेकिन आपने मेरे सवाल का जवाब नहीं दिया।

इतना पढ़ा-लिखा कहाँ हूँ जनाब कि आप जैसे विद्वानों की बात का जवाब दे सकूँ। जितनी समझ पाता हूँ, उतनी बात का जवाब देने की कोशिश करता हूँ।

लेकिन मेरा सवाल तो बहुत सीधा-सा था।

मेरा जवाब भी महोदय सीधा-सा है कि जिस दिन वो आदेश करेगा कि गरीबों के लिए मकान बनाओ तो आप देखना, मुझे एक पल की देर भी नहीं लगेगी, उसके आदेश का पालन करने में। वैसे वो सबकी हैसियत से वाकिफ है। वो जानता है कि हमारी हैसियत ही क्या है, हम कर ही कितना सकते हैं!

क्या ईश्वर ने आपसे कहा था कि जिनके पास चालीस-पचास लाख रुपये से कम न हों, उनके लिए मकान मत बनाना?

आप मुझे ईश्वर पर दोषारोपण करने को कह रहे हैं। यह मुझसे न होगा।

मैं ईश्वर पर दोषारोपण करने के लिए नहीं कह रहा हूँ। मैं तो एक सवाल आपसे कर रहा हूँ।

तो क्या आप सोचते हैं कि मैं जो कर रहा हूँ, ईश्वर की मर्जी के बगैर कर रहा हूँ? ईश्वर की मर्जी के बगैर तो जनाब, पेड़ का एक पत्ता तक नहीं हिलता। अगर उसकी मर्जी न होती और उसका आशीर्वाद मेरे साथ न होता तो मैं तुच्छ प्राणी इतना भी कैसे कर पाता? जो मैं कर रहा हूँ, उसे स्पष्ट रूप से ईश्वर का आशीर्वाद प्राप्त है।

मतलब यह हुआ कि आप गरीबों के लिए मकान नहीं बना रहे हैं?

मैंने पहले ही फरमाया कि हम जिनके लिए मकान बनाते हैं, वे भी गरीब हैं।

वे गरीब कैसे हुए?

अरे भाई, तेरे से तो हम पार ना पा सकते। तेरा काम है बातें बनाना और हम ठहरे मज़दूर आदमी। तू अब फूट ले यहाँ से। जब से मैं तेरे से शुद्ध हिन्दी में उसको क्या कैवे हैं, इज़्ज़त से बात कर रिया हूँ पर बात तेरे भेज्जे में ना घुसती। मैं तेरे से कोई अंगरेज्जी बोल रिया, अंगरेज्जी तो मेरे बाप को ना आत्ती।

इतना गुस्सा क्यों कर रहे हैं?

फेर क्या करूँ? कित्ता बर्दाश्त करूँ तेरे को, तू ही बत्ता। कित्ती शुद्ध हिन्दी बोल्लूं मैं। जुबान दुखन लगी साली। साल्ले कू एक जमावूंगा तो बत्तीसी बाहर नूं निकल आग्गी और सारी पत्तरकारिता भीत्तर नु घुस जाग्गी। खुद कू तू भोत हुशियार समझे है। हट परे को। भाग जा साल्ले, बड़ा कलट्टर बना फिर रिया है।

क्या रैकेट और क्या उसका पर्दाफाश!

अभी-अभी एक रैकेट का पर्दाफाश हुआ है। एक सज्जन नकली पासपोर्ट पर असली वीसा दिलवाते थे और लोगों को विदेश भिजवाते थे। वे अब पकड़ लिए गए हैं। तमाम किस्म के रैकेटियरों की पकड़ा-धकड़ी की ऐसी 'सुखद' खबरें हमें लगभग रोज ही पढ़ने को मिल जाती हैं फिर भी चमत्कार है कि हर रोज़ रैकेट दुगुनी-तिगुनी-सौगुनी गति से चलते रहते हैं। दरअसल हमारे प्यारे देश भारतवर्ष में प्रति घंटे इतने ज़्यादा रैकेट होते हैं और हर रैकेट पर इतने सारे मोटे-मोटे पर्दे पड़े रहते हैं कि किस-किस का पर्दाफाश करेंगे? सभी पर्दो को अगर फाश कर दिया तो पता चलेगा कि कोई पर्दा नहीं रहा और सारे रैकेट बेपर्दा चलने लगे हैं। यह स्थिति भी तो अच्छी नहीं है क्योंकि ऐसे काम पर्दे की आड़ में हों तो ज़्यादा अच्छे लगते हैं। आँखों को चुभते नहीं। वैसे भी हमारे देश की संस्कृति में पर्दे का स्थान अत्यन्त महत्वपूर्ण है और एक फिल्मी गाना भी कहता है—'पर्दे में रहने दो, पर्दा न उठाओ। पर्दा जो उठ गया तो...।' तो रैकेट को पर्दे में ही रहने देना फायदेमंद है।

वैसे समय के साथ अब लोग ज़रूरत से ज़्यादा समझदार हो गए हैं और वे किसी के किसी रैकेट की खबर से कभी नहीं चौंकते। वे जानते हैं कि हमारा प्यारा देश रैकेटियरों के भरोसे चल रहा है। आप ही बताइए, कोई विभाग, कोई पंचायत, कोई नगर पालिका इनकी 'मदद' के बगैर चल सकती है? अजी चल सकती है तो कोई चला कर देख ले न! होगा यह कि ये संस्थाएँ जितनी भी चल रही हैं उतनी भी चलनी बन्द हो जाएँगी। कुछ ले-दे के आज जितना काम हो जाता है, उतना होना भी बन्द हो जाएगा। सम्पूर्ण व्यवस्था ठप्प हो जाएगी। जनता त्राहि-त्राहि करने लगेगी। दौलतवालों का नशा काफूर हो जाएगा और गरीब घर बेचकर भी, इज़्ज़त-आबरू गिरवी रखकर भी राशनकार्ड तक नहीं बनवा सकेंगे।

देश में रैकेटों और रैकेटियरों की वर्तमान सुखद स्थिति को देखते हुए आज यह विश्वासपूर्वक कहा जा सकता है कि यह पृथ्वी शेषनाग के फन पर टिकी

हुई नहीं है; बल्कि रैकेटियरों के चौड़े और मज़बूत कन्धों पर टिकी हुई है। वैसे माफ करें, पूरी पृथ्वी के बारे में मेरा ज्ञान आपसे कुछ कम ही है लेकिन मैं अपने देश के बारे में तो यह विश्वासपूर्वक कह सकता हूँ कि इसे रैकेटियर बड़ी हिम्मत से सँभाले हुए हैं। जिस देश को नेता और अधिकारी नहीं चला पा रहे, वहाँ रैकेटियरों ने यह भार अपने ऊपर लिया हुआ है, यह क्या आश्चर्य और गौरव की बात नहीं है? इसके लिए हमें देश के समस्त रैकेटियरों का शुक्रगुजार होना चाहिए और शुक्रगुजार न भी होना चाहें तो उन्हें कम-से-कम हेय दृष्टि से देखना तो तुरन्त बन्द करना ही चाहिए! हो सके तो उन्हें अपना भाई-बन्धु-सखा मानना चाहिए। अब अगर इस देश में किडनी चोरी का धन्धा फायदे का है और इसमें मुनाफा शेयर बाज़ार से भी ज़्यादा है तो कोई डॉ. अमित न स्वयं इससे बच सकता है, न देश को इससे बचा सकता है। अगर किडनी बेचना मुनाफे का धन्धा है तो देर-सबेर दो-चार डॉक्टर पकड़े भी जाएँगे लेकिन इससे धन्धा बन्द हो जाएगा, यह मानना सिवाय नादानी के कुछ नहीं है। बल्कि इनके पकड़े जाने से बाकी छियानवे डॉक्टरों का फ़ायदा हो जाएगा, जो जीवनभर यह 'समाज-सेवा' आसानी से करते हुए एक दिन एक प्रतिष्ठित नागरिक की तरह शान्तिपूर्वक स्वर्ग सिधार जाएँगे। अगर शहरों में जमीनें हर घंटे महँगी हो रही हैं तो यह तय है कि गरीबों, कमजोरों, दलितों, बूढ़ों, विधवाओं की ज़मीनें, मकान, दुकान हड़पने का काम रैकेटियरों करेंगे ही क्योंकि ज़मीन की डिमांड है और डिमांड करनेवालों के पास पैसा है तो कानून जो चाहे बकता रहे, डिमांड की सप्लाई तो जनाब होकर ही रहेगी। आप कानून सख्त बना दोगे तो ज़मीन-मकान और महँगे हो जाएँगे। तमाम बिचौलियों की इससे आमदनी और बढ़ जाएगी। इसके अलावा न पहले कुछ हुआ है, न आज हो रहा है, न भविष्य में होगा।

हमारा प्यारा देश लोकतंत्र की जिस उच्च अवस्था को प्राप्त हो चुका है उसमें सरकारी हो या प्राइवेट, जिसके हाथ में कुछ भी देने के लिए है, वह रैकेट करने में अक्सर तल्लीन रहता है। अब यह बात अलग है कि कुछ रैकेट विशुद्ध कानूनी ढंग से किए जा सकते हैं और कुछ पर दुर्भाग्य से गैरकानूनी का ठप्पा लगा होता है। जैसे भाई-भतीजों या जाति भाइयों को फ़ायदा पहुँचाने का काम अत्यन्त कानूनी तरीके की रैकेटियरिंग करके किया जा सकता है और ऐसे पुख्ता ढंग से किया जा सकता है कि कोई कुछ कह न सके। और अगर कोई कहता भी है तो उसकी बोलती बन्द करने की प्रौद्योगिकी भी हमारे यहाँ अत्यन्त विकसित है, कम-से-कम इनफॉरमेशन टेक्नोलॉजी से कम विकसित तो वह

कतई नहीं है। हमारे देश में इस टेक्नोलॉजी की मदद से सारे फर्जी काम बड़े सुसंगत तरीके से, कानूनों पर सम्पूर्ण आस्था और विश्वास रखते हुए किए जा सकते हैं और किए जाते भी हैं। सारे फर्जी कागजात बेहद कानूनी तरीके से, असली सील-मोहर के साथ तैयार करवाए जाते हैं। दरअसल फर्जीवाड़े के धन्धे में सफलता और प्रतिष्ठा तभी मिलती है, जब वह पूरी 'ईमानदारी' से किया जाता है। रैकेट के धन्धे में वही पनपता है जो 'ईमानदारी' से सबको उनका हिस्सा 'सम्मानपूर्वक' और ठीक समय पर पहुँचाता है। किसी तरह आनाकानी और बहानेबाजी नहीं करता। फँसता वही है जो बेईमानी के धन्धे में भी बेईमानी करना शुरू कर देता है और दूसरे का हिस्सा खुद हड़पने की कोशिश करके जल्दी से जल्दी बेहद अमीर हो जाने के चक्कर में फँस जाता है, वरना 'कानूनी' ढंग से सबकुछ किया जाए तो ये सारे फर्जी काम सार्वजनिक ढंग से और बड़े आराम से किए जा सकते हैं। जैसे देश में किसे नहीं मालूम कि हर शहर के हर व्यस्त चौराहे पर पुलिस क्यों होती है और क्या करती है और क्यों हमेशा चौकस नज़र आती है। इस रहस्य को छोटे-से-छोटे विभाग के चपरासी से लेकर इस विशाल देश के प्रधानमंत्री तक सब अच्छी तरह जानते-समझते हैं और अब तो यह हालत हो गई है कि बच्चों को भी इसका काफी नॉलेज हो चला है और वह भी तब जबकि कोई यह ज्ञान उनसे बाँटता नहीं। सिर्फ यह ज्ञान देश के किसी भी वर्तमान प्रधानमंत्री, गृहमंत्री, आई.जी. वगैरह को नहीं होता। इसलिए देश के गृहमंत्री से जितनी बार और जब भी पूछो, वह हमेशा यही कहता हुआ मिलेगा कि मुझे इसकी कोई जानकारी नहीं है। अगर कोई ठोस प्रमाण मिला तो कार्रवाई ज़रूर की जाएगी। किसी भी देश के किसी भी वर्तमान पुलिस कमिश्नर को भी इसकी कभी कोई जानकारी नहीं होती। फिर भी कभी-कभी अखबार में अचानक खबर छपती है कि चौराहे पर खुलेआम रिश्वत लेते हुए पुलिसवाले पकड़े गए और बहुत बड़े रैकेट का पर्दाफाश हो चुका है। लेकिन कोई नहीं पूछता कि भैया, पर्दा था ही कहाँ, जो फाश हो गया! क्योंकि जो फाश हुआ है, वह और चाहे जो कुछ हो, पर्दा तो बिलकुल नहीं है। वह दरअसल लिंक है जो कहीं गड़बड़ा गई है और ऐसी स्थिति में चूँकि कानून-व्यवस्था भी एक चीज़ होती है, जिसे बनाए रखने का ड्रामा बीच-बीच में करते रहना सरकार की सेहत के लिए ज़रूरी होता है, इसलिए पकड़-धकड़ का नाटक यदाकदा स्टेज करना पड़ता है। दिल्ली के कई अखबार तो चौराहों पर वाहन चालकों से ली जानेवाली रिश्वत की रेट लिस्ट तक कई साल से छापते रहे हैं लेकिन रैकेट तो जनाब रैकेट है और रैकेटियर भी आखिर रैकेटियर हैं, उनका कोई क्या बिगाड़

सकता है! ऊपर से नीचे तक उन्हें जितना समर्थन हासिल है, उतना तो बड़े-से-बड़े लोकप्रिय नेता और अभिनेता को भी प्राप्त नहीं होता! अखरबारवाले खुद भी कई बार इस रैकेट का अभिन्न हिस्सा होते हैं। किसी कार पर 'प्रेस' देखकर कोई पुलिसवाला कभी कुछ नहीं कहता, जब तक कि कार का मालिक कोई बड़ा सा एक्सीडेंट न कर दे, हालाँकि वह भी बाद में मैनेज हो जाता है। इससे बहुत सी बातें जनता को स्वतः समझ में आ जानी चाहिए।

इसलिए अगर आपके मन में कोई दुविधा हो रैकेट करने को लेकर तो कृपया इससे मुक्त हो जाइए और आप भी किसी रैकेट में तन-मन से लग जाइए तो धन अवश्य मिलेगा। लेकिन रैकेट में पूरी ईमानदारी से सबको सबका हिस्सा देने के बावजूद कभी-कभी पकड़े जाने और बदनाम होने के लिए भी व्यक्ति को सदैव तैयार रहना चाहिए ताकि हमारे इस देश को दुनिया में कोई कलंकित न कर सके कि यहाँ कानून और व्यवस्था नाम की कोई चीज़ नहीं है। है भाई, है, यह दुनिया को बताना है क्योंकि यहाँ कॉमनवेल्थ गेम्स कराने हैं और बाद में एशियन गेम्स और ओलम्पिक कराने का इरादा भी हो सकता है। वैसे भी हमें ग्लोबलाइजेशन की दौड़ में आगे और आगे निकलते जाना है। रुके तो अमेरिका का ऐसा डंडा पड़ेगा कि नानी की भी नानी याद आ जाएगी।

जब किसी भी नए साल में पुलिस-कानून व्यवस्था के सम्बन्ध में आँकड़े पेश करती है और हर बार दिखाती है कि हर तरह के अपराध कम हुए हैं तो क्या वाकई नहीं लगता कि पुलिस कितना ज़्यादा परिश्रम कर रही है! फिर भी आँकड़ों के दबाव में मत आइए, कलेजे को चौड़ा कीजिए और कुछ भी जो आप कर सकते हैं स्वहित में, वह अवश्य कीजिए और बदनामी से बिलकुल मत डरिए क्योंकि एक मशहूर शायर बहुत पहले कह गए हैं कि बदनाम होंगे तो क्या नाम न होगा? होगा, भाई, होगा। और एक बार आपका नाम किसी भी क्षेत्र में हो गया, चाहे वह बदनामी का प्रसिद्ध क्षेत्र ही क्यों न हो तो आपकी उस क्षेत्र में तूती बोलने लगेगी। तो आप अपनी तूती बुलवाइए और बाकी सबकुछ ऊपर वाले पर छोड़ दीजिए। आप तो जानते हैं कि वह किसी का बुरा नहीं सोचता; बल्कि वह किसी का बुरा करता भी है तो भी उसमें उस व्यक्ति की किसी-न-किसी तरह की भलाई ही छुपी होती है तो प्रभु का नाम लीजिए और कीजिए रैकेट। मन में यह कभी मत लाइए कि इस देश में, इस प्रदेश में, इस शहर में या इस गाँव में आप ही अकेले हैं जो रैकेट कर रहे हैं। हमेशा यह याद रखिए कि दूसरे भी जो कर रहे हैं वह एक-न-एक किस्म का रैकेट ही है और यह विश्वास रखिए कि आज उसके बारे में किसी को पता नहीं चला है

तो क्या हुआ, कल ज़रूर पता चल जाएगा और आप स्वयं रैकेट कर रहे हैं इसलिए आपको तो इसका पता ज़रूर ही चल जाएगा। इसलिए कोई दूसरा काम भले ही आप बड़े आत्मविश्वास से न करें, मगर रैकेट ज़रूर कीजिए और हाँ, इसमें पर्दा ज़रूरी होता है इसलिए पर्दा मज़बूत ही खरीदिए ताकि कोई पर्दाफाश करने आए भी तो कर न सके। आजकल अच्छे पर्दे बाज़ार में इफरात से मिलने लगे हैं। देशी पर्दों पर अगर विश्वास न हो तो विदेशी पर्दे खरीद लीजिए। प्रभु ने चाहा तो आपको इस काम में सफलता अवश्य मिलेगी और प्रभु आखिर क्यों न चाहेंगे? रैकेटियरों के आगे तो वे भी नतमस्तक रहते हैं!

भ्रष्टाचार का समुद्र

मैं किनारे पर खड़ा था और मेरे सामने भ्रष्टाचार का समुद्र ठाठें मार रहा था। उस समुद्र का जल अत्यन्त स्वच्छ और निर्मल था। उसमें किसी भी तरह का कोई प्रदूषण नहीं था। उस समुद्र के किनारे भीड़ तो थी मगर आश्चर्य कि आस-पास कचरा बिलकुल नहीं था।

उसने पूछा, "सर जी, क्या आप तैरने आए हो?"

मैंने कहा, "नहीं जी, हम तो बस देखने आए हैं। अभी तक हमने भ्रष्टाचार का समुद्र नहीं देखा था। सोचा, आज फुर्सत है तो चलो, इसे भी देख लें। हम तो बस पर्यटक हैं जी।"

उसने कहा, "आप झूठ क्यों बोलते हो सरजी, ये कोई टूरिस्ट स्पॉट है क्या? इस समुद्र को लोग देखने नहीं आते, इसमें तैरने आते हैं। वैसे सिर्फ देखना हो तो किसी सरकारी दफ्तर में चले जाइए, खुद-ब-खुद वहाँ यह समुद्र दिख जाएगा और नहीं दिखा तो आपको दिखा दिया जाएगा। किसी मंत्री और किसी अफसर के बंगले पर भी यह लहराता-बलखाता दिख जाएगा। हिन्द महासागर और अरब सागर दोनों को मिला दें न, तो भी यह समुद्र उनसे बड़ा और गहरा है इसलिए इसमें तैरने का मज़ा ही कुछ और है; और आश्चर्य यह है कि इसमें कभी कोई डूबता नहीं। यह समुद्र पूरा दुनिया में है और हमारे प्यारे भारत देश में तो सब जगह यह आसानी से उपलब्ध है। यह रेगिस्तान में है, हिमालय की पर्वत श्रृंखलाओं में है, यह पठार में है, यह पाताललोक में भी है। यह उस जगह तो है ही, जहाँ सूर्य का प्रकाश पहुँचता है, यह उस जगह भी है जहाँ कवि की कल्पना भी नहीं पहुँच पाती। आइए-आइए, सरजी, इसमें तैरकर ज़रूर जाइए, वरना आपका यह जीवन यों ही बीत जाएगा और बाद में आप बूढ़े होकर बहुत पछताएँगे कि हाय, इतने उजले, इतने प्रदूषणरहित समुद्र में भी मैं अभागा तैरने का मौका गँवा बैठा!"

मैंने कहा, "बन्धु, मुझे तो नदी और तालाब तक में तैरना नहीं आता, मैं इस समुद्र में क्या तैर पाऊँगा? एक बार मैं नदी में डूबते-डूबते बचा था, तब से मैंने कसम खाई है कि चाहे मैं डूब जाऊँ मगर तैरना नहीं सीखूँगा।"

"इस समुद्र में तैरना बहुत ही आसान है सर जी," उसने कहा, "इसमें डूबकर मरने का आज तक कोई रिकॉर्ड उपलब्ध नहीं है। दरअसल इसमें इतने ज़्यादा लोग हमेशा आपके आस-पास नानावेश में तैर रहे होते हैं कि कोई न कोई आपको डूबने से बचा ही लेता है और आपको सकुशल किनारे ले जाता है। इसलिए आइए, निःसंकोच और निडर होकर यहाँ तैरिए। इसमें तैरने से जो आपको डराते हैं न, सर जी, उनसे कतई मत डरिए। सच्चाई तो यह है कि वे खुद भी इस समुद्र के कुशल तैराक हैं।"

वह मुझे खींचकर ले गया और उसने भ्रष्टाचाररूपी समुद्र में धकेल दिया। मैंने कहा, "बन्धु, मुझे डर लग रहा है, मैं डूब जाऊँगा, मैं मर जाऊँगा। हाय-हाय, मेरे बीवी-बच्चों का क्या होगा!" मैं रोने लगा।

"आप नहीं डूबेंगे सर," किसी और ने भी मुझे विश्वास दिलाया। "विश्वास कीजिए, हम सब आपके रक्षा-कवच का काम करेंगे क्योंकि आप डूबे तो आपके कारण हममें से भी दो-चार डूब जाएँगे। शायद आपको मालूम नहीं कि इसमें एक बार जो नहा ले, उसे इतना आनन्द आता है कि वह इसमें बार-बार नहाता है। कुछ तो इसमें हर मौसम में चौबीसों घंटे नहाते रहते हैं और उन्हें छींक तक नहीं आती! इसमें एक बार नहाने के बाद आदमी वह नहीं रह जाता, जो वह नहाने से ठीक पहले-पहले था। उसका सम्पूर्ण कायाकल्प हो जाता है। यहाँ तक कि कई बार उसका नाम देश के धनी और प्रसिद्ध लोगों की सूची में शामिल हो जाता है। फिर वह जो काम करता है सिर्फ बड़े पैमाने पर ही करता है। इस प्रकार वह आर्थिक उदारीकरण-वैश्वीकरण के नायकों में शुमार हो जाता है। वह बड़े-बड़े मॉल और बड़े-बड़े होटल बनवाता है। वह बड़े-बड़े सौदे करता-करवाता है, बड़ी-बड़ी और कई-कई कारें रखता है। वह चार्टर्ड हवाई जहाज से तमाम देशों की यात्राएँ करता है। उसके लिए सुरा-सुन्दरी प्राप्त करना बाएँ हाथ का खेल हो जाता है। वह भारत के बड़े-से-बड़े आदमी से जब चाहे मिल सकता है। वह इतने सुख और आनन्द में रहता है कि उससे देवता तक ईर्ष्या करने लगते हैं। इसलिए आप भी आए हैं तो यह अद्भुत आनन्द उठाकर ही जाइए, घबराइए मत।"

समुद्र का इतना ज़्यादा और भड़कीला विज्ञापन होते देखकर मैं इतना अभिभूत हो गया कि मैं तैरने के लिए हाथ-पैर मारने लगा। आश्चर्य कि कुछ

मिनटों में ही मुझे तैरना आ गया। मेरे आस-पास मेरे देश और प्रदेश के न जाने कितने 'ईमानदार' मंत्री, 'सक्षम' अधिकारी, 'प्रसिद्ध' उद्योगपति, 'सख्त' पुलिस अधिकारी, 'प्रख्यात' न्यायाधीश, 'प्रखर' बुद्धिजीवी आदि तैर रहे थे। ऐसा लग रहा था कि यह समुद्र न होकर, पाँच सितारा होटल की कोई विशाल पार्टी हो। इस समुद्र में सब बराबर थे, इसलिए मंत्री ने मुझे देखा तो 'हाय' कहा। सचिव ने मुझसे 'हलो' कहा। उद्योगपति ने मुझसे पूछा, "कहिए, जनाब, आप कैसे हैं?" मैं गद्गद हुआ। ये लोग मेरे जैसे आदमी की तरफ पहले आँखें उठाकर भी नहीं देखते थे। मुझे गाय-भैंस या पालतू कुत्ता समझते थे। आज से पहले ऐसा भूतों न भविष्यति समाजवाद मैंने इस धरती पर कभी न देखा था, न सुना था। इसके आगे सारे किस्म के समाजवाद फेल थे। वहाँ सभी आनन्दपूर्वक तैरते हुए उन सब लोगों का मज़ाक उड़ा रहे थे, उन पर चुटकुले सुना रहे थे जो कि इस समुद्र में तैरने के पूर्ण अधिकारी होते हुए भी तैरने से इनकार करते हैं। वे कह रहे थे कि ये साले डरपोक हैं और इसीलिए चरित्रवान होने का नाटक करते हैं। ये बदकिस्मत भी हैं। इनकी समझ में यह नहीं आता कि इनका यह जीवन व्यर्थ चला गया तो अगला जन्म इन्हें मनुष्य का मिलने वाला है नहीं। अरे यह जीवन पाकर भी जो भ्रष्टाचार के समुद्र में तैर न सके, उसने जीवन में किया ही क्या? यह समझो कि यह जीवन उसने नहीं जिया।

मैं उस समुद्र में तैरता चला गया, तैरता चला गया। अब तो मैं भी इसका कुशल तैराक हो गया हूँ। अब न मुझे किसी का भय है, न किसी की चिन्ता। जिनसे भय होता है, डर होता है, वे सब आज मेरे साथी-सहयोगी हैं। उनसे मेरी अब दाँत काटी दोस्ती है। मेरा अपने देश के समस्त भाइयों तथा बहनों से अत्यन्त विनम्रतापूर्वक आग्रह है कि आपमें से जिसके पास भी लेने-देने का कोई ज़रिया है, वह अवश्य इस समुद्र में तैरे। इसमें नहानेवाले को हर देश का पासपोर्ट और वीज़ा हासिल हो जाता है। इसमें तैरनेवाला वस्तुतः अन्तरराष्ट्रीय नागरिक माना जाता है। इसमें डूब जाने वाले लोगों के जो उदाहरण दिया करते हैं न, वे केवल दृष्टिभ्रम पैदा करते हैं। वे स्वयं इस समुद्र के बारे में कुछ नहीं जानते। जो उन्हें डूबा हुआ लगता है, वह दरअसल ऊँचे पाए का खिलाड़ी होता है। वह गहरे पानी में साँस रोककर योगासन कर रहा होता है। इस समुद्र की एक विशेषता यह है कि इसमें आप कितनी ही दूर तक तैरते हुए क्यों न चले जाएँ, चाहे समुद्र के बीचोबीच ही आ जाएँ तो भी किनारा आसानी से और पास में ही मिल जाता है। जो लोग हृदय से भारत देश की आर्थिक प्रगति के इच्छुक हैं, उन्हें तो ज़रूर इस समुद्र में तैरना चाहिए और जो

चाहते हैं कि भारत की भौतिक और आध्यात्मिक प्रगति की सभी रुकावटें एक बार में ही दूर हो जानी चाहिए, उनका इस समुद्र में विशेष स्वागत है। जो वामपंथियों से सरकार को मुक्त करना चाहते हैं, जो भारत-अमेरिकी सम्बन्धों को मज़बूत-से-मज़बूत और उससे भी मज़बूत करना चाहते हैं, उन्हें इसमें दिन-रात नहाते रहना चाहिए क्योंकि विश्व की सारी प्रगतियों का रास्ता इसी एक समुद्र से होकर जाता है। इसी के ज़रिये व्यक्ति की प्रगति भी सम्भव होती है और देशों की भी। ग़रीब देशों की प्रगति का तो यही एकमात्र और सबसे कारगर उपाय है। सच्चा वैश्वीकरण इसी समुद्र में खूब और रगड़-रगड़कर नहाने से ही लाना सम्भव है। भ्रष्टाचार के जो तमाम कुएँ और बावड़ियाँ हैं, वो सभी इस समुद्र से सीधे तौर पर जुड़े हैं लेकिन बेहतर होगा कि आप कुएँ-बावड़ियों से अपने कैरियर की शुरुआत न करें क्योंकि यह कई बार थोड़ा 'रिस्की' होता है। छोटे खिलाड़ी के इसमें पकड़े जाने का खतरा हमेशा होता है, इसलिए मुँह-बावड़ी तैरना पड़ ही जाए तो लाइफ बेल्ट बाँधकर ही तैरें। लेकिन वहाँ से तैरते-तैरते इस समुद्र तक आप चले आएँ तो फिर कोई दिक्कत, कोई डर, कोई भय नहीं। फिर तो हर प्रकार की, हर तरफ से, सुरक्षा ही सुरक्षा है। इसलिए आइए और डूबने के डर से सिर्फ किनारे पर बैठकर इसका मुज़रा लेने की गलती मत कीजिए। वैसे मुज़रा लेनेवाले भी इतने सारे लोगों को जब इतने उत्साह और इतने आत्मविश्वास से तैरते हुए देखते हैं तो अन्ततः उनकी भी तैरने की इच्छा हो आती है और वे सबसे अच्छे तैराक साबित होते हैं, जैसे मैं। सबसे दिलचस्प है कि इस समुद्र के तैराकों के लिए देश, जाति और धर्म का कोई बन्धन नहीं है। न विचारधारा की जकड़न है, न उम्र की कोई सीमा है। सिर्फ बच्चों के लिए इसमें तैरना मना है। इसलिए आइए, आइए, एक बार भ्रष्टाचार के इस समुद्र में तैरकर गरीबी के भवसागर से खुद भी पार होइए और इस देश को भी पार कराइए। आपको पुण्य मिलेगा और आपके समस्त पापों का नाश एक ही बार में हो जाएगा।

खाने की 'रिक्स'

वे गरीबों में भी सबसे गरीबों का पिछले तीन सालों में 31,600 करोड़ रुपये का अनाज खा गए। बहुत खाऊ हैं न भैंजी ये! सच्ची-सच्ची बताना भैंजी, क्या कोई वाकई इत्ता खा सके है पर भगवान सौं क्या बताऊँ आपको, वे इत्ता खा गए। जे मैं नाय के रई, जे अखबारवाले के रै हैं। और भैंजी उनने तो खाके डकार भी नी ली। इसका मतलब है कि गरीब का अनाज तो बहुत ही स्वादिष्ट और पौष्टिक होता होएगा। भैंजी, मैं तो डर ही गई थी कि इनने इत्ता खाया है, तीन साल में ही इत्ता ज़्यादा खा लिया है तो कुछ-न-कुछ तो इनको होएगा ई। मैं सोची कि अब तो इनको टट्टी ज़रूर लगेगी, नहीं तो उल्टी तो ज़रूर ही ये करेंगे, नहीं तो खट्टी डकार तो ज़रूर आएगी इनको। क्या पता पेचिश हो जाए, कुछ-न-कुछ तो होएगा ई, पर क्या बताऊँ भैंजी, इनको कुछ ना हुआ, पट्ठे वैसे के वैसे धरे हैं। ऊपर से मूँछ पर ताव दे रहे हैं अलग से। केते हैं देखा हमें! मर्द हैं मर्द! भैंजी, मैं क्या देखी कि सब एक लाइन में लगके मज़े से गरीबों का गेहूँ और चावल गटागट-गटागट खा रिए हैं। न कोई किसी से जात पूछे है, न धरम, न पार्टी, न विचारधारा। कैसी हैरानी की बात है न भैंजी कि कोई झगड़ा ई नहीं था उनमें। कांग्रेसी और भाजपाई तो मरे जहाँ मिले है, जो मिले है, खा लेते हैं। इनको तो खाने की इत्ती ज़्यादा लत पड़ गई है कि इनको लक्कड़ हजम, पत्थर भी हजम। इनको तो मिलना चाहिए बस रोज़ कुछ-न-कुछ पेट में भरने को, फिर तो ये लाज-सरम छोड़कर उस पर टूट पड़ते हैंगे। भैंजी तीन साल से इनकी सर्वदलीय पंगत लगी हुई है। संसद में, विधानसभा में तो ये मरे इत्ता ज़्यादा लड़े हैं कि लगे हैं, लड़-लड़ के ई मर जाएँगे मगर खाने में सब एक, बल्कि एक से बढ़कर एक हैं। समाजवादी भी खा रिए हैं तो कम्युनिस्ट भी, लालू की पार्टी के लोग भी खा रिए हैं तो राष्ट्रीय लोकदल के लोग भी। यूपीवाले भी खा रिए हैं तो बंगालवाले भी, नॉर्थ-ईस्टवाले भी खा रिए हैं तो मध्य प्रदेशवाले भी। ऐसी गजब की राष्ट्रीय एकता तो मैंने पहले कभी देखी नईं

भैंजी। चीनी-पाकिस्तानी हमले के टैम भी ना देखी मैंने। इससे तो लगता है भैंजी कि गरीब के गेहूँ-चावल में इन सबको जोड़ने की ज़बर्दस्त ताकत है। वैसे भैंजी, मानना पड़ेगा कि ये बेचारे गरीब का भोत ज़्यादा खयाल रखते हैं। उसको तो ये रोटी-चावल खाने की तकलीफ भी देना नईं चाते। और कर भी क्या सकते हैं, जे गरीबों के वास्ते! उसे तो ये न खाने-पीने की तकलीफ देना चाते हैं, न रहने की, न रोज़गार-धन्धे करने की, न साँस लेने की। गरीबों को इनने एकदम जीवन से भी आज़ाद कर दिया है। लोग झूठ ही केते हैं कि अब गरीबों का कौन रखवाला है, जे हैं न! कितनी हेडेक ले रहे हैं ये गरीबों के वास्ते! कितनी रिक्स ले रहे हैं! आखिर तीन साल में 31,600 करोड़ रुपये खाना कोई हँसी-खेल है क्या! क्या केती हो भैंजी! ठीक के रई हूँ न मैं?

दरअसल गरीब होना आसान नहीं है

अमीर के लिए अपनी ग़रीबी का प्रदर्शन करना आसान है, अपने अमीरखाने को गरीबखाना कहना आसान है लेकिन खुद ग़रीब होना आसान नहीं है। ग़रीब होने पर आदमी को मजबूरन कम कपड़े पहनने पड़ते हैं लेकिन वे इतने कम और इतने शानदार नहीं होते कि आदमी किसी फैशन-परेड का मॉडल लगे। ग़रीब होने पर आदमी को अक्सर कम खाकर गुज़ारा करना पड़ता है लेकिन उस तरह नहीं जिस तरह कि समृद्ध घरों की लड़कियाँ छरहरी होने या छरहरी बने रहने के लिए कम खाती हैं। ग़रीब होने पर कभी-कभी, कई-कई दिनों तक आदमी को लगातार और चुपचाप भूखा रहना पड़ता है लेकिन इसे आप उपवास करना नहीं कह सकते। ग़रीब होने पर आदमी को झुग्गी-झोंपड़ियों में या फुटपाथ पर खुले आसमान के नीचे कुत्तों और सुअरों की बगल में सोना और रहना पड़ता है। उसके पास झुग्गी-झोंपड़ी होती है तो उसे अक्सर तोड़ दिया जाता है और पटरी पर वह सोता है तो पुलिस अक्सर आधी रात को डंडे मारकर भगा देती है और अगर पुलिस कुछ ले-देकर सोने भी दे तो अमीरज़ादों की कार से कुचलने का ख़तरा रहता है। ग़रीब होने पर आदमी को सुबह-शाम-रात और आधी रात को भी बेइज़्ज़ती सहने के लिए तैयार रहना पड़ता है। अपनी ग़लती न होने पर चुप रहना पड़ता है और दूसरे की ग़लती को अपना कुबूल करना पड़ता है। ग़रीब होने पर आदमी को कई बातें सुनकर भी अनसुनी और देखकर भी अनदेखी करनी होती हैं। ग़रीब के लिए अन्याय ही न्याय होता है और अत्याचार को सहना ही उसका स्वधर्म होता है। इसीलिए ग़रीब होना आसान नहीं है। ग़रीबों पर दया दिखाना आसान है, ग़रीबों की हालत पर तरस खाना आसान है, ग़रीबी हटाने का आश्वासन देना आसान है, ग़रीबों पर कविता-कहानी-व्यंग्य लिखना आसान है लेकिन ग़रीब होना आसान नहीं है।

इसलिए कोई अमीर, कभी ग़रीब होना नहीं चाहता। यहाँ तक कि कोई ग़रीब भी ग़रीब नहीं रहना चाहता। ग़रीब भी अन्ततः अमीर होना चाहता है।

लेकिन अमीर होना भी तो आसान नहीं है। आसान होता तो इस देश में कोई ग़रीब नहीं होता। दरअसल अमीर होने के लिए आदमी को जैसे-तैसे और बहुत जल्दी-जल्दी बहुत सा पैसा कमाना पड़ता है, जबकि ग़रीब न तो जैसे-तैसे और न बहुत देर से या बहुत जल्दी-जल्दी, बहुत सा पैसा कमा सकता है। इसकी वजह यह है कि बहुत जल्दी-जल्दी कमाना उसे आता नहीं और बहुत देर करने से पैसा कभी कमता नहीं। अमीर होने और दिखने के लिए आदमी को कम-से-कम एक कार और हो सके तो उसको एक ड्राइवर भी रखना पड़ता है जो ग़रीब के वश में तो क्या, उसकी कल्पना तक में नहीं होता। अमीर होने के लिए आदमी को बड़े से बंगले में या बड़े से फ्लैट में रहना पड़ता है, जिसके ग़रीब लाख सपने देखे तो भी उसमें रह नहीं सकता। अमीर होने पर आदमी को स्वास्थ्य बनाने के लिए जिम जाना पड़ता है, जॉगिंग करनी पड़ती है, जबकि ग़रीब के सामने स्वास्थ्य बनाने या बिगाड़ने या सुधारने की समस्या ही नहीं होती। अमीर आदमी को खाना पचाने के लिए बहुत तरह से बहुत सी कसरतें करनी पड़ती हैं, पाचक चूर्ण लेने पड़ते हैं, जबकि ग़रीब को खाना मिल जाए तो अपने आप पच जाता है और न मिले तो पचाने की समस्या भी नहीं रहती। अमीर होने पर आदमी को या तो बहुत से कपड़े लादने पड़ते हैं या बहुत ही कम कपड़े पहनने पड़ते हैं। दोनों ही हालत में लोगों को यह साफ़ दिखाई देता है कि उसके पास ज़रूरत से बहुत ज़्यादा कपड़े हैं, जबकि ग़रीब कभी संयोग से पूरे और नए कपड़े पहन ले तो भी लगता है कि यह भूखा-नंगा है।

इससे सिद्ध होता है कि दरअसल दुनिया में कुछ भी होना आसान नहीं है। ग़रीब होना तो बिलकुल ही आसान नहीं है और अमीर होना भी आसान नहीं है। ग़रीब होना कोई चाहता नहीं और अमीर सब हो नहीं पाते। आसान तो यह भी नहीं है कि आदमी न ग़रीब रहे, न अमीर, मिडिल क्लास में रहे लेकिन मिडिल क्लास में रहना भी आसान नहीं है। मिडिल क्लास के आदमी को एक तरफ ग़रीब होने का डर लगा रहता है और दूसरी तरफ अमीर होने की उसकी इच्छा पूरी नहीं हो पाती। ईमानदार वह रह नहीं पाता और कोई उसे बेईमान कहे, यह वह सहन नहीं कर पाता। वह लेना याद रखता है लेकिन देना अक्सर भूल जाता है और यह बात वह कुबूल करना पसन्द नहीं करता। वह हँसना याद रखता है और इस चक्कर में रोना अक्सर भूल जाता है। इसलिए वह अक्सर हँसते-हँसते रोता रहता है और तब उसे देखकर ऐसा लगता है कि जैसे वह रोते-रोते हँस रहा हो।

संस्कृति निर्यात में भारत का स्थान

हमारा देश कृषि-प्रधान तो है ही (हालाँकि हमें पिछले कुछ सालों से गेहूँ का आयात करना पड़ रहा है।) मगर अकसर लोग यह भूल जाते हैं कि भारत उससे भी अधिक संस्कृति-प्रधान है। हमारे देश में संस्कृति का इतना अधिक उत्पादन होता है, जितना कि गेहूँ का भी हम कभी नहीं कर पाए, फिर भी हम इतने 'उदार' हैं कि बमुश्किल दो-तीन प्रतिशत संस्कृति अपने पास रखकर बाकी सारी की सारी निर्यात कर देते हैं और यह काम हम कोई आज से नहीं कर रहे हैं; बल्कि प्राचीनकाल से करते आ रहे हैं। तब से करते आ रहे हैं जब आयात-निर्यात ने एक व्यवसाय का रूप नहीं लिया था। आज तक ऐसा कभी नहीं हुआ है कि हमने किसी वर्ष संस्कृति का निर्यात, आयातक की आवश्यकता से कम किया हो और अपनी ज़रूरत से अधिक न किया हो। आँकड़े बताते हैं कि हमने इसका निर्यात हमेशा बिना आयातकों से पूछे हुए ही किया है और बिना किसी लाइसेंस, बिना किसी परमिट की परवाह किए गौरव के साथ किया है। देश में सूखा पड़ा हो या बाढ़ आई हो या पाला पड़ा हो या कोई भी विकट से विकट संकट आया हो, हमने संस्कृति-निर्यात करने का धन्धा कभी नहीं छोड़ा। इसी कारण संस्कृति-निर्यात के प्रति हमारी यह प्रतिबद्धता विश्व में स्पृहणीय और उदाहरणीय मानी जाती है और हम चाहें तो आज यह गर्व से दावा कर सकते हैं कि विश्व में एकमात्र हमारा देश ऐसा है जहाँ हम संस्कृति का उत्पादन करते ही इसलिए हैं कि उसका निर्यात कर सकें, कि हमारी संस्कृति 'ऑनली फॉर एक्सपोर्ट' है।

दरअसल हमारे यहाँ बच्चे पैदा होते ही भारतीय संस्कृति के अग्रदूत बनने को प्रेरित किए जाते हैं। उन्हें हम कपड़े पहनना बाद में सिखाते हैं, संस्कृति का निर्यात करने की शिक्षा पहले दिन से देने लगते हैं। इसी कारण यह सम्भव हो सका है कि महात्मा बुद्ध का जन्म भले ही इस भारतभूमि में हुआ हो, मगर हम लगभग पूरा-का-पूरा बौद्ध धर्म निर्यात करने में सक्षम हो सके हैं।

विदेशी अक्सर यह सवाल पूछते हैं कि भई, इतनी सारी 'संस्कृति' निर्यात के लिए आपको उपलब्ध कहाँ से हो जाती है? इसे आप खेत में पैदा करते हैं

या कारखाने में, इतना तो कृपया हमें बता दें! लेकिन यह हमारा 'ट्रेड सीक्रेट' है, हम उन्हें क्यों बताएँ! हम तो खुद अपने को भी यह रहस्य नहीं बताते! हारकर वे सवाल दागते हैं कि जब आपके यहाँ 'संस्कृति' का इतना प्रभूत उत्पादन होता है तो फिर भाई साहब या बहन जी, ऐसा क्यों है कि आपके अपने देश में सिवाय संस्कृतिविहीनता के अकसर कुछ नहीं मिलता! आपके किसी भी दफ्तर में क्लर्क महोदय अपनी टेबल पर सदैव अपने पवित्र चरणों को धरे ही मिलते हैं और बिना पूछे सामनेवाले से कह देते हैं कि भैया, ऐसा है कि आज तो हमें फुर्सत नहीं है लेकिन कल आना, मगर कल आने से पहले फोन ज़रूर कर लेना और यह तो सर्वविदित ही है कि उनके फोन का चोगा हमेशा नीचे रखा होता है और वह तभी ऊपर उठता है जब उन्हें स्वयं किसी को कहीं फोन करना होता है। हमारे देश की पुलिस जितनी और जिस प्रकार की 'संस्कृति' का उत्पादन करती है, उसके बारे में कुछ भी कहना सूरज को दीया दिखाने जैसी हिमाकत करना है और कौन मूर्ख होगा जो यह काम करे और उस हालत में करे जब कि यह दीया पुलिसरूपी सूर्य को दिखाना हो! हमारे सांसद, विधायक, संसद और विधानसभाओं में और उसके बाहर भी जिस संस्कृति का अविरल गति से उत्पादन करते रहते हैं, उसके बारे में विचार व्यक्त करने के लिए हमारे पास शब्द नहीं हैं। हमारे नेता इतने अधिक 'सांस्कृतिक' हैं कि वे नरसंहार करवाकर उसके बाद सबकुछ जैसे भूलकर चैन की बंसी बजाते रहते हैं और कोई कानून, कोई अदालत ऐसे नेता की बंसी छुड़वा नहीं पाती कि भैया, आपने बहुत बजा ली, अब कृपया हमारे कान मत फोड़िए! हमारे टी.वी. पत्रकार इतने ज़्यादा 'सांस्कृतिक' हैं कि एक अध्यापिका पर अपनी छात्रा को सेक्स के भूखों को बेचने का आरोप लगाकर उसे इतना ज़्यादा पिटवा देते हैं कि वह मरते-मरते बचती है। वे टी.आर.पी. की भूख शान्त करने के लिए एक आदमी को आत्मदाह करने के लिए 'प्रेरित' करके फटाफट उसकी तसवीरें लेना भी शुरू कर देते हैं और यहाँ तक कि उसे अपनी आँखों के सामने मर जाने देते हैं! हमारे हीरो-हीरोइन इतने अधिक 'सांस्कृतिक' हैं कि हिन्दी फिल्मों में काम करते हैं और अंग्रेजी के सिवाय कोई भाषा नहीं बोल पाते हैं! लेकिन फिर भी हम अपने-आपको जगद्गुरु मानने में कतई संकोच नहीं करते हैं तो यह हमारी विनम्रता ही है, हालाँकि सच्चाई यह है कि खुद हमारे अलावा हमें कोई जगद्गुरु नहीं मानता! हाँ, हमारी प्रतिष्ठा जगतशिष्य के रूप में अवश्य है।

हमारी अपनी जितनी भी संस्कृति है, वह मन्दिरों-मूर्तियों में स्थापित है, खानपान-कपड़ों आदि में ढँकी-छिपी है, बाकी तो हमारे यहाँ जो हाल है, उसे

देखकर कौन कह सकता है कि इस देश में सिर्फ संस्कृति ही संस्कृति है, कोई खरीद तो ले! दूसरे देश बेचारे अपने हवाई जहाज, अपने हथियार, अपना पेट्रोल, अपना सामान बेचकर खुश हो लेते हैं और एक हम हैं कि इन घटिया चीज़ें बेचनेवालों को उनका असली कद बता देते हैं कि बेट्टा, हमारे पास तुमसे बहुत ऊँची चीज़ बेचने के लिए है और वह है हमारी संस्कृति। वैसे आजकल हम गलती से कम्प्यूटर सॉफ्टवेयर वगैरह का निर्यात भी करने लग गए हैं, वरना पहले तो हम एक सच्चे भारतीय की तरह इस तरह की भौतिक चीज़ों का उत्पादन करने और उनका निर्यात करने में भरोसा नहीं रखते थे। यह कितनी दिलचस्प बात है कि मुई सरकार ने संस्कृति के निर्यात के लिए कोई संस्कृति निर्यात संवर्धन परिषद् तक नहीं बनाई है और न ही सरकार इस पवित्र कार्य के लिए किसी तरह की सब्सिडी निर्यातकों को देती है, फिर भी हम विश्व में संस्कृति निर्यात के क्षेत्र में अग्रणी माने जाते हैं। इतना ही नहीं, हमारे देश में कोई पर्यटक आता है तो, वह चाहे न चाहे, उसे भी हम अपनी संस्कृति यहीं और इसी समय बेचने में प्राणपण से जुट जाते हैं और वह कितना ही चतुर-चालाक हो, वह हमारा माल बिना खरीदे यहाँ से जा नहीं पाता है! वह हमारे देश के हवाई अड्डे पर उतरकर होटल में आराम करने जाना चाहता है, उसी समय टैक्सी ड्राइवर उसे कुतुबमीनार से लेकर ताजमहल तक के बारे में इतना सारा ज्ञान पकड़ा देता है कि वह समझ नहीं पाता कि वह इतने ज्ञान का आखिर करे क्या क्योंकि यहाँ वह ज्ञानी बनने तो आया नहीं है! फिर उसके किसी भी शहर में जाने पर संस्कृति के छोटे से लेकर बड़े निर्यातक तक उसे इस कदर घेर लेते हैं कि बेचारा पर्यटक सोचता है कि यार, बहुत हो चुका, इससे बेहतर क्या यह नहीं होगा कि वह स्वदेश ही वापिस चला जाए?

हमारे यहाँ की एक और विशेषता है। यहाँ लोग संस्कृति का निर्यात करते-करते खुद का भी निर्यात कर लेते हैं क्योंकि हमारी यह दृढ़ मान्यता है कि जब तक हम स्वयं निर्यातित नहीं होंगे, तब तक यहाँ से संस्कृति का निर्यात करते रहने से उस देश का कोई वास्तविक लाभ नहीं कर पाएँगे। इसलिए हमारे यहाँ कोई सरोद या सितार बजाना सीखते ही या गाना सीखते ही सबसे पहले अपने को पश्चिम में और हो सके तो स्वयं अमेरिका में एक्सपोर्ट करने की गम्भीर कोशिश करने लग जाता है। साथ ही वह यह प्रयास भी करता है कि अमेरिका में उसका एक अदद संगीत स्कूल भी खुल जाए तो फिर क्या कहने! ऐसा करते समय वास्तव में उसके हृदय में उस देश का भला करने की इच्छा ही बलवती होती है, अपना नहीं! उसका अपना भला तो संयोगवश हो जाता

है, यह अलग बात है। इसी तरह नृत्य सीखते ही लोग अमेरिका इत्यादि की ओर इसी उद्देश्य से प्रयाण कर जाते हैं। कविता लिखते ही उसे मूल में छपवाने से पहले उसका अनुवाद करवाकर विदेशी पत्रिकाओं में छपवाने की कोशिश भी कवि इसीलिए किया करते हैं और फिर हो सके तो किसी दूतावास को पटाकर अपने पूरे कविता-संग्रह के अनुवाद के साथ स्वयं को भी विदेश एक्सपोर्ट कराने के पीछे मात्र यही पवित्र भावना काम करती है। अगर खुदा-न-खास्ता अमेरिका वीज़ा के सारे बन्धन तोड़ दे—जो वह कभी नहीं तोड़ेगा—तो कम-से-कम आधे भारतीय तो अवश्य अमेरिका निर्यातित हो जाना पसन्द करेंगे और गोरे अमेरिकी पाएँगे कि वहाँ भारतीय संस्कृति के अलावा न किसी चीज़ की फसल अब उग रही है, न हथियारों सहित किसी अन्य माल का उत्पादन हो रहा है! इस प्रकार एक दिन ऐसी स्थिति आ जाएगी कि अमेरिकियों को यह लगने लगेगा कि उन्होंने रेड इंडियनों का सफाया करने का जो ऐतिहासिक अपराध किया था, उसका पर्याप्त दंड आज हमें इंडियनों (भारतीयों) के हाथों मिल रहा है।

आजकल संस्कृति के निर्यात का धन्धा इतने ज़ोरों पर है कि कई लोग अपनी डॉक्टरी, इंजीनियरी या कलेक्टरी छोड़कर भी संस्कृति के निर्यात के महत काम में जुट गए हैं और देर-सबेर स्वयं भी निर्यातित हो गए हैं। अपने भी एक दोस्त नौकरी में और बाद में फैशन व्यवसाय में सुपर फ्लॉप थे लेकिन जब से संस्कृति के निर्यात के व्यवसाय में लगे हैं, सुपर सक्सेसफुल हो गए हैं और अक्सर मुझसे भी कहते रहते हैं कि यार, मेरी तरह तुम भी ये व्यंग्य-फ्यंग्य लिखना छोड़ो और जीवन में कुछ करना है तो पार्टनरशिप में संस्कृति-निर्यात का धन्धा शुरू कर दो। इसमें फेल होने के कोई चांस ही नहीं हैं और रातोंरात तुम कहाँ से कहाँ पहुँच जाओगे। यहाँ तक कि तुम खुद को भी पहचान नहीं पाओगे। जो संस्कृति विशेषज्ञ सम्पूर्ण रूप से अमेरिका या यूरोप में खुद को निर्यात नहीं करते, वे भी छह महीने यहाँ रहते हैं और बाकी छह महीने वहाँ और जब यहाँ रहते हैं, तब भी संस्कृति के निर्यात के लिए ही अपने को समर्पित किए रहते हैं। हमारे यहाँ संस्कृति के नाम पर अध्यात्म का निर्यात तो इतना ज़्यादा होता है कि कम-से-कम एक दर्जन संत, महात्मा व प्रवचनकर्ता प्रतिदिन विदेशों में स्वयं को प्रस्थापित करते रहते हैं। इसके अलावा सांस्कृतिक निर्यात के अन्तर्गत आवागमन करनेवालों की कुल संख्या का अनुमान लगाना तो खुद अमेरिका के लिए मुश्किल है इसलिए संस्कृति निर्यात के क्षेत्र में भारत का नाम दुनिया में इतना ज़्यादा हो रखा है कि उसके बाकी निर्यात का कुल मिलाकर भट्टा बैठ रखा है।

बाढ़ग्रस्त इलाके में टी.वी. संवाददाता

आप कैसा महसूस कर रहे हैं?

अच्छा, आप टी.वी. से हैं? तभी...आपसे तो मैडम, यही कहना पड़ेगा कि बहुत ही आनन्द आ रहा है। बाढ़ में पूरा घर बह गया है। बूढ़े माँ-बाप, पत्नी-बच्चों का पता नहीं चल रहा है। मैं खुद पेड़ की डाल पर पूरे एक दिन-रात बैठा रहा, हमेशा डर लगा रहता था कि पेड़ उखड़कर कहीं बाढ़ में न बह जाए। इस हालत में आदमी को कैसा लगेगा? अच्छा ही तो लगेगा, आनन्द ही तो आएगा! खूब आ रहा है!

सचमुच आपको आनन्द आ रहा है? अभी तक तो जो भी हमें मिला, रोता-बिलखता ही मिला। तो दर्शको, हम आपको बता दें कि यह पूनीरामजी हैं। एक तरह से कह सकते हैं कि इस भयंकर बाढ़ में अपना सबकुछ बह जाने के बावजूद ये प्रसन्न हैं। हमारे दर्शक आपसे यह जानने को उत्सुक हैं पूनीरामजी कि आपको इतना आनन्द क्यों आ रहा है?

इसलिए आ रहा है मैडम कि आप इतनी ज़्यादा बुद्धिमान हैं कि इस हालत में हमें देखकर भी आप हमसे यह सवाल पूछ रही हैं। इतनी बुद्धिमान, इतनी सुन्दर और इतनी संवेदनशील संवाददाता को अपने बीच पाकर बताइए कि किस दुखी आदमी को आनन्द नहीं आएगा...और मुझे इसलिए भी विशेष रूप से आनन्द आ रहा है कि आपके चैनल को इतनी सुन्दर बाइट मिल रही है। इससे आपका करिअर बुलंदियों को छुएगा।

बहुत धन्यवाद पूनीरामजी। वैसे आप हमारे दर्शकों को यह बताएँ कि बाढ़ का ऐसा एक्सपीरियंस आपको पिछली बार कब मिला था।

हर साल ही मिलता है मैडम। इसमें कोई नई बात नहीं है।

कितने खुशकिस्मत हैं आप! हमारे दर्शक आपसे यह जानना चाहेंगे कि क्या आप चाहेंगे कि यह एक्पीरियंस आपको बार-बार मिले?

ज़रूर। कौन नहीं चाहेगा कि हर साल बाढ़ में उसका घर बह जाए, पशु

मर जाएँ, माँ-बाप, पत्नी-बच्चे ज़िन्दा हैं या नहीं, इसका उसे पता न चले? बल्कि मैं तो इन्दर भगवान को सुझाव दूँगा कि वह हर महीने बाढ़ लाया करें।

बहुत शानदार विचार हैं आपके। आशा है, इंदर भगवान इस पर ज़रूर गौर करेंगे। क्या आप इसलिए तो हर महीने बाढ़ नहीं चाहते कि सरकार से आपको मुआवजा मिलता रहे और आप सालभर मौज मनाते रहें?

बहुत ठीक कहा है मैडम, आपने। मैं तो कहूँगा कि आप भी इसी तरह मौज मनाएँ। क्या रखा है टी.वी. की इस नौकरी में! आपके शहर और आपके मोहल्ले में भी इसी तरह बाढ़ आए, आप लोगों के घर भी इसी तरह बह जाएँ, पेड़ पर आपको भी चौबीस, अड़तालीस और बहत्तर घंटे टँगकर इसी तरह रहना पड़े, घर-परिवार के लोग कहाँ हैं, इसका पता न चले। बाद में पता चले कि आपका कोई-न-कोई मर गया है, आपको कई-कई दिन तम्बुओं में रहना पड़े, आपके यहाँ बीमारियाँ फैलें, आप उनका 'बहादुरी' से सामना करें, फिर से हर साल अपना घर बनाएँ और सरकारी दफ्तरों का चक्कर लगाएँ और वहाँ पता चले कि बाढ़ राहत का पैसा तो सरकारी अधिकारी डकार गए हैं।

व्हाट डू यू मीन? यू ब्लडी...। शर्म नहीं आती? बेहूदे...

माफ कीजिए, हमारा सम्पर्क संवाददाता से टूट गया है। तो ये थीं हमारी संवाददाता...। हम आपके सामने कुछ देर के बाद फिर बाढ़ग्रस्त इलाके के दिलचस्प दृश्यों के साथ उपस्थित होंगे। आप कहीं नहीं जाइएगा। फिलहाल लेते हैं हम एक छोटा सा ब्रेक।

●●●